Mord mit Donauwellen

Die Autoren

Silke Porath lebt, liebt und arbeitet mit ihrem französischen Mann, dem Mops Baudelaire und dem reinrassigen Charlie in ihrer schwäbischen Heimatstadt Balingen. Die Mutter dreier Kinder ist Mitglied bei den 42er Autoren und im Verband deutscher Schriftsteller. Das Zuhause im Netz ist immer geöffnet: www.silke-porath.de.

Sören Prescher, Jahrgang 1978, wohnt mit seiner Familie in Nürnberg. Zudem ist er Mitglied der 42erAutoren und freier Journalist des Nürnberger Musik- und Kulturmagazins RCN. Neben zahlreichen Kurzgeschichten-Veröffentlichungen sind in den vergangenen Jahren mehrere Romane von ihm erschienen, unter anderem der Thriller »Raststopp«. Zusammen mit Silke Porath verfasste er drei Kurzkrimi-Sammlungen sowie den amüsanten Kriminalroman »Klosterkeller«. Mehr über den Autor unter www.soeren-prescher.de.

Silke Porath
Sören Prescher

Mord mit Donauwellen

Kriminalroman

Weltbild

Besuchen Sie uns im Internet:
www.weltbild.de

Copyright der Originalausgabe © 2020 by Weltbild GmbH & Co. KG,
Werner-von-Siemens-Straße 1, 86159 Augsburg
Dieses Werk wurde vermittelt durch die Literarische Agentur
Thomas Schlück GmbH, 30161 Hannover
Projektleitung und Redaktion: usb bücherbüro, Friedberg/Bay.
Umschlaggestaltung: Alexandra Dohse – www.grafikkiosk.de, München
Umschlagmotiv: Artwork Alexandra Dohse unter Verwendung von Bildern von
AdobeStock/(c) Hanke Steidle und Shutterstock/(c) JIANG HONGYAN,
Animaflora PicsStock und Mikhail Olykainen
Satz: Datagroup int. SRL, Timisoara
Druck und Bindung: CPI Moravia Books s.r.o., Pohorelice
Printed in the EU
ISBN 978-3-96377-434-8

2024 2023 2022 2021
Die letzte Jahreszahl gibt die aktuelle Ausgabe an.

Prolog

Oder: »Nicht schon wieder!«

»Nicht schon wieder!« Das war das Erste, was Schrödinger durch den Kopf schoss, als er auf die Leiche starrte.

Das Zweite: »Ich muss die eins-eins-null wählen.«

Und das Dritte war ein Gedanke, der ihn selbst ein bisschen erschreckte: »Horst muss weg.«

Mit erstaunlich ruhiger Hand zog Schrödinger das Smartphone aus der Tasche, ein klobiges Modell, das er gebraucht bei eBay für unter 10 Euro ersteigert hatte. Ehe er sich ganz in die digitale Welt begab und ein exorbitant teures neues Modell anschaffte, wollte und musste Schrödinger erst noch ein bisschen sparen. Erstens. Und zweitens hatte er irgendwann zwischen seinem alten Nokia und der Erfindung von Facebook den Anschluss an den Datenzug verpasst.

Der Bildschirm hatte einen kleinen Riss, der Akku war nicht der beste und die Kamera funktionierte bloß manchmal. Aber immerhin war er jetzt mit der digitalen Welt vernetzt, theoretisch immer erreichbar und konnte sich nach intensiver Schulung durch Marion halbwegs sicher mit dem Ding beschäftigen.

Er gab den Entsperrcode ein – drei Mal die 42, denn das war laut *Per Anhalter durch die Galaxis* die Antwort auf alles und somit auch für einen mit einem Zahlenverdrängungs-Gen gesegneten Schrödinger zu merken – und wählte die 110.

Routiniert gab er die Daten an. Wer, wie, was. Name, Fundort, all das Zeugs, das der Beamte mit schnurrender

Stimme von der Leitstelle aus abfragte, während er sicherlich schon die ersten Streifenwagen kontaktierte. Schrödinger kannte das Prozedere.

Es war das dritte Mal, dass sein Hund innerhalb nicht mal eines Jahres eine Leiche aufgespürt hatte. Den ersten Toten hatte Horst auf einem Campingplatz am Bodensee ausgebuddelt. Den zweiten hatte der Boxerrüde während der Reha im Taubertal gefunden. Und nun also eine weitere ziemlich unlebendige Person. In Tuttlingen. Ausgerechnet hier, an der wunderschönen Donau, wo er sich mit seiner Liebsten Marion und deren Kindern (und zu seinem Leidwesen auch mit Schwiegermutter Hillu) eine ruhige, mordfreie Zukunft aufbauen wollte. Aber nun machte Horst ihm einen Strich durch die Rechnung. Vor Schrödingers innerem Auge tauchte der Zwinger eines Tierheims auf. Er wischte das Bild schnell weg und ging in die Knie.

»Reicht es jetzt eigentlich mal mit den Leichen?« Schrödinger hatte aufgelegt und sah seinen Hund tadelnd an. Der legte den Kopf schief und sah sein Herrchen aus schwarzen Knopfaugen an. Fast schien es, als würde Horst mit den breiten, beigefarbenen Schultern zucken.

Schrödinger schämte sich. Der Boxer konnte ja nichts für seine gute Nase. Er tätschelte Horst den Rücken.

»Na gut, sehen wir es mal so«, sinnierte er dann. »So ein Mordfall will gelöst werden. Und darin sind wir ja ziemlich gut.« Horst schien zu nicken. Und noch ehe die Polizei eintraf, war Hund und Herrchen klar, dass sie auch diesen Fall schaukeln würden. Irgendwie.

Nachdem Schrödinger sich übergeben hatte. Hinter die Sportmatten.

Erster Tag – 24 Stunden zuvor, Freitag

Horst

Schrödinger sieht verzweifelt aus. Völlig fertig mit den Nerven. Er schnauft komisch, ballt die Hände zu Fäusten und läuft auf der Wiese umher. Was in dem kleinen Gartenabteil ziemlich lustig aussieht. Ich beobachte ihn von der Terrasse aus und hab meinen Spaß. Bringt ja nichts, wenn ich jetzt auch noch ausraste.

Steht Herrchen kurz vor dem Herzkasper? Schwer zu sagen. Er brummelt irgendwas vor sich, was er vermutlich nicht mal selbst versteht. Es hat irgendwas mit Marions Kindern und dem Wasserschlauch zu tun, mit dem sie nicht herumspielen durften. Haben sie natürlich trotzdem gemacht. Keine zwei Minuten später waren sie pitschnass, und der halbe Garten stand unter Wasser.

Danach hat er die Kinder zwar zum Umziehen die Wohnung zurückgeschickt, aber dem Lärm nach zu urteilen zieht da keiner irgendwas aus oder an. Oder so.

Dabei sollte Schrödinger doch eigentlich froh sein. Nicht nur, dass ich armer Boxer ebenfalls nass bis auf die Hundeknochen bin, in der Regel bin ich der Leidtragende, der ständig von den Kindern gepiesackt und auf Trab gehalten wird. Ich, der auf Bewegungen ziemlich allergisch reagiert und die Vorzüge eines Drei-Stunden-Mittagsschläfchen wie kein anderer zu schätzen weiß.

Beschwere ich mich darüber? Na ja, ein bisschen vielleicht.

Aber im Grunde meines Herzens bin ich ein kreuzbraver Vierbeiner, der schnell vergibt. Spätestens nach der nächsten reichhaltigen Mahlzeit ist die Welt wieder in Ordnung. Apropos: Ich spüre da eine gewisse Leere in der Bauchregion. Wird Zeit, dass Herrchen sich abregt und sich um seinen Lieblings-Wauzi kümmert. Sollte ich vielleicht aufstehen und ihm besänftigend um die Beine herumschwänzeln? Nee, lieber nicht, er zieht noch immer diese komischen Kreise im Garten.

Schrödinger

Schrödinger atmete tief durch. Einmal. Zweimal. Normalerweise betrachtete er sich ja als friedliebenden Menschen. Weder Diebstähle auf Campingplätzen noch tote Pfleger in mainfränkischen Kneippbecken brachten ihn auf die Palme. Marions Kinder hingegen schienen ein instinktives Gespür dafür zu besitzen, stets genau das zu tun, was ihn ärgerte und aufregte.

Da hatte er ihnen vorhin ex-pli-zit gesagt, dass sie im Garten bitte nicht mit dem Wasser herumspielen sollten, weil er dort etwas aufbauen wollte. Und was taten sie? Natürlich. Genau das.

Okay, fairerweise musste er eingestehen, dass Marlene den Schlauch schon in der Hand gehalten hatte, als er auf die Terrasse gekommen war. Er hatte tatsächlich angenommen, sie mit seiner Bitte noch rechtzeitig von Schlimmerem abhalten zu können.

Der fünfjährige Max hatte weiter mit seinem Fußball gespielt (sehr zum Leidwesen der Blumenbeete, aber in jedem Krieg gab es Verluste), und seine zwei Jahre ältere Schwester hatte den Schlauch zurück an seinen Platz gelegt. Alles schien im grünen Bereich zu sein.

Dann hatte Schrödinger den Fehler begangen, im Keller nach dem passenden Werkzeug für seine Arbeit zu suchen. Ein leidenschaftlicher Heimwerker war er zwar noch nie gewesen, doch wenn er schon mal ranmusste, dann wollte er wenigstens mit den passenden Hämmern und Schraubenziehern ausgestattet sein.

Vom Keller aus hatte er gehört, wie Marlene ihren Bruder zwei Mal ermahnt hatte, den Ball nicht mehr auf sie zu schießen. Hatte den Kleinen natürlich null interessiert. Also hatte sie nach etwas gesucht, womit sie sich an ihm rächen konnte. Der Gartenschlauch war ihr da bestimmt sehr gelegen gekommen.

Als Schrödinger nach zehn Minuten aus dem Keller zurückgekehrt war, lief das Wasser bereits in Strömen. Sein »Halt!« und »Hört sofort auf damit!« hatte weder Hund noch Kinder interessiert. Weshalb er mit der freien Hand zuerst das Wasser abgedreht und anschließend die beiden Streithähne voneinander getrennt hatte. Im Eifer des Gefechts hatte er zwar die Schraubenzieher festhalten können, doch der Hammer war ihm entwischt. Und wohin sollte er auch anders fallen, als genau auf seinen Fuß? Auf die große Zehe, um genau zu sein. Zum Anziehen der Schuhe war bei der Rückkehr aus dem Keller keine Zeit mehr gewesen. Nicht beim Anblick des drohenden Unheils.

Sein Schmerzensschrei hatte den Trubel der Kinder bei Weitem übertönt. Und gleichzeitig dafür gesorgt, dass sie endlich aufhörten zu zanken und sich sogar in die Wohnung verdrückten. Angeblich, um ihre nassen Klamotten auszuziehen. Es klang zwar im Moment überhaupt nicht danach, aber das war ihm egal.

Seine Zehe tat immer noch höllisch weh. Wahrscheinlich würde sie dermaßen anschwellen, dass er in keinen seiner Turnschuhe mehr hineinpasste und deshalb Flipflops tragen musste. Was im Frühling nicht ausschließlich prickelnd war.

Noch mehr ärgerte ihn allerdings, wie ihm die Situation entglitten war. Er hatte nicht schreien wollen. Hatte sich sogar heute Morgen noch vorgenommen, ruhig zu bleiben. Was offenbar super funktioniert hatte.

Die Kinder traf aber mindestens eine Teilschuld. Ständig musste er alles mehrfach sagen, meist in unterschiedlichen Lautstärken – angefangen von normal über lauter bis hin zu sehr leise. Spätestens ab dem Moment sollte eigentlich Vorsicht geboten sein. Fand er jedenfalls. Die Kleinen hingegen ließen sich davon wenig beeindrucken. Es gab Tage, da war er mit seinem sprichwörtlichen Latein am Ende.

Kopfschüttelnd ging Schrödinger im Garten auf und ab. Er brauchte einige Momente zum Durchatmen. So hatte er sich das alles nicht vorgestellt.

Seit gut vier Monaten wohnte er nun schon in Tuttlingen. Die ersten Wochen bei seiner Freundin Marion waren wirklich harmonisch und entspannt gewesen. Genau das Richtige, was er nach dem nervenaufreibenden Reha-Besuch in Bad Mergentheim gebraucht hatte. Mit seiner Liebsten verstand er sich auch noch immer blendend.

Mit den Kindern allerdings … war es stellenweise *richtig* anstrengend. Anstrengend auf eine Art, wie er es im letzten Sommer am Bodensee nie für möglich gehalten hätte. Er hatte einige Zeit gebraucht, um den Grund zu verstehen. Inzwischen glaubte er zu wissen, woran es lag: Der Aufenthalt auf dem Campingplatz war Urlaub gewesen. Da wollte jeder relaxen und gut drauf sein. Außerdem hatten sie alle sich da frisch kennengelernt, und jeder hatte sich von seiner besten Seite zeigt.

Jetzt hingegen regierte der Alltag. Die Kinder erlebten stressige Stunden in der Kita und in der Schule, während Marion mit ihrem Buchungshaltungsjob und Schrödinger mit seiner Arbeit im hiesigen Getränkemarkt gefordert waren. Logisch, dass da nach Feierabend nicht immer nur alles eitel Sonnenschein war.

Dass Schrödinger seinen aktuellen Job nicht mochte und sich heimlich schon nach was Neuem umschaute, machte es sicherlich nicht besser. Oder dass er mit seiner Schwiegermutter in spe auf dem Kriegsfuß stand. Das alles waren bloß Dinge, die das Kraut auch nicht mehr fett machten.

Hillu ... war eine ganz besondere Person. Wabernder Busen trotz faltigem Dekolleté. Üppige Ketten. Derselbe süße Nasenhöcker, den Marion hatte. Aber dazu die berühmt-berüchtigten haarigen Zähne. Und mit denen ließ sie kein gutes Haar an dem Neuen ihrer Tochter. Und schon gar nicht an dessen fellnasigem Begleiter. In Hillus stets blau umrandeten Augen war Horst eine wandelnde Wurmfabrik. Ein stinkender Flohzirkus. Ein unberechenbarer Kampfhund.

Na ja. Wichtig waren Schrödinger bloß Marion und die Kinder. Vor allem Letztere. Wenn er zu ihnen keinen guten Draht aufbaute, würde auch die Beziehung zu ihrer Mutter darunter leiden. Eben deswegen hatte er sich was ganz Tolles überlegt. Gemeinsam mit den Kindern wollte er einen Kaninchenstall bauen. Zugegeben, bisher besaßen sie nicht mal einen Mümmelmann, aber so ein Haustier war sicher deutlich schneller zugelegt als der dazugehörige Käfig. Insbesondere, wenn Schrödinger, um Kosten zu sparen, das Ding selbst zusammenzimmern wollte.

Weil er eben alles andere als ein Handwerker war und noch dazu zwei linke Hände besaß, hatte er die Arbeit lange Zeit vor sich hergeschoben. Die vielen unregelmäßigen Schichten im Getränkemarkt waren dafür eine willkommene Ausrede gewesen. Heute allerdings war sein freier Tag, und als wäre das nicht schon schlimm genug, hatten mehrere Plakate in den Tuttlinger Straßen (und sogar eines im Getränkemarkt) darauf hingewiesen, dass morgen in der Festhalle nahe der Donau die alljährliche Züchter- und Kleintier-Schau stattfand.

Hasen waren Kleintiere.

Wenn Marion und er morgen gleich nach Schrödingers Frühschicht mit den Kindern da hinfahren wollten, würden sie sich einen Hasen aussuchen und mitnehmen. Ergo musste bis morgen der Käfig fertig sein.

Vor ihrem Aufbruch heute früh hatte Marion ihn auch extra noch einmal darauf hingewiesen – und ihn bei der Gelegenheit gebeten, im Garten gleich noch ein paar Ausbesserungsarbeiten zu übernehmen.

Das alles konnte er jetzt größtenteils vergessen. An der Stelle, wo er eigentlich den Hasenkäfig aufstellen wollte, war die Erde komplett aufgeweicht. Hinzustellen brauchte er dort die nächste Zeit nichts.

Und was die Ausbesserungsarbeiten betraf: Das Reparieren des Zauns wäre bei Regen und Hochwasser genauso möglich (wenn auch nicht besonders angenehm), beim Umstellen der Kübelpflanzen sah es allerdings schon anders aus. Die schweren Bottiche ohne Hinfallen oder Ausrutschen herumzuschleppen wäre schwierig. Vor allem mit Schrödingers Talent für Schusseligkeit. Wahrscheinlich brach er sich dabei sämtliche Knochen. Das einzig Positive daran wäre, dass er morgen nicht zur Arbeit müsste. Aber bei der Wahl zwischen Gips und Bierkästen stapeln entschied er sich lieber für letzteres.

Missmutig stemmte er die Hände in die Hüften. Wenn er jetzt gar nichts tat, würde Marion ihm das übelnehmen. Er hatte ihre Worte schon genau im Ohr: »Du bist den ganzen Tag zu Hause und schaffst nicht mal die paar Sachen, um die ich dich gebeten habe?« Ihr tadelnder Blick würde ihn in der Seele schmerzen. Nein, das durfte nicht passieren. Zumal er ihr hoch und heilig versprochen hatte, sich darum zu kümmern.

Von daher: Kneifen galt nicht. Dann lieber in Gummistiefeln weitermachen oder bis zu den Knien im Morast stehen.

Entschlossen betrat er das Schuppenhäuschen im hinteren Teil des Gartens. Es war nicht mehr als ein hölzerner Verschlag, der von Gartengeräten über Sandspielsachen bis hin zu einem verbeulten Kugelgrill praktisch alles beherbergte, was außerhalb des Hauses zum Einsatz kam. Dank Marions fabelhafter Ordnung brauchte er auch nur wenige Sekunden, bis er die Heckenschere gefunden hatte. Das Ding war vermutlich genauso alt wie Schrödinger selbst, erfüllte seinen Zweck aber immer noch. Genau wie er.

Pünktlich zu seinem Arbeitsbeginn wagte sich die Sonne hinter den Wolken hervor. Für den aufgeweichten Rasen war das sicherlich prima, für andere Zwecke hingegen nicht gerade dienlich. Nach wenigen Minuten an der Hecke lief ihm der Schweiß in Strömen hinab. Ein Grund zum Aufhören war das nicht. Ebenso wenig, dass er mit den Füßen tatsächlich in der aufgeweichten Erde einsank. Im Hintergrund hörte er das Hupen, Bremsen und Anfahren der Autos, die von den Fahrern auf der Suche nach einem Parkplatz in der Wilhelmstraße malträtiert wurden. Entlang der

Donau war freier Parkraum genau so selten wie ein Tropfen Wasser in der Sahara. Und fand man einen Platz, in den man die eigene Karre zwängen konnte, dann lag der garantiert in der dem Verkehr entgegengesetzten Richtung. Schrödinger fragte sich ernsthaft, woher all die Politessen kamen, die derlei Parksünden sofort und ohne Barmherzigkeit ahndeten. Er selbst hatte in seinen ersten Wochen in der Donaustadt mehr Euronen für Tickets gelöhnt, als in seinem kompletten Hannoveraner Leben zuvor.

Der Anblick seines arbeitswütigen Herrchens musste dermaßen ungewohnt sein, dass schließlich selbst Horst nach dem Rechten schauen kam. Nach wenigen prüfenden Blicken entschied der Hund allerdings, dass der Ausblick von der Terrasse vollauf genügte, und kehrte zu seinem alten Platz zurück.

Horst hatte sich schnell in seiner neuen Heimat wohlgefühlt. Ganz besonders mochte der Hund die abendlichen Spaziergänge entlang der Donau. Dass sein Herrchen dabei stets den kleinen Kiosk am Minigolfplatz in den Donau-Auen ansteuerte, war dem Boxer wohl nur recht. Denn während Schrödinger ein heimliches Donauradler schlürfte, konnte Horst ausgiebig die von seinen vierbeinigen Kollegen tagsüber hinterlassenen Duftbotschaften beschnuppern und seine eigene Marke darübersetzen.

Eine halbe Stunde später war Schrödinger völlig außer Atem. Seine Arme schmerzten, und die Beine waren vom Gestrüpp zerkratzt. Aber die Hecke war gestutzt, und nur darauf kam es an. Stolz betrachtete er sein Werk. Für seine

Maßstäbe hatte er herausragende Arbeit geleistet. Ob seine Liebste das genauso sehen würde, nun, das würde sich bald zeigen.

Er schaute kurz auf seine Armbanduhr. Noch eine gute Stunde, bevor Marion von der Dachdeckerfirma nach Hause kam, wo sie eine Halbtagsstelle in der Buchhaltung hatte. Das hieß: Zeit genug, um noch mehr zu erledigen.

Die Wiese war noch immer klitschnass und für Bastelarbeiten nicht zu gebrauchen. Wollte er das einfach so hinnehmen? Nein, ganz sicher nicht. Auf die Sonne allein konnte er sich auch nicht verlassen. Die hatte sich wie ein feiger Deserteur wieder hinter einer dicken Wolkenschicht versteckt. War ja auch passend, jetzt, da er mit der anstrengenden Arbeit fertig war.

Ratsuchend betrat Schrödinger noch einmal den Schuppen. Was würde MacGyver an seiner Stelle tun? Dem Fernsehhelden seiner Kindheit genügten ja bekanntlich eine Büroklammer und ein Taschenmesser, um damit alles Mögliche zu konstruieren. Sicher hätte ihm ein Blick auf die Sachen hier gereicht, um eine Lösung zu finden.

Schrödinger fand ebenfalls eine.

Sie war ungewöhnlich und viel zu simpel. Aber sie würde funktionieren. Mit einem zufriedenen Lächeln schnappte er sich drei in einem Regal verstaute alte Picknickdecken. Sie rochen etwas modrig und hatten zahlreiche Flecken, die vermutlich von vor langer Zeit verzehrten Salaten, Hühnerbeinen oder Obstsalaten stammten. Egal.

Er breitete sie auf der Wiese aus und wälzte sich darauf umher, damit sich der Stoff fest an den Boden presste und dort die Feuchtigkeit aufsaugte. Es sah vermutlich zum

Schießen aus; jedenfalls lockte er sowohl die Kinder als auch Horst wieder an.

»Was machst du da?«, fragte Marlene vergnügt. Bevor Schrödinger antworten konnte, folgte sie seinem Beispiel auf der anderen Decke. Ihr Bruder betrachtete sie einige Sekunden lang skeptisch und rollte sich dann ebenfalls auf dem Stoff hin und her.

Hätte sie in dem Moment einer der Nachbarn gesehen, dann hätte er sich wohl an den Kopf gegriffen. Das interessierte Schrödinger aber ebenso wenig wie die unangenehme Nässe, die sich allmählich in seiner Kleidung ausbreitete. Für ihn war es bloß eine Bestätigung dafür, dass sein Plan funktionierte.

Als Marion von der Arbeit kam, war der Rasen halbwegs trocken. Schrödinger, die Kinder und der Boxer saßen im Halbkreis beieinander und taten genau das, was er von Anfang an im Sinn gehabt hatte: Sie versuchten, gemeinsam einen Hasenstall zu bauen. Noch war kaum zu erkennen, was aus den vielen Brettern und Drahtgittern mal entstehen sollte. Doch das war nicht wichtig. Marion schaute mit einem verzückten Lächeln zu ihnen herüber. Sie sahen bestimmt aus wie eine große glückliche Familie.

Zwei Stunden später nahm das Projekt langsam erkennbare Formen an. Was nicht zuletzt an Marlenes und Max' tatkräftiger Unterstützung lag. Zu Schrödingers Erstaunen hatte es dabei kaum Gezeter und Geschrei gegeben. Inzwischen hatten sich die beiden zwar verdrückt, aber davon, dass sie ihm den ganzen Nachmittag über helfen würden, war er ohnehin nicht ausgegangen. Und er konnte es ihnen nicht mal verdenken. Er selbst konnte sich ebenfalls zig andere Sachen vorstellen, die er im Augenblick lieber täte.

Nachdem die Kinder sich verdrückt hatten, trottete Horst zu ihm. Selbstverständlich nicht, um ihm zu helfen. Dem Hund fehlten nicht nur die dafür notwendigen Daumen, er besaß auch genauso viel Lust zum Arbeiten wie sein Herrchen. Trotzdem sagte Schrödinger zu ein bisschen Gesellschaft nicht Nein.

»Ob ich das hier jemals hinkriege?«, fragte er den Boxer leise. Er war selbst unschlüssig, ob er damit den Stall oder das ganze Familiengedöns meinte. All diese Sachen waren erheblich schwieriger, als er sie sich anfangs vorgestellt hatte. Es gab nichts, was ihn darauf hätte vorbereiten können.

Horst brummte leise – was so ziemlich alles bedeuten konnte. Danach schmiegte er sich an sein Herrchen, und das schenkte diesem mehr Zuversicht als tausend Worte zur Aufmunterung. Zufrieden strich Schrödinger ihm über den Rücken.

Die Anwesenheit seines Kumpels machte viel aus. Sie half ihm, wenn sich die Nägel mal wieder schief ins Holz bohrten und zwei Bretter einfach nicht zusammenpassen wollten. Beim Befestigen der Gattertür diente ihm der massive Boxerkörper sogar als Stütze. Der breite Hunderücken hielt still, bis Herrchen die zwei Scharniere in die Seitenwand gebohrt hatten. Damit besaß der Käfig nicht nur seine Grundform, sondern auch eine funktionierende Tür an der Vorderseite.

Herrlich.

Während sie stolz ihre Arbeit begutachteten, näherten sich Schritte von der Terrassenseite her. Beide schauten auf und erblickten Marion, die auf sie zukam. In der Hand hielt sie ein Bier, das sie Schrödinger lächelnd reichte. Sogleich kam er sich vor wie ein richtiger Handwerker.

»Das sieht ja schon ganz gut aus. Dann kann der Hase – oder die Häsin – morgen ja kommen.«

Schrödinger nickte. »Und das zwei Wochen nach Ostern. Zwar ein bisschen spät, aber da heute der letzte Tag der Osterferien ist, dürften wir noch im Rahmen liegen.«

»Ist ja nicht unsere Schuld. Sie hätten die Tierschau von mir aus auch schon früher machen können. Die Kinder hätten sich bestimmt gefreut.«

»Sie können ja mit Horst spielen. Der freut sich über Auslauf.«

Der Genannte hob den Kopf und blickte Herrchen verständnislos an. Dieser lächelte nur.

»Wie lief es mit den Kleinen?«, erkundigte sich Marion.

»Soweit … gut. Die können einen ganz schön auf Trab halten.«

»Echt? Ist mir noch gar nicht aufgefallen. Will ich wissen, warum da mehrere Decken auf der Wäscheleine hängen?«

»Willst du nicht.«

»Wie du meinst.« Lächelnd beugte sie sich vor und gab ihm einen innigen Kuss. »Danke für das Heckeschneiden und alles.

Er winkte ab. »Eine meiner leichtesten Übungen. So was mach ich quasi im Handumdrehen.«

»Also, wenn das so ist, ich hätte da …«

Weiter kam sie nicht, denn Schrödinger schnitt ihr mit seinen Lippen den Rest des Satzes ab. Zum Teil war es reine Notwehr. Er wollte gar nicht wissen, was da noch für andere Arbeiten im Argen schlummerten.

Bis die restlichen Feinarbeiten am Hasenstall abgeschlossen waren, war der aufgeweichte Erdboden wieder trocken. Gemeinsam mit Marion schleppte er das hölzerne Bauwerk an seinen vorbestimmten Platz neben dem Schuppen. Die Kinder und Horst verfolgten alles mit neugierigen Blicken und viel Begeisterung.

»Was treibt ihr denn hier?«, fragte plötzlich eine Stimme hinter ihnen.

Marlene und Max fuhren herum und stürzten sich der gerade angekommenen älteren Frau in die Arme. Der blaue Kajal hatte im Laufe des Tages gelitten und schien ihre Augen wie trübe Tinte zu umspielen. Was die Dramatik, mit der sie die Hände in die Hüften stützte, das Kinn reckte und die ohnehin faltige Stirn in noch mehr Knitter legte, noch unterstrich.

Hillu. Marions Mutter.

»Wir stellen den neuen Hasenstall auf«, erklärte Marlene. »Den haben wir mit Schrödinger gebaut.«

Die ältere Frau trat näher an die Konstruktion heran und musterte sie von allen Seiten. »Bisschen windschief, oder?«

Schrödinger atmete tief ein und aus. »Das muss so.«

»Natürlich.« Hillu bedachte ihm mit einem teils amüsierten, teils mitleidigen Blick.

»Wie war dein Seniorenschwimmen?«, fragte Schrödinger, um das Thema zu wechseln und seine Schwiegermutter in Spe zu ärgern. Auf Begriffe, die mir Rente oder Alte zu tun hatten, reagierte sie sehr empfindlich.

»Das ist Fitnesstraining! Mit dem Alter hat das nichts zu tun. Eher mit dem Körper. Täte dir auch mal ganz gut.« Schrödinger war einmal mit der ganzen Sippschaft im *TuWass* gewesen. Aber erstens hatten ihn der konstruierte Name (Tuttlinger Wasser) und dann der horrende Eintrittspreis verschreckt. Er war nur Einzeltarife gewöhnt, für eine ganze Familie zu löhnen, daran musste er sich erst gewöhnen. Und zweitens hatte er sich in der schwarzen Rutsche vor Angst beinahe buchstäblich in die Buxe gemacht. Obwohl er im Nachhinein zugeben musste, dass das Bad wirklich ein Kleinod war. Und dass er sich gut vorstellen konnte, in den warmen Becken viel Zeit zu verbringen. Allein. Oder mit Marion. Zur lebendigen Luftmatratze, auf der zwei Kinder tobten, taugte er nicht.

Schrödinger zog sein Bäuchlein ein und verkniff sich die bissige Antwort, die ihm auf der Zunge lag. Von ihm aus hätte Marions Mutter gerne noch länger bei ihrem Sport bleiben können. In der Wohnung ging es deutlich harmonischer zu, wenn sie nicht da war und ständig an allem herumkritisierte, was Schrödinger sagte oder tat.

»Wir wollen morgen zur Tierzüchterschau in der Festhalle«, übernahm Marion das Ruder. »Willst du mitkommen?«

»Wann denn?«, fragte Hillu. In ihrem abschätzigen Blick lautete der Untertitel allerdings: Kommt *der* auch mit?

»Gleich nach Schrödingers Feierabend«, beantwortete Marion beide Fragen. »Er hat Frühschicht und dürfte bis spätestens halb drei da sein, oder?«

Der Genannte nickte und funkelte die ältere Frau herausfordernd an.

Sie ließ sich nicht darauf ein. »Überleg ich mir noch.« Hillu musterte den Hasenstall noch einen Moment lang

21

amüsiert, dann drehte sie sich um und ging in die Wohnung zurück.

»Also, ich find ihn schön.« Marion strich ihrem Lebensgefährten lobend über den Rücken. »Hast du toll hingekriegt.« Zum Dank küsste sie ihn und vertrieb so jedes negative Gefühl aus seinem Herzen.

Zweiter Tag: Samstag

Horst

Ich weiß nicht, wer schlimmer dran ist: Schrödinger, der den ganzen Vormittag über Getränkekästen schleppen und unfreundliche Kunden bedienen darf, oder ich, der stattdessen daheim für allen möglichen Schabernack der Kinder herhalten muss, während ich doch einfach nur schlafen will.

Mein Problem ist, dass die Kleinen deutlich früher als der Rest des Hauses wach sind und sich dann langweilen. Und dass Langeweile zu nichts Gutem führt, weiß ich nicht erst, seit Schrödinger in seiner Junggesellenbude in Hannover mal versucht hatte, eine Pyramide aus gefüllten Wein- und Biergläsern zu bauen. Trotz nachfolgender Reinigungsaktion haben wir die Scherben noch Wochen später in allen möglichen Ecken und Ritzen des Parkettbodens gefunden. Einen zweiten Anlauf für dieses Kunststück hatte er zum Glück nie gestartet.

Marions Nachwuchs ist in seiner Freizeitgestaltung nicht ganz so kreativ, dafür aber ungleich lauter und voller verrückter Einfälle. Wer zum Beispiel kommt auf die Idee, einem Hund ein Geschirrtuch um den Kopf binden zu wollen? Oder ihm mit Mamas rotem Lippenstift obskure Zeichen auf den Oberkörper zu malen? Inzwischen halte ich beim Schlafen immer ein Ohr und ein Auge halb offen, um für weitere Aktionen dieser Art gewappnet zu sein.

Heute sind sie offenbar genügsam und wollen nur einige alte Scooby-Doo-Folgen nachspielen. Dreimal dürfen Sie raten, wer da die Rolle der überängstlichen Deutschen Dogge übernehmen darf. Aber gut, die Alternative wäre gewesen, dass ich den Spukgeist oder den trotteligen Ermittler Shaggy spiele. Und das können andere bekanntlich sehr viel besser.

Apropos… ich hoffe, Schrödinger kommt bald nach Hause. Damit wir endlich zur Tierschau in der Tuttlinger Festhalle aufbrechen können. Tierschau. Sie verstehen schon. Endlich weitere Vierbeiner. Das kann nur gut werden.

Schrödinger

Über zu wenig Kundschaft konnte er sich samstags nie beklagen. Schrödinger hegte sogar den Verdacht, dass manche Leute extra bis zum Wochenende warteten, um sich dann den Kofferraum mit zig Kästen Bier vollzuladen. Noch lieber waren ihm nur jene Spezialisten, die mit säckeweise Pfandflaschen ankamen und dann völlig überrascht reagierten, wenn sie den gesamten Verkehr aufhielten und sich hinter ihnen eine riesige Schlange bildete. Er konnte den Unmut mancher Zeitgenossen durchaus verstehen, die nur schnell ein paar Dosen oder einen leeren Wasserkasten abgeben wollten und dann eine halbe Stunde warten mussten, bis sie endlich an der Reihe waren.

Der große Vorteil am gewaltigen Samstagsandrang war, dass die Stunden wie im Flug verstrichen. Als er das erste Mal auf die Uhr schaute, war es gerade mal acht. Gefühlte fünf Minuten später war es bereits halb zehn. Damit konnte er gut leben.

Ebenso wenn er das Glück hatte, dass Kollegen wie Serdan oder Ute frei hatten. Serdan war ein halbblinder Endfünfziger, der manche Getränkemarke nicht einmal fand, wenn er direkt davorstand. Ute war eine fiese Giftschlange, die ständig an Schrödinger herumkritisierte und keine Gelegenheit ausließ, ihn bei den anderen Mitarbeitern schlecht zu machen. So wirklich wehren konnte Schrödinger sich verbal nicht, denn die schwäbische Sprache klang in seinen Ohren noch immer größtenteils wie Chinesisch. Er hatte tagelang gerätselt, was um Himmels willen ein *Lombaseggl* sein sollte. Seine Lösung hatte »Lumpensäckchen« gelautet. Dabei war der Begriff nur eine Bezeichnung für *Depp*. Ein herzhaftes *Saggzemend* betitelte keinen Zementsack, sondern war eine schwäbische Abkürzung für *Himmelnochmal*. Aus »Bierdose« machten die Tuttlinger *Woizabix*, Mineralwasser hieß in seiner neuen Heimat *Schbrudl* und *Könnten Sie mir bitte helfen?* hieß hierzulande *Däded Se mol?*

Heute waren beide Kollegen anwesend und sorgten im Wechsel sehr aktiv dafür, dass ja keine gute Laune aufkam. Doch davon ließ sich Schrödinger nicht foppen. Er erledigte brav seine Arbeit und befand sich in Gedanken mit seiner Familie bereits auf dem Weg zur Tierzuchtausstellung. Er freute sich darauf. Und auch darauf, später noch im Stellenteil der Samstagsausgabe des *Donauboten* nach neuen Herausforderungen zu suchen. Zwar verdiente er durch den Schichtdienst einigermaßen gutes Geld, aber ein ganzes langes Leben zwischen Limo und Bier – das konnte er sich nicht vorstellen. Vielleicht könnte er in einer Gärtnerei unterkommen? In einem Baumarkt? Dort müsste er schließlich nicht selbst werkeln, sondern den Kunden lediglich Schrauben, Bohrmaschinen und Dämmplatten verkaufen. Ein bisschen Fachverständnis setzte das allerdings schon voraus …

Pünktlich im zwei stempelte er aus und stieg in seinen in die Jahre gekommenen Kombi, der noch immer ein Hannoveraner Kennzeichen trug und schon vor Monaten hätte umgemeldet werden müssen. Als er vom Parkplatz auf die Straße einbog, startete beim Radiosender Donauwelle gerade ein Lied der Foo Fighters. Herrlich. Genau sein Geschmack. Seine gute Laune wuchs mit jedem Meter, den er sich vom

Getränkemarkt entfernte und Marions Wohnung näherkam. Wenn jetzt noch Hillu darauf verzichten würde, sie zur Ausstellung zu begleiten, wäre der Nachmittag perfekt. Die Sonne jedenfalls war auf seiner Seite und strahlte vom blauen Himmel.

Bei seiner Ankunft parkte Marions silbergrauer Familienvan an der Straße vor dem Mehrfamilienhaus. Die Schiebetür an der Seite war offen, und seine Liebste hantierte an den Kindersitzen herum. Die Kinder selbst waren zwar nicht zu sehen, aber laut und deutlich zu hören. Marlene sang irgendwas, das wie die Titelmelodie von *Scooby Doo* klang, und Max stimmte gelegentlich mit ein. Ein ganz normaler Tag also.

Kaum hatte Schrödinger seinen Wagen geparkt, kam Horst aus dem Haus gelaufen. Der Boxer wirkte sehr erleichtert, ihn zu sehen, und schwänzelte freudig zwischen seinen Beinen hindurch.

Nicht ganz so euphorisch zeigte sich Hillu, die mit gemächlichen Schritten nach draußen kam.

»Wird auch Zeit«, knarzte die Schwiegermutter in spe und kletterte auf den Beifahrersitz. Schrödinger knurrte mit seinem Magen im Takt. Er, weil er stinkig war. Sein Magen, weil der seit der Fleischkäsweckle um halb zehn nichts Festes mehr zu sehen bekommen hatte. Schrödinger liebte die schwäbische Kost. Er konnte sich quasi in geschmelzten Maultaschen vergraben, sich in Butterbrezeln versenken oder sich im Wurstsalat mit Käse wälzen. Was ihm allerdings den Appetit verdarb, war Hillu. Und zwar gründlich.

Grunzend und so mürrisch wie Horst, der seinen Platz im Kofferraum einnahm, quetschte sich Schrödinger zwischen die Kindersitze von Max und Marlene und versuchte, seinen

Gurt in das dafür vorgesehene Schloss zu stecken. Marion hatte bereits den Motor gestartet und setzte rückwärts aus der Einfahrt. Erst drei Einbahnstraßen später gelang es Schrödinger, sich polizeigerecht zu arretieren. Eine Kreuzung später bremste seine Liebste vehement, lenkte den Van auf einen freien Parkplatz und rief: »Whooo!«

»Whoo!«, kannte er von Marion sonst nur aus dem Bett. Aus sehr privaten Szenen, was zur Folge hatte, dass er rot wurde wie ein Teenager. Ein wenig irritiert hebelte er an der Schnalle seines Gurtes herum. Bis er ihn aufbekam, hatten alle, inklusive Horst, das Auto verlassen.

»Kommst du auch noch?«, griente Hillu süffisant, Max und Marlene an den Händen nehmend.

»Jupp.« Schrödinger bemühte sich, jugendlich zu wirken. Seine malade Bandscheibe ignorierte er. Junge Väter haben keine Rückenprobleme. Zumindest nicht bei YouTube.

Die alte Tuttlinger Festhalle kannte Schrödinger bislang nur von außen. Das Gebäude lag gegenüber einem kleinen Park, der allerdings kaum zum Gassigehen einlud. Die Bänke waren meistens mit Jugendlichen besetzt, die entweder Schulschluss hatten oder schwänzten. In derselben Straße befand sich das Landratsamt, dem gegenüber das Gerichtsgebäude lag. Vor der Halle wies ein Aufsteller auf die Kleintierschau hin. Ein überdimensional großer weißer Hase mit rosa Schleife um den Hals zeigte der Kamera seine Nagezähnchen. Marlene geriet sofort in Verzückung, quiekte wie ein rosiges Ferkel und zerrte ihre Oma über den Zebrastreifen. Schrödinger grinste. Da mochte Hillu noch so viel Seniorenschwimmen betreiben, gegen die Kraft einer Erstklässlerin, die sich soeben haltlos in ein

Karnickel verguckt hatte, kam die resoluteste Großmutter nicht an.

Max griff zögernd nach Schrödingers Hand, was Marion aus dem Augenwinkel beobachtete und mit einem mütterlichen Lächeln quittierte. Schrödinger machte den Rücken gerade und drückte sanft die Hand seines Ziehsohnes. Hand in Hand betraten sie die Halle.

Im Vorraum war eine Bierbank aufgestellt, an der ein vollbärtiger Mann mit Lesebrille saß. Ein handgeschriebenes Namensschild wies ihn als Karl-Heinz Binder und ersten Vorsitzenden des Kleintierzuchtvereins *Honberger Hasen 1889 e.V.* aus. Dass *Honberger* keine Rasse war, ahnte Schrödinger, schließlich handelte es sich beim Honberg um den Tuttlinger Hausberg, auf dem eine Ruine thronte, die zum romantischen Stelldichein einlud. An den Kuss, den Marion ihm dort eines Abends verpasst hatte, erinnerte er sich in diesem Moment so schlagartig, dass er eine Gänsehaut bekam. Zum Glück ruckte an seiner linken Hand der aufgeregte Max, und an der rechten spannte sich die Leine. Horst hatte Witterung aufgenommen und wollte in die Halle stürmen. Ebenso wie Hillu. Doch alle beide wurden vom gestrengen Blick des ersten Vorsitzenden abgefangen. Er setzte eine Miene auf wie Bundeskanzlerin Angela Merkel beim Besuch von Putin in Moskau. Sehr effizient. Alle stoppten.

»Hoi mitanand!« Binder musterte die Neuankömmlinge.

»Des isch aber koi Has?« Er gackerte wie ein Huhn, während er auf Horst zeigte.

»Ganz bestimmt nicht«, entgegnete Schrödinger und konnte sich eben noch ein *Aber meine Schwiegermutter ist ein blödes Huhn* verkneifen.

»Also, Hondle send eigendlich ned erlaubt.« Der Vorstandsvorsitzende kratzte sich am bärtigen Kinn, und Schrödinger bekam schon wieder eine Gänsehaut, diesmal vom Geräusch der an den Haaren kraulenden Fingernägel.

»Das ist doch kein Hund.« Marion sprang in die Bresche. »Das ist Horst. Horst ist ein Boxer. Und er braucht einen Spielkameraden und meine Prinzessin ein Haustier.« Wie zum Beweis hob sie Marlene auf den Arm, die mit ihren mit rosa Schleifchen verzierten Zöpfen und dem bauschigen weißen Kleid tatsächlich wie ein Märchenwesen aussah.

»Hmpfgrmpfgruuuh.« Der Einlasser murmelte etwas in seinen Bart, addierte die Eintrittspreise und spuckte zu Schrödingers Entsetzen einen exorbitant hohen Betrag aus. Hillu feixte.

»Nicht mit mir«, dachte Schrödinger, reichte dem Mann seinen letzten Fuffi und grinste ein süffisantes »Stimmt so« in das bärtige Gesicht. Marion strahlte. Und das allein zählte.

Kurz darauf befand sich die Truppe in der dämmrigen Halle. Schrödinger hustete, als ihm der Geruch von Heu und Karnickelkacke entgegenschlug. Horst hingegen wackelte mit dem Schwanz. Max und Marlene bekamen vor Aufregung rote Backen und hibbelten herum. Allein Hillus und Marions Hände hielten die Kinder davon ab, wie wildgewordene Karnickel durch die Halle zu flitzen, um sich ihr Haustier auszusuchen.

Schrödinger sah sich zaghaft um. An der rechten Seite hatten tatkräftige Frauen einen Kuchen- und Kaffeestand aufgebaut, zu dem es ihn magisch hinzog.

»Ach, geht doch schon mal gucken«, rief er betont fröhlich seiner Familie zu. Die keiner weiteren Aufforderung bedurfte;

keine zwei Sekunden später waren die vier im Gewusel zwischen den Käfigen verschwunden. Schrödinger verzichtete auf den Kaffee und entschied sich für ein Donauradler. Das hatte zwar nicht dieselben Umdrehungen, wie er sie aus Hannover gewohnt war, reichte aber immerhin aus, um in der Mischung aus Bier und Zitronenlimo erstens seinen hungrigen Magen und zweitens seine Nerven zu beruhigen. Nachdem er im Stehen eine Butterbrezel gegessen hatte, schlenderte er, den aufgeregt schnuppernden Horst an der Leine, durch die Reihen mit den Käfigen.

Von seiner Familie war im Gedränge weit und breit nichts zu sehen, und so widmete er sich staunend all den Hopplern. Er hatte gar nicht geahnt, wie viele verschiedene Rassen es gab. Für ihn hatte die Welt der Nager bislang aus Kaninchen und Feldhase bestanden. Allerhöchstens noch aus in Rosmarin und Rotwein eingelegter Keule. Nun aber entdeckte er eine ganz neue Welt und kam sich beinahe vor wie ein Forscher auf Expedition in fremde Gefilde, als er die Schilder an den Käfigen studierte. Deutsche Widder. Holländer. Farbschecken. Angorakaninchen. Bald schwirrte ihm der Kopf, und er hielt Ausschau nach seiner Truppe. Für einen kurzen Moment glaubte er, Hillus grauen Schopf in der Menge auszumachen, aber Horst lenkte ihn ab. Der Boxer hob die Nase schnüffelnd in die stickige Luft und zog sein Herrchen vorwärts.

Schrödinger ruckelte allerdings seinerseits an der Leine, als er in einem der Käfige ein rosa Kaninchen entdeckte. »Was haben die mir denn auf die Brezel geschmiert?«, fragte er sich, kniff die Augen zusammen und wagte einen weiteren Blick, diesmal mit der Nasenspitze an den Gittern.

Das Kaninchen blieb rosa und starrte ihn aus nachtschwarzen Knopfaugen an.

»Das würde zumindest in den Stall passen, ohne dass der Tierschutzverein kommt.« Hillu war hinter ihn getreten. Schrödinger fuhr herum. Seine Schwiegermutter grinste süffisant.

»Es ist rosa«, sagte Schrödinger lahm.

»Es ist ein Stofftier.« Hillu schüttelte theatralisch den Kopf.

»Äh.« Schrödinger hatte das Gefühl, ebenfalls rosa zu werden, im Gesicht nämlich, als ihm die Schamesröte in die Haut schoss. »Klar. Ja. Hab ich gesehen.«

Er straffte die Schultern und schielte unauffällig zu dem rosa Kaninchen. Natürlich war das ein Plüschtier. Aber ein sehr realistisch gemachtes. Das sogar auf echtem Stroh hockte. Und eine echte Möhre vor sich liegen hatte. Sehr niedlich.

»Marlene würde das gefallen«, schnaufte Schrödinger und hoffte, Hillu damit zu zeigen, dass er erstens nicht grenzdebil war, zweitens keine Brille brauchte, ihm drittens das Radler nicht zu Kopf gestiegen war und er viertens und am wichtigsten sich sehr wohl in der Vaterrolle wiederfand und an die kleine Prinzessin dachte.

Aber Hillu stapfte schon davon in Richtung der Keramikabteilung. Vermutlich musste sie das Näschen samt Höcker pudern. Schrödinger atmete auf und ließ sich von Horst durch die Halle lotsen. Von Marion und den Kids keine Spur. Dafür aber von anderen Männern, die meisten deutlich jünger als er, jedoch am Outfit als Väter erkennbar, deren Nachwuchs wohl ebenso nach einem Hasen gierte. Und die alle mit einem Gesichtsausdruck unterwegs waren, der irgendwo zwischen Verzweiflung, Panik und Langeweile lag.

Schrödinger kannte dieses Gefühl nur zu gut. Es hatte ihn jedes Mal überkommen, wenn er mit seiner Ex nach einem stressigen Samstagvormittag in die Hannoveraner City gezerrt wurde, weil sie mal wieder nichts anzuziehen hatte. In den Boutiquen hatte er sich dann in sein Schicksal ergeben, immer in der Hoffnung, mit einer zufriedenen Jägerin an der Seite am Abend nach *Wetten, dass?!* den Jäger in sich im Polsterbett ausleben zu können. Meist aber waren er und seine Holde schon nach den ersten zwei, drei Beiträgen vor der Mattscheibe eingeschlummert. Und meistens war seine Frau sturzbeleidigt, weil er die von ihr gewählte Kollektion nie ausreichend würdigte. Eines hatte er gelernt: Auf manche Fragen gab es keine richtige Antwort.

»Schatz, steht mir das?«

Die freundliche Variante: »Natürlich, dir steht doch alles«, klang in den Augen einer Frau wie: »Es ist mir scheißegal, was du anziehst.« Von seinen anfangs ehrlichen Bekundungen hatte er rasch Abstand genommen und eine innere Tabuliste angelegt. Auf gar keinen Fall, das hatte er schon so manchem Kumpel am Tresen geraten, sollte Mann gewisse Dinge sagen. Ihm schossen einige Szenen durch den Kopf. Wie diese.

Szene eins: Auftritt Ex. Sie kommt aus dem Schlafzimmer, gehüllt in ein neongelbes Gewand, das ihre Figur betont wie die Pelle die Wurst.

Ex: »Steht mir das?«

Schrödinger: »Ach du Scheiße, ist Karneval?«

Abgang Ex. Türenknallen.

Szene zwei. Im Kaufhaus. Schrödinger schwitzt aus allen Poren, die Luft vor den Umkleiden ist zum Schneiden. Die

Ex reißt den Vorhang zur Seite. Sie trägt eine hautenge Leggings, die so aussieht, als würde sie gleich platzen.

»Wie findest du das Muster?«, fragt die Frau und dreht sich einmal um die besonders im Hüftbereich kurvige Achse. Um ihre prallen Schenkel schlängelt sich eine grüne Schlange, die vor dem Anziehen nur wenige Zentimeter Umfang hatte.

Schrödinger: »Hast du das Vieh in der Kabine gefüttert?«

Ex: »Was?«

Schrödinger: »Die Schlange war eben noch schmaler.«

Ex schnaubt. Abgang. Drei Tage Schweigen.

Schrödinger: Blumenstrauß für 42 Euro.

Szene drei. Küche. Die Ex steht am Herd, als Schrödinger von der Schicht im Getränkemarkt nach Hause kommt. Ihm ist nach Sofa, Bier und debilem Fernsehen. Schon im Flur steigt ihm der Geruch von verbranntem Fett in die Nase. Die Ex hat den Tisch gedeckt. Servietten. Kerzen. In der Pfanne kämpfen ehemalige Mastschweine und die Panade ums Überleben. Die Ex knallt die verkohlten Schnitzel auf die Teller. Gibt als Beilagen labbrig gekochte Spiralnudeln und im Kochwasser aufgeplatzte Erbsen hinzu.

Schrödinger (denkt): Prost Mahlzeit.

Die Ex fixiert ihn. Er metzelt mit dem stumpfen Messer an einem Stück ledernem Fleisch herum. Steckt es in den Mund. Kaut verbissen.

Die Ex: »Schmeckt's?«

Schrödinger überlegt, wie er das Fleischstück unauffällig aus dem Mund und in Horsts Maul befördern kann. Er schweigt. Die Ex blinzelt gegen die Tränen an.

Schrödinger: »Hm. Ja. Irgendwie … speziell.«

Ex: »Speziell ... und unseren Jahrestag hast du auch vergessen.«

Schrödinger wird rot. Stammelt am zähen Fleischbissen
ein »Ja, schmeckt, und hab ich nicht ... ach du Scheiße ... ist
doch egal« vorbei.

Abgang Ex. Tür knallt.

Schrödinger: Kippt das Schnitzel in den Boxer. Kauft am
nächsten Tag eine Goldkette.

Sein Fazit: Egal was Mann sagt – Frau versteht es falsch.

Ob das auch für den Kauf von Kaninchen galt? Was, wenn
Marion sich in ein potthässliches Karnickel verknallte? Vermutlich würde er es wohl oder übel adoptieren müssen. Er
seufzte und stutzte, als Horst die Plattnase in die stickige
Hallenluft reckte und an der Leine zerrte. Und zwar so vehement, dass sein Herrchen ins Stolpern geriet und gar nicht
anders konnte, als dem Kraftpaket auf vier Pfoten zu folgen.

Den Hund zog es durch den Mittelgang Richtung mit
Vorhang geschlossener Bühne. Dort reckte er die Schnauze in
die Luft, gab ein Grunzen von sich und wuffte leise, ehe er
sein Herrchen nach rechts zog. Halb verborgen hinter einer
Stellwand, auf der Fotos aus dem vergangenen Vereinsjahr
der *Honberger Hasen 1889* aufgepinnt waren, entdeckte
Schrödinger eine in die Holzvertäfelung eingelassene Tür.
Horst schnuffelte. Wuffte erneut.

»Da rein?« Schrödinger hatte keine Ahnung, was seinen
Hund antrieb. Aber da er für den Moment genug Hasen, Kaninchen und Stofftiere nebst Schwiegermüttern gesehen
hatte, gab er dem Drängen des Hundes nach und drückte die
Klinke nach unten.

Die Tür war nicht abgeschlossen.

Hund und Herrchen schlängelten sich hindurch.

Schrödinger zog die Tür hinter sich zu und kniff die Augen zusammen. Er fand sich in einem zweigeteilten, gefliesten und ziemlich schummerigen Gang wieder. Vor ihm stand eine Tür offen, und er erhaschte einen Blick auf die in Turnhallen üblichen Bänke, über denen Leisten mit Kleiderhaken angebracht waren. Rechter Hand verschwand sein Blick im diffusen Licht, aber der Boxer zog ihn ohnehin nach links.

Vier Meter durch einen dunklen Gang.

Horst schnupperte. Blieb stehen. Schrödinger kniff die Augen zusammen und erkannte eine abgetretene hölzerne Treppe, die wohl zur Bühne hinaufführte. Der Boxer gab die Richtung vor, sein Herrchen folgte ihm. Kurz darauf standen beide auf den Tuttlinger Brettern, die für so manchen Kleinkünstler wohl die Welt bedeuteten. Durch den Vorhang drang das Gewusel und Geschwirre aus der Halle auf die Bühne.

Langsam gewöhnten sich Herrchens Augen an das Dämmerlicht, und er erspähte eine Kulissenwand, die ein überzogen buntes Schwarzwaldhaus darstellte. Halb dahinter verborgen standen ein Barren und eine blaue Turnmatte, deren Anblick ihn sofort an seine stets gescheiterten und übelst ausgegangenen Turnstunden in der Schule erinnerte. Über all dem lag der käsige Schweißgeruch von Laienschauspielern und Schulklassen, die mal mehr, mal weniger freiwillig hier angetreten waren.

Horst zog die Nase kraus. Und seinen Herrn und Meister zu einen Stapel Turnmatten. Dann gab der Hund Laut.

Schrödinger bekam eine Gänsehaut.

»Bitte nicht schon wieder«, dachte er.

»Sitz!«, sagte er. Ließ die Leine los und lugte hinter die Turnmatten.

Am liebsten hätte er gewürgt. Geschrien. Sich ohnmächtig gestellt. Aber so sehr er sich auch weigerte – das, was er sah, war ein Mensch. Ein toter Mensch.

Er löste sich aus seiner Erstarrung und schaffte es, einen Notruf abzusetzen. Der Empfang hinter der Bühne war zwar nicht der beste, aber mit Sicherheit war dieser Anruf der beste, den er mit seinem neuen gebrauchten Handy bislang getätigt hatte. Erst als er auflegte, begann sein Herz zu rasen.

»Nicht schon wieder«, stöhnte er und starrte die verdrehten Beine an. Was er nicht wollte.

Aber seine Augen weigerten sich, wegzusehen.

Erst als ihm dämmerte, dass das, was aussah wie zu heiß gekochte Blutwurst mit Fettstückchen, in Wirklichkeit ein gespaltener Schädel war, setzte ein Reflex ein. Schrödinger machte einen Schritt rückwärts, prallte an einen Stapel muffiger blauer Turnmatten und ließ sich das soeben getrunkene Radler noch mal durch den Kopf gehen.

Horst

Du liebe Güte. Wie lange kennen wir uns nun, Schrödinger und ich? Und wie viele Mordfälle haben wir bislang gelöst?

Einige Jahre lang, erstens, und zwei Ermittlungen, zweitens, ich habe mitgezählt mit allen vier Pfoten.

Irgendwie ist es immer dasselbe. Plötzlich steigt mir der bekannte Geruch von totem menschlichem Fleisch in die Schnauze, und kaum zeige ich Herrchen meinen Fund, kotzt er in die Gegend. Diesmal auf die Sportmatten. Prost Mahlzeit.

Ich habe keine Ahnung, ob diese Sauerei auch von der Spurensicherung beseitigt wird.

Der wahre Skandal jedoch ist: Habe ich für meinen Fund ein Leckerli bekommen? Natürlich nicht.

Jetzt sitze ich hier in der Damenumkleide auf den kalten Kacheln und versuche, Schrödinger dazu zu bewegen, dass er mich nach Hause zu Marion bringt. Die ist mit Hillu und den Zwergen gegangen. So eine Blutlache ist ja auch nichts für Menschen unter zehn Jahren. Für größere aber auch nicht. Die Polizei hat die Halle geräumt. Nur noch die Kaninchen sind da. Als ob die was gesehen hätten und zur Aufklärung beitragen könnten!

Okay. Ich lege mich hin und tue so, als ob ich schlafe. Dabei schlafe ich natürlich nicht. Ich muss genau aufpassen, was die Kommissarin sagt.

Schrödinger kann sich in seinem aufgeregten Zustand ganz bestimmt nicht alles merken. Da muss Hund eben mal wieder für zwei denken.

Schrödinger

»Waren Sie schon im Donautal?« Verena Hälble lächelte den blassen Schrödinger an. Die Kriminalkommissarin versuchte, den geschockten Hannoveraner in ein nettes Gespräch zu verwickeln. Wie allen Mordermittlern war auch ihr klar: Wenn die Zeugen erst einmal beruhigt sind – sofern das in solchen Extremsituationen überhaupt gelingt – dann erinnern sie sich an viel mehr Details, als in der ersten Panik. Thorben Fischer, ihr Partner im Dienst wie im Leben, kümmerte sich mit dem Trupp der Spurensicherung hinter der Bühne darum, sämtliche womöglich relevanten Details zu finden und zu sichern, ehe die Tote, eine gewisse Mina Schrägle, abtransportiert wurde.

»Donautal«, wiederholte Schrödinger lahm und beneidete Horst, der sich mit einem wohligen Seufzen zu seinen Füßen hinlegte und die Augen schloss. Die Ruhe des Hundes hätte er jetzt auch gerne weg.

»Klettern. Kanufahren. Kann ich nur empfehlen.« Hälble nickte ihrem wichtigsten Zeugen aufmunternd zu. »Auch mit der Familie.«

Bei der Erwähnung von Marion und den Kindern schoss Schrödinger ein heißer Pfeil in die Eingeweide. Das hier hätte ein schöner Tag werden sollen. Für alle. Aber nun hatte er statt eines Kaninchens eine Leiche gefunden, und der Stall würde weiterhin unbewohnt bleiben. Sein Magen grummelte.

»Können wir mal machen«, sagte er und nahm sich tatsächlich vor, mit Max und Marlene demnächst ein Kajak zu

39

mieten und über die Donau zu schippern. Bis Wien musste es ja nicht gleich sein.

»Sie haben sich wirklich eine schöne Gegend zum Leben ausgesucht«, sagte Verena Hälble munter und zückte ihr schwarzes Notizbuch. Einige Zeit lang hatte sie Aussagen in ein Tablet getippt, aber das war mehrfach abgeschmiert, und so setzte sie lieber wieder auf Kuli und Papier. Sie fing harmlos an mit der Befragung. Persönliche Daten, Beruf, Familienstand.

»Und Sie wollten einen Hasen kaufen?«, kreiste sie die wichtigen Tatsachen langsam ein.

»Ja.« Schrödinger zuckte mit den Schultern. In dem ganzen Tohuwabohu hatte er nur noch mitbekommen, dass die flennende Marlene und der heulende Max sich unsterblich in irgendein blaues Zwergkaninchen verguckt hatten. Blau. Ausgerechnet. Aber nach dem rosa Hasen wunderte ihn eigentlich nichts mehr.

Mechanisch gab er wieder, wie er die Tote gefunden hatte. Hälble notierte eifrig mit, ließ dann und wann eine kurze Frage einfließen, hörte aber ansonsten aufmerksam zu.

»Das mit dem … also, dass ich … das tut mir leid.« Schrödinger wurde rot.

»Dass Sie sich erbrochen haben? Das muss Ihnen nicht leidtun. Ich verrate Ihnen ein Geheimnis.« Die Kommissarin beugte sich vor und zwinkerte ihm verschwörerisch zu. Dass sie vor einiger Zeit mal in völlig betrunkenem Zustand während der Ermittlungen in einem anderen Mordfall in die Blumenkübel vor der Kirche einer benachbarten Kreisstadt gereihert hatte, verschwieg sie. Wohl aber gab sie zu, wie es ihr bei den ersten Obduktionen, denen sie im Zuge der Ausbildung in Tübingen beiwohnen musste, ergangen war. Magen-technisch.

Wer über Körperflüssigkeiten spricht, der kommt sich nah, automatisch. Schrödinger begann sich zu entspannen, soweit das in seiner Lage möglich war.

»Kannten Sie die Tote?«

Schrödinger hatte Mühe, sich den Namen ins Gedächtnis zu rufen.

»Die Frau … äh?«

»Schrägle. Mina Schrägle.«

»Ich glaube nicht.« Der Name sagte ihm nichts, und selbst wenn er sie vom Sehen her gekannt hätte – Schädel und Gesicht waren dermaßen entstellt gewesen, dass ihm allein vom Gedanken daran schon wieder schwummrig wurde. Hälble schien das zu bemerken und beeilte sich zu sagen, dass Mina Schrägle Kassiererin des Zuchtvereins gewesen war.

»Also, heute an der Kasse hat ein Mann kassiert«, antwortete Schrödinger. »Der Vorsitzende. Binder oder so.«

»Karl-Heinz Binder.« Die Kommissarin nickte. »Ihn werden wir auch noch befragen.«

Schrödinger hob die Augenbrauen.

»Weitere mögliche Zeugen sitzen in der Herren-Umkleide. Ich dachte, Sie und Ihr Hund brauchen etwas Ruhe.«

Schrödinger nickte dankbar. Ruhe war genau das, wonach er sich sehnte. Und – zu seinem eigenen Erstaunen – eine knackige Butterbrezel. Man mochte über die Schwaben lästern, was man wollte, kochen und backen konnten sie. Schrödinger schwelgte gerne in Maultaschen mit Röstzwiebeln und Kartoffelsalat. Konnte sich quasi in Linsen mit Saitenwürstle wälzen und sich ein Frühstück ohne Laugengebäck gar nicht mehr vorstellen.

41

Aber bis er wieder ans Essen denken durfte und konnte, würde es noch einige Zeit dauern. Außerdem war eines größer als sein Hunger: die Neugier.

»Aber wer sollte eine Kassiererin erschlagen?« Perplex sah er die Kommissarin an.

»Das ist die Frage. Also genau *die* Frage.« Hälble kratzte sich mit dem Ende des Kugelschreibers an der Schläfe. In der Art, wie sie den Satz betonte, lag eine längere Geschichte. Und die nun wieder machte Schrödinger noch neugieriger.

»Wie gesagt, ich bin ja vollkommen neu in Tuttlingen. Und mit Kaninchen kenne ich mich auch nicht aus.«

»Das ist vielleicht gar nicht schlecht«, murmelte die Polizistin leise vor sich hin. Einen Moment lang schloss sie die Augen. Um sie gleich danach wieder aufzureißen und ihr Gegenüber zu fixieren.

»Wir haben Ihre Personalien überprüft. Das war ziemlich … überraschend. Offenbar haben Sie meiner Kollegin Hepsengenc in Bad Mergentheim geholfen«, stellte sie nüchtern fest.

Schrödinger nickte leicht erschöpft. Das hatte ja rauskommen müssen. Während seiner Reha war er der dortigen Polizei bei der Aufklärung eines Mordes auf dem Gelände der Klinik zu Hilfe gekommen.

»Und Sie haben Kommissar Bohnert unterstützt. Sie kommen ganz schön rum.« Wieder nickte Schrödinger. Auch beim Urlaub am Bodensee hatte ihm eine Leiche auf dem Campingplatz die Erholung vermasselt.

Hälble reckte den rechten Daumen.

»Dann sind Sie vielleicht *genau mein* Mann.«

»Ich?« Schrödinger wurde rot. Er hatte seine Marion. Und die Hälble offensichtlich einen Kollegen als Partner, denn dieser Thorben Fischer hatte ihr, ehe er die Kollegen von der SpuSi eingewiesen hatte, einen fetten Schmatzer auf die Wange gedrückt.

»Es ist so.« Hälble beugte sich vor und senkte die Stimme. »Die Tote war keine Unbekannte in unseren Akten. Wird mehrmals erwähnt. Wenn auch nicht direkt.«

Unter der Bank wuffte Horst, als hätte er verstanden, worum es ging. Schrödinger wurde hellhörig und beugte sich ebenfalls vor.

Hälble blätterte in ihren Notizen.

»Also. Die Tote heißt, wie gesagt, Mina Hälble. Geboren am achtundzwanzigsten März neunundsechzig.«

Schrödinger nickte, als wäre das für ihn eine relevante Information. Dann mischte sich ein Streifenbeamter ein und erkundigte sich vorsichtig, wie lange die Frau Kommissar denn noch so ungefähr brauchen würde.

»Solang ich eben brauche!«, erwiderte sie leicht säuerlich, ehe sie Schrödinger und Horst zu den anderen zu Vernehmenden in die Herrenumkleide zog. Hier schien der typische Geruch einer Theater-Umkleide längst ins Mauerwerk eingedrungen zu sein. Es roch nach kaltem Kaffee, Schweiß, alten Socken und all den anderen Dingen, die hier über Jahre hinweg die Luft erfüllt hatten. Vergessen war es dennoch schnell. Denn das, was Verena Hälble ihm in gedämpfter Stimme anvertraute, lag meilenweit entfernt von niedlichen Kuschelhasen und putzigen Mümmlern. Und auch weit außerhalb der Zuständigkeit der Kommissarin. Tatsächlich waren hier eher die Kollegen von der Wirtschaftskriminalität involviert. Eigentlich – aber mit dem gewaltsamen Ableben der Mina Schrägle hatte der Fall *Honberger Hasen* nun eine ganz andere Dimension erreicht.

Hälble fasste für Schrödinger zusammen, was sie – ohne die Akten ganz genau zu kennen – über die Ermittlungen der Kollegen wusste. Viel war es nicht, aber das wenige ließ sowohl den Tuttlinger Neubürger als auch dessen tierischen Begleiter aufhorchen.

Auf dem Papier war die Tote noch verheiratet. Mit Henry Schrägle. Dieser, geboren in Dessau, war bei der ortsansässigen Spedition Schwaighöfer angestellt und als Lkw-Fahrer oft und lange in Rumänien, Ungarn oder Skandinavien unterwegs. So weit – so normal. Von den Kollegen der Zollbehörden hatten die Tuttlinger Ermittler erfahren, dass Henry Schrägle bei den Routinekontrollen wie ein Pennäler regelrecht durchgerasselt war. Und das nicht nur einmal. Mal hatte er nicht alle benötigten Transportpapiere dabei, mal hatte er seine Fahrzeiten überzogen und zwischendurch nicht genug Pausen eingelegt. Und das waren nur die selbst verschuldeten Sachen – für die er von seinem Chef bei der Spedition auch stets einen gebührenden Einlauf bekam. Einige Male war sein Lastwagen allerdings auch wegen gravierender technischer Mängel stillgelegt worden. Bei einer allgemeinen Kontrolle war sogar aufgefallen, dass die Bremsen seines Chassis bereits vor Monaten hätten gewechselt werden müssen. Es glich einem Wunder, dass Henry überhaupt so lange hatte fahren können, ohne einen Unfall zu bauen.

»Von so was lässt sich der Bursche natürlich nicht unterkriegen«, schloss die Kommissarin ihren Bericht. »Der Mann ist wie Herpes. Er kommt immer wieder.«

44

»O-kay.« Schrödinger ging in die Knie, um den etwas unruhig werdenden Horst zu streicheln. Offenbar plagte den Boxer allmählich ein dringendes Bedürfnis. Jedenfalls hoffte Schrödinger, dass es sich bloß um ein dringendes Bedürfnis handelte – und keinen weiteren Leichenfund. »Und das erzählen Sie mir jetzt so im Detail, weil …?«

Verena Hälble lächelte dünn. »Weil ich möchte, dass Sie ein wenig die Ohren offenhalten.«

»Ich?« Schrödinger begann ebenfalls zu lächeln. »Ist das denn überhaupt erlaubt?«

»Streng genommen nicht. Aber wirklich vom Rumschnüffeln abhalten kann ich Sie eh nicht, oder?«

»Wenn Sie's so nennen wollen … Nein, vermutlich nicht.«

»Ich kenne Leute wie Sie. Krimi-Fans, die das Pech – oder Glück – haben, ständig über irgendwelche kriminellen Machenschaften zu stolpern und dann nicht anders können, als selbst Nachforschungen anzustellen.«

»Ich weiß nicht, wovon Sie reden.«

»Schon klar. Die gleiche Unterhaltung habe ich schon zigmal mit einem gewissen Pater geführt. Sie beide würden sich bestimmt glänzend verstehen. Langer Rede kurzer Sinn: Sie werden sich eh umhören, und ich bin für jede Hilfe dankbar. Da können wir doch auch gleich zusammenarbeiten, oder?«

Sein Lächeln wurde breiter und breiter. So schnell hatte noch nie jemand seinen kriminalistischen Spürsinn zu schätzen gewusst. »Da fällt mir kein Grund ein. Kriege ich auch eine Polizeimarke?«

»Träumen Sie weiter. Ich will auch gar nicht, dass Sie richtig tief in die Materie eintauchen. Nur sich hier und da ein wenig umhören. Sobald Sie was rauskriegen oder es irgendwie brenzlig wird, ziehen Sie sich zurück. Außerdem erstatten Sie mir regelmäßig Bericht. Ein Handy haben Sie ja?«

Stolz zog er sein Mobiltelefon hervor und überlegte, ob er ihr erzählen sollte, dass er noch gar lange mit so was unterwegs war, nach einiger Zeit der Abstinenz. Als er Hälbles amüsierte Miene sah, verwarf er den Gedanken rasch wieder.

»Oh, ein Vorkriegsmodell«, bescheinigte sie. »Wusste gar nicht, dass die Dinger überhaupt noch funktionieren.«

»Das tun Sie. Sehr gut sogar. Aber wenn Sie mir ein brandaktuelles Dienst-Smartphone zur Verfügung stellen wollen, werde ich nicht nein sagen.«

»Dürfte schwierig werden. Erstens arbeiten Sie ja nur inoffiziell für die Polizei, und zweitens ist auch mein Telefon alles andere als brandaktuell.« Sie zog das Gerät aus der Tasche. Es war ebenfalls schon etwas älter, verfügte aber zumindest über einen Touchscreen, und das Glas war bruchfrei. Das war deutlich mehr, als Schrödinger vorzuweisen hatte.

»Na gut. Gibt es irgendwelche Orte, an denen ich mich besonders gut umhören soll?«

Sie schien einen Moment darüber nachzudenken. »Vielleicht wäre es gut, wenn Sie sich ein wenig im Verein umhören. Sie als Hasenfreund könnten dort ja Mitglied werden.«

»Sozusagen under cover?«

»Wenn Sie so wollen. Um den Ehemann und das restliche familiäre Umfeld der Toten kümmern wir uns. In der Hinsicht sind wir recht gut aufgestellt. Meine Worte vorhin waren nur als Einleitung für Sie gedacht, damit wir auf dem gleichen Wissensstand sind. Ihr Bereich wären eher die Viehzüchter, hier klafft uns nämlich noch eine Lücke … sozusagen.«

Schrödinger ließ sich den Vorschlag eine Sekunde durch den Kopf gehen und nickte dann zustimmend. »Alles klar. Das krieg ich hin.« Um ein Haar hätte er statt *ich* »wir« gesagt, doch im letzten Augenblick besann er sich eines Besseren und ließ Horst außen vor. Nicht, dass die Kommissarin einen Rückzieher machte, wenn sie von einem vierbeinigen Partner hörte. Davon war nämlich vorhin bei der erwähnten früheren Unterstützung der Kollegen Bohnert und Hepsengenc keine Rede gewesen.

Wenige Minuten darauf waren die letzten Einzelheiten besprochen und Schrödinger konnte den Drängen seines tierischen Begleiters nachgeben. Kaum hatten sie die Festhalle verlassen, zog es Horst in Richtung der Büsche neben dem Parkplatz. Dort hob der Boxer brav sein Beinchen und zerstreute so Herrchens jüngste Befürchtung.

Während der Hund der Natur freien Lauf ließ, schaute Schrödinger zur hinter den Sträuchern entlangfließenden Donau und fragte sich, ob er hier mit allem fertig war oder ob es Sinn machte, noch länger vor Ort zu bleiben. Viel zu tun hatte er im Moment nicht. Die Polizei hatte bereits mit der Spurensuche begonnen. Es war unwahrscheinlich, dass die Beamten dabei etwas übersahen, was Schrödinger und Horst auffallen würde. Und den Leuten im Weg stehen wollte er nicht. Er könnte zwar schon mit dem Zuchtverein auf Tuchfüllung gehen, aber viele der Menschen mit handgeschriebenen Namensschildern hatte er vorhin nicht mehr herumlaufen gesehen. Auch Karl-Heinz Binder, der Mann vom Einlass, schien sich inzwischen verdrückt zu haben oder wurde noch von Hälble in der Umkleide ausgequetscht.

47

Je mehr Schrödinger darüber nachdachte, desto stärker wurde seine Lust zu gehen. Der Nachmittag war ohnehin fast schon in den Abend übergegangen. Marion, Hillu und die Kinder waren längst weg. Gleich nachdem seine Liebste von dem grausigen Fund gehört hatte, hatte sie die Veranstaltung für die Familie für beendet erklärt. Sehr zum Leidwesen von Marlene und Max, die das überhaupt nicht nachvollziehen konnten und sie so lange nach dem Grund löcherten, bis die Oma angab, sich nicht wohlzufühlen und nach Hause zu wollen. Das hatten die Kleinen dann zähneknirschend und mit vielen Widerworten akzeptiert.

»Und wieso darf Schrödinger dann mit Horst noch bleiben?«, hatte Marlene gefragt, als sie sah, dass nicht die komplette Familie aufbrach.

»Der … äh … muss noch was erledigen«, hatte Marion erwidert und ihn missmutig angeblickt. So als wäre die tote Frau seine Schuld gewesen. Dabei hätte auch er sich weiß Gott etwas Schöneres für seinen Feierabend vorstellen können. Ein romantisches Essen bei Kerzenschein, nur Marion und er, zum Beispiel. Während das Schwiegermonster daheim auf den im Neubesitz eines Karnickels befindlichen, glückseligen Nachwuchs aufpasste.

Aber gut. Man konnte nicht alles haben. Ein Optimist hätte vielleicht angenommen, dass sie ja noch immer einen schönen Abend haben könnten. Doch Schrödinger war kein Optimist, im Gegenteil. So eine Leiche konnte schon ordentlich aufs Gemüt drücken. Auch er fühlte sich im Moment nicht gerade blendend.

Was sich allerdings änderte, mit jedem Schritt, den er sich von der Halle entfernte. Er zuckelte die Bahnhofstraße entlang,

48

folgt der Königstraße und war recht zuversichtlich, den Weg nach Hause allein zu finden. Für alle Fälle hatte er ja noch Horst dabei, der die Gerichte aus Marions Küche wahrscheinlich zehn Meilen gegen den Wind roch und ihn zielsicher heimwärts führen würde. Ein bisschen Auslauf war zudem für Hund und Herrchen nicht schlecht.

Zehn Minuten später und fast ohne falsch abzubiegen trafen sie zu Hause ein. Beim Aufschließen der Wohnungstür überlegt er noch, ob er Marion von der Undercover-Mission erzählen soll. Nicht, dass sie ihm aus Sorge um ihn und die neugewonnene Zweisamkeit vielleicht verbieten wollte, seine kriminalistischen Fühler auszustrecken. Doch bevor er eine Entscheidung treffen konnte, umringten ihn die Kinder bereits und wollten wissen, wo er so lange gesteckt hatte.

»Hast du heimlich doch noch ein Kaninchen gekauft?«, fragte Max und tastete ihm erwartungsvoll die Jackentaschen ab. Dass sie leer waren, schien ihn schwer zu enttäuschen.

»Quatsch, er wollte noch irgendwelche Karten kaufen, um Mama zu überraschen«, sagte Marlene. »So wie für dieses Musical, bei dem sie neulich waren.«

»Ich, äh …« Schrödinger war froh, dass sie offenbar gar nichts von dem eigentlichen Trubel in der Festhalle mitbekommen hatten. »Genau, für eine Queen-Tribute-Show«, log er daher schnell. Es war das Erstbeste, das ihm einfiel. Er glaubte, vor Kurzem irgendwo ein Werbeplakat dazu gesehen zu haben. »Aber pscht! Kein Wort zu eurer Mutter. Das soll eine Überraschung werden.«

Beide Kinder nickten und taten so, als würden sie ihre Lippen mit einem Reißverschluss verschließen. Das sah so putzig aus, dass er lachen musste. Dann betrat die Schwiegermutter in spe den Flur, und die Raumtemperatur sank ebenso wie Schrödingers Laune.

»Hallo Hillu, geht es deinem Kopf wieder besser?«

»Bis eben war wieder alles okay.« Im Vorbeigehen warf sie ihm einen finsteren Blick zu. Schrödinger war froh, als sie sich in ihr Zimmer zurückzog. Sofort schien es auch wieder wärmer in der Wohnung zu werden.

Die Stunden bis zum Abend verstrichen wie im Flug. Zuerst alberte Schrödinger mit Horst und den Kindern herum, um den letzten Schrecken des Nachmittags abzuschütteln. Er brauchte das als Ausgleich für das erlebte Grauen und um nicht in Depressionen zu verfallen. Später half er dann Marion dabei, Marlene und Max ins Bett zu bringen. Nur allzu gern ließ er sich dazu breitschlagen, ihnen noch ein Abenteuer vom Räuber Hotzenplotz vorzulesen.

Es war bereits nach halb neun, als er sich erschöpft neben Marion auf das Sofa plumpsen ließ. Wo Hillu sich herumtrieb, wusste er nicht, und er verzichtete auch bewusst darauf, nachzuhaken. Seine Liebste hatte zwei Gläser mit Weißwein gefüllt, von dem ihres bereits halb leer war. Im Fernseher lief einer der Iron-Man-Filme (von dem Max besser nichts erfuhr; sämtliche Marvel-Superhelden standen bei ihm momentan sehr hoch im Kurs). Doch Marion schien nicht wirklich viel davon mitzukriegen.

Kaum hatte Schrödinger an seinem Glas genippt und es zurückgestellt, fiel sie über ihn her. Allerdings nicht körperlich, sondern nur verbal. Sie wollte jede Kleinigkeit erfahren, die sich nach ihrem Aufbruch in der Festhalle ereignet hatte. Bisher wusste sie ja bloß das, was er ihr vorhin aufgeregt und in Schnappatmung mitgeteilt hatte. Viel mehr, als dass die Tote weiblich war und einiges an Blut verloren hatte, war das nicht.

Schrödinger wunderten die vielen Fragen kein bisschen. Schon seit dem Abenteuer auf dem Campingplatz wusste Marion von seinem Talent, sich ständig zur falschen Zeit am falschen Ort aufzuhalten. Außerdem war sie von Natur aus sehr neugierig – und versuchte auch gar nicht erst, das zu verbergen. Er hatte kein Problem damit und zögerte ebenso wenig, jedes noch so unwichtige Detail zu berichten. Angefangen vom Auftauchen der Kommissarin bis hin zu den Ermittlungsinfos, die Verena Hälble ihm mitgeteilt hatte. Ins Stocken geriet er erst, als es um die Undercover-Mission selbst ging. Doch nachdem er diese Tür ohnehin zur Hälfte geöffnet hatte, konnte er sie nun auch gleich ganz aufstoßen.

Wie erwartet runzelte Marion skeptisch die Stirn und blickte ihn erwartungsvoll an. Selbst das Weinglas in ihrer Hand war inzwischen zur Nebensache geworden. Dies allerdings machte Schrödinger nervös und brachte ihn noch mehr ins Trudeln.

»Ich … äh … soll ja auch gar nicht an vorderster Front ermitteln, sondern mich nur im Hintergrund umschauen und … na ja … die Ohren offenhalten. Also nix Gefährliches oder so.«

»Du meinst, so wie am Bodensee? Dort hat es sich zum Ende ziemlich heftig zugespitzt.«

»Das war ja nur das eine Mal.«

»Und was war mit der Reha-Klinik?«

»Ja, okay. Es war zweimal. Aber diesmal läuft es anders.«

»Woher willst du das wissen? Mord ist Mord. Das gibt es keine Kuschel-Version mit Gänseblümchen und Händchen-halten.«

»Eigentlich schade. Vielleicht wäre das eine Marktlücke …«

Ihr Blick verfinsterte sich. Eine Sekunde lang wirkte sie genauso grimmig wie ihre Mutter. »Lass die Witze. Ich meine es ernst!«

»Ich auch. Ich werde mich vorsehen. Sobald mir was nicht astrein vorkommt, verständige ich die Polente. Außerdem habe ich ja Horst, der auf mich aufpasst.« Er nickte in Richtung des Hundes, der nicht weit entfernt auf seiner braunen Stoffdecke lag und zufrieden vor sich hin schnarchte.

»Auch das kann mächtig schiefgehen, wie wir beide wissen.«

Als er mit Worten nicht mehr weiterkam, strich er Marion beruhigend über die Arme und Schultern. »Ich werde mich vorsehen. Versprochen.«

»Das will ich dir auch geraten haben. Ich brauch dich hier nämlich noch ein bisschen.«

»Ein bisschen nur?«

Ein kleines Lächeln schlich sich in ihr Gesicht und wurde langsam breiter. Ein Kuss folgte, und die Welt schien wieder in Ordnung.

Nach einigen Momenten hielt Marion allerdings wieder inne. »Sag mal, wie hieß diese Kommissarin noch mal?«

»Verena Hälble, glaube ich. Irgendwo habe ich ihre Karte einstecken.«

Während er seine Hosentaschen abtastete, ließ Marion ihren Blick in die Ferne schweifen. »Als ich ein Kind war, wohnte im Haus nebenan eine Verena Hälble. Sie hatte kurze blonde Haare, war etwas pummelig und immer ziemlich frech. Von den Jungs wollte sich keiner mit ihr anlegen. Ich glaube, sie war drei oder vier Jahre jünger als ich.«

»Hmmh … als pummelig würde ich sie jetzt nicht beschreiben. Eher normal gebaut. Aber Haarfarbe und Alter kommen ungefähr hin.« Schrödinger rief sich noch einmal das Gesicht der Polizistin vor Augen und nickte. »Ja, sie dürfte schätzungsweise Mitte dreißig sein.«

»Heimatsgodda! Stell dir mal vor, das ist meine Verena. Wenn du sie das nächste Mal sprichst, frag sie mal, ob bei ihr früher eine Marion in der Nähe gelebt hat.«

»Ich kann sie auch gerne fragen, ob sie als Kind fett war. Kommt sicher gut an.«

»Haha, du Doofkopf. Das machst du natürlich nicht. Aber wenn sie eine Marion aus ihrer Kindheit kennt, richtest du ihr bitte schöne Grüße aus.«

»Mache ich selbstverständlich gerne«, versprach er und fragte sich insgeheim, bei welcher Gelegenheit er ein solches Thema ansprechen sollte. Er hoffte, dass ihm etwas Passendes einfallen würde, wenn es soweit war.

Dritter Tag: Sonntag

Horst

Das mit der Leiche in der Festhalle war echt ein dicker Hund. Selbst ich hatte vor lauter Hasen, Meerschweinen und sonstigen Nagern anfangs nichts davon gerochen. Nachdem wir uns dann aber langsam der einen Tür genähert hatten, war der Geruch doch in meine Nase gestiegen.

Im ersten Moment hatte ich ihn gar nicht richtig zuordnen können. Es roch einerseits fremd, andererseits vertraut. Auf jeden Fall war es nichts, was man jeden Tag vor die Nase bekommt. Also nicht als normaler Hund. Mancher Artgenosse bei der Polizei könnte da sicher ganz andere Geschichten erzählen. Aber ein solcher Stress wäre nichts für mich. Ist eh schon schlimm genug, dass wir ständig in irgendwelchen Schlamassel geraten.

Deshalb hatte ich auch einen kurzen Augenblick gezögert, ob ich Herrchen tatsächlich zu der toten Frau führen sollte. Hätte es was genützt, wenn nicht wir, sondern jemand anderer sie gefunden hätte? In der Hinsicht kann Schrödinger nämlich ausgesprochen einnehmend sein. Da reicht ein Fund in der Nähe, und schon beginnen seine Krimi-Antennen wie wild zu blinken. Dann denkt er, er ist Inspektor Columbo oder dieser Schimanski oder wen es da noch alles gibt.

Warum sich also nicht gleich dem Unvermeidlichen stellen, wenn eh kein Weg daran vorbeiführt? Außerdem hatte ich ja insgeheim gehofft, als Belohnung für meine gute Schnüffelarbeit ein kleines Leckerli zu bekommen.

Hab ich natürlich nicht gekriegt. Also nicht sofort. Erst Stunden später hat mir Marion daheim eine Extraportion gekochtes Rindfleisch in meinen Napf getan. Das hätte sie vielleicht so oder so getan. War schließlich das Essen von vorgestern und musste weg. Manchmal ist es besser, wenn man das nicht so genau weiß.

Apropos genau wissen: Herrchen hat mich vorhin auf eine Weise angeschaut, die nichts Gutes verheißen lässt. Er führt wieder was im Schilde. Und so wie ich ihn kenne, werde ich da wohl wieder mit von der Partie sein. Ob ich das will oder geschweige denn für eine gute Idee halte, fragt selbstverständlich keiner. Macht ja nie einer.

Schrödinger

Schwerfällig schleppte sich Schrödinger am nächsten Morgen ins Badezimmer und brauchte eiskaltes Wasser, um die hartnäckige Müdigkeit loszuwerden.

In der Nacht hatte er, wenig überraschend, ziemlich schlecht geschlafen und immer wieder von der Frau mit dem gespaltenen Kopf geträumt. Seine Phantasie hatte ihm dabei alles in den blutigsten Details ausgemalt. Als wäre das nicht übel genug, hatte sich das Ganze in seinen Träumen weiter bis ins völlig Absurde gesteigert. Zwar erinnerte er sich nur noch schemenhaft daran, doch selbst das genügte, um ihm auch jetzt wieder eine Gänsehaut zu bescheren. Die Blutlache hatte in ständig wechselnden Farben geschimmert und dabei wie eine Neonreklame geblinkt. Außerdem waren da applaudierende Totenkopfhälften und im Takt tanzende Axtmörder mit schwarzen Strumpfmasken gewesen. Viele der Szenen waren dermaßen skurril, dass sie selbst Stephen King neidisch gemacht hätten. Mehrmals war Schrödinger davon aufgewacht, wenig später aber in genau den gleichen Traum zurückgekehrt.

So was schlauchte. Ziemlich gewaltig sogar.

Gefühlt wie in Zeitlupe erledigte er die Morgentoilette und zog sich an. Beim Betreten der Küche kroch ihm der Duft frisch gebrühten Kaffees in die Nase. Das tat gut. Ebenso wie der Anblick der Tüte mit den frischen Brötchen, mit denen Marion im selben Augenblick zur Wohnungstür hereinkam.

»Guten Morgen, du siehst aber fertig aus.«

»Vielen Dank. Solche Komplimente höre ich immer gern.«

»Na ja, wenn's doch wahr ist. Du hättest ruhig noch liegenbleiben können. Die Kinder sind mit Horst beschäftigt und kommen alleine klar.«

»Aber kommt der Hund mit ihnen klar?« Er grinste schief. »Außerdem wollte ich mich mit ums Frühstück kümmern. Damit es später nicht wieder heißt, ich würde mich wie ein Pascha aufführen.«

»Das hat sie nur einmal gesagt.«

Besagte *Sie* betrat wenig später ebenfalls die Küche. Hillu wirkte entspannt und schien Schrödingers desolaten Anblick ziemlich zu genießen. Sie blieb einige Sekunden neben ihm stehen und verfolgte, wie er die Frühstückseier anpiekste und behutsam in den Kocher legte.

»Für mich bitte ein hartgekochtes. Weicheier gibt schon genug.«

Am Essenstisch folgten weitere Spitzen, aber die überhörte Schrödinger souverän. Eine gute Ablenkung lieferten ihm die Kinder, die trotz des Herumtollens mit Horst ziemlich niedergeschlagen aussahen. Grund dafür war das Kaninchen beziehungsweise das Fehlen eines solchen. »Wir sind extra deshalb in die Halle gefahren. Und mitgenommen haben wir gar nichts«, beschwerte sich Marlene.

»Nur wegen Omas Kopfschmerzen«, schob Max hinterher. »Jetzt müssen wir bestimmt ein ganzes Jahr warten.«

»Ach, Quatsch«, widersprach Marion. »Haustiere gibt es auch anderswo. Wir schauen mal bei Gelegenheit, okay?«

Die Kleinen stimmten zwar zu, wirklich überzeugt sahen sie aber nicht aus. Um sie aufzumuntern, schlug die Großmutter einen Spaziergang zum Spielplatz beim Stadtgarten vor. Der lag nur wenige Gehminuten entfernt und stellte immer ein Highlight dar. So auch diesmal. Aufgeregt hibbelten die zwei auf ihren Stühlen hin und her.

Sie so zu sehen, freute Schrödinger. Deshalb tat es ihm auch in der Seele weh, ihnen gleich einen neuen Dämpfer verpassen zu müssen: »Da müsst ihr heute leider ohne mich hin. Ich muss nach dem Essen noch mal mit Horst los.«

Die Mundwinkel der Kinder gingen nach unten, die von Hillu nach oben.

»Das schaffen wir schon«, versicherte die Schwiegermutter. »Hab ich Recht?«

Marlene und Max stimmten zu. Fast schon ein bisschen zu euphorisch für Schrödingers Geschmack. Gleichzeitig war er froh, das Thema so einfach vom Tisch bekommen zu haben. Bei dem, was er im Sinn hatte, konnte er die Kurzen nicht brauchen. Selbst Horsts Anwesenheit könnte schwierig werden. Aber ohne ihn zu gehen kam überhaupt nicht infrage.

Als sich im vergangenen Herbst allmählich herauskristallisiert hatte, dass die Beziehung mit Marion nichts bloß ein Urlaubsflirt, sondern tatsächlich etwas Ernstes und länger Anhaltendes sein würde, hatte sich Schrödinger im Internet über Tuttlingen informiert, um so bei seiner Angebeteten mit ein paar Fun Facts, wie es auf Neudeutsch heißt, zu trumpfen.

So hatte er unter anderem herausgefunden, dass der Wohnort seiner Liebsten am Fuße des Honbergs errichtet worden war. Auch heute markiert der Berg noch die ungefähre Mitte des südlichen Stadtbereichs.

Viele der recherchierten Dinge hatte er inzwischen wieder vergessen, aber als er gestern in der Stadthalle auf dem Namensschild vom Verein *Honberger Hasen* gelesen hatte, hatte es in seinem Hirn sofort Klick gemacht, und er hatte schon da eine ungefähre Ahnung gehabt, wo die Tierfreunde ihren Vereinssitz haben könnten. Weitere Puzzleteile hatte die Erinnerung an den romantischen Besuch mit Marion vor ein paar Monaten dort an die richtige Stelle gerückt. Auch wenn es damals bereits ziemlich finster und Schrödinger etwas beschwipst gewesen war.

Deshalb führte ihn sein erster Weg nach dem Frühstück direkt nach Südosten. Von Marions Wohnung aus konnten es bis zum Honberg nicht mehr als drei Kilometer sein. Obwohl sich bei Sonne und strahlend blauem Himmel ein Spaziergang förmlich aufdrängte, stieg er ohne zu zögern in seinen Kombi. Bei ihm wurden derartige Entscheidung in der Regel auf eine einzige Frage reduziert: Kann man dorthin fahren? Lautete die Antwort Ja, dann wurden selbst Strecken wie die 600 Meter zur nächsten Bäckerei gerne im Auto zurückgelegt. Schließlich konnte es ja sein, dass Mann nach dem Einkauf schwer zu schleppen hatte.

Für heute rechtfertigte er den Fahrzeugeinsatz damit, dass er ja schon gestern viel gelaufen war und obendrein nicht genau wusste, wohin er sich begeben musste. Die Kommissarin hatte ihm zwar die genaue Adresse durchgegeben, aber wer wusste schon, ob die tatsächlich stimmte.

Aus diesem Grund zögerte er nicht, die Adresse in sein Navi einzuprogrammieren. Sicher war sicher. Nicht, dass er am Ende noch in Liptingen oder irgendwo im Wald landete.

Mit Horst auf dem Beifahrersitz tuckerte er am heute völlig verwaisten Hochschulcampus und am Friedhof vorbei (wo ebenfalls niemand zu sehen war) und bog dahinter in die Neuhauser Straße ein. Laut Navi würden sie ihr Ziel in Kürze erreichen. Was zweifellos auch in der analogen Welt stimmte, in einiger Entfernung war der Honberg nämlich bereits zu sehen.

Das letzte Stück der Reise wurde dann aber doch noch zur Geduldsprobe. Es ging eine schmale und äußerst kurvenreiche Auffahrtsstraße hinauf, die kaum mehr als ein besserer Feldweg war. Schrödinger fuhr bewusst langsam und dankte sich einmal mehr für die Voraussicht, die Strecke *nicht* zu Fuß in Angriff genommen zu haben. Der Weg den Berg empor war schon im Auto eine ziemliche Plackerei. Da konnte auch das viele Grün links und rechts der Fahrbahn nichts ausrichten. Im Gegenteil: Mit Schrecken dachte Schrödinger, wie es wäre, hier mit dem Wagen liegen zu bleiben. Aber obwohl der Motor angestrengt keuchte, hielt der Kombi wacker durch, bis sie auf halber Berghöhe endlich ihr Ziel erreichten.

Zumindest war es das laut Navi. Auf den ersten Blick wirkte der opulente Steinbau mit den vielen Fenstern wie ein Gasthof oder eine Villa, aber da weit und breit kein anderes Gebäude in Sicht war, konnte es sich nur um das Vereinsheim handeln.

Er parkte am Straßenrand und ging zur Beifahrerseite, um Horst an die Leine zu nehmen. Obwohl der Boxer sehr handzahm war, war so etwas für einen Besuch in einem Haus mit Tieren unabdingbar. Davon abgesehen wollte Schrödinger hier keinesfalls einen falschen ersten Eindruck hinterlassen.

Nicht, wenn er vorhatte, sich im Verein umzuhören, und dabei auf den guten Willen der Vereinsmitglieder angewiesen war.

Um möglichst viele Details seiner Umgebung aufzuschnappen, ging er bewusst langsam. Aber außer schmale Wiesenflächen, Bäumen und vereinzelten Zigarettenstummeln auf dem gepflasterten Weg zum Eingang war nichts zu sehen. Dafür erblickte er am Briefkasten neben der Haustür die gesuchte Aufschrift *Honberger Hasen 1889 e.V.* Hervorragend. Das vertrieb die allerletzten Zweifel.

Sie betraten das Gebäude. Drinnen roch es ähnlich wie gestern in der Festhalle: nach Tieren, Heu, Einstreu und Holz. Das war nicht unbedingt Schrödingers bevorzugte Duftmischung, schien zu einem Tierzüchterverein aber gut passen. Ebenso wie die vielen gerahmten Fotos an den Flurwänden, die verschiedene Vereinsaktivitäten und -feiern zeigten. Manche Bilder waren bereits ziemlich vergilbt. Frisuren und Kleidung ließen vermuten, dass selbst die aktuellsten Farbfotos nicht in diesem Jahrhundert aufgenommen worden waren. Bei den vielen Schwarz-Weiß-Bildern wollte er gar nicht erst spekulieren.

Auf beiden Seiten des Flurs gab es jeweils zwei Türen. Links am Ende des Korridors war eine Tür bloß angelehnt, weshalb Schrödinger beschloss, da zuerst anzuklopfen. Er hatte Glück. Der Raum dahinter war eine Art Gastraum samt Tresen und drei Reihen mit Tischen und Stühlen. Ein halbes Dutzend Vereinsmitglieder saßen dort eng beieinander und machten allesamt einen recht geknickten Eindruck. Ein buchstäblich ziemlich trauriger Haufen, fand Schrödinger, schluckte die Bemerkung jedoch ungesagt herunter.

61

Er musterte kurz die vier Männer und zwei Frauen. Der jüngste von ihnen mochte Ende vierzig sein, die älteste war eine Seniorin, die ihre Rentenschecks bestimmt schon etliche Jahre bezog. Eine der unfröhlichen Figuren war der erste Vereinsvorsitzende Karl-Heinz Binder, den sie gestern schon getroffen hatten. Hinter seiner Brille betrachtete er den Eindringling mit skeptischer Miene von Kopf bis Fuß. »Sie kommen mir irgendwie bekannt vor.« Dann schaute Binder weiter zu Horst, und der Groschen fiel. »Ach, stimmt, Sie waren bei der Kleintierschau in der Festhalle.«

»Genau. Mit meiner Familie. Wir wollten uns ein neues Haustier zulegen. Dann war ja leider diese andere Sache ...«

Binder schüttelte traurig den Kopf. »Echt übel, was da mit Mina passiert ist.«

Zwei der anderen Mitglieder nickten zustimmend und nippten schweigend an ihren halb vollen Bierkrügen.

»Ich kann es noch immer nicht fassen«, sagte die korpulentere der zwei Frauen, die entweder stressige fünfzig oder gemütliche siebzig Jahre hinter sich hatte. Ihr schulterlanges Haar war fast vollständig ergraut. »Das darf einfach nicht wahr sein.«

»Ich weiß, was du meinst, Netti«, sagte der ebenfalls ziemlich voluminöse Mann ihr gegenüber. Er hatte eine Vollglatze und wulstige Lippen. An seinem rechten Ohr hing ein glänzender goldener Ring, der ihn wie die aufgeblähte Version von Meister Proper aussehen ließ. »Ich hab Mina kurz zuvor noch gesehen. Da hat sie sich ganz normal verhalten. War nur etwas im Stress wegen der Veranstaltung und so.«

»Bist du nicht derjenige, der sie gefunden hat?«, fragte ein hagerer Typ am Kopfende des Tisches.

Schrödinger begriff zunächst gar nicht, dass die Worte an ihn gerichtet waren. Erst als ihm der stechende Blick des Mannes auffiel, kam er ins Grübeln. Der Kerl arbeitete bestimmt als Lehrer.

»Ich … äh … Ja. Nein. Also eigentlich war das Horst.« Er kam sich überrumpelt vor und schaute betreten zu Boden. Woher zum Geier wusste dieser Typ davon? In der Nähe des Tatorts war er ihm jedenfalls nicht aufgefallen. Hatte er vielleicht beobachtet, wie er sich mit der Kommissarin unterhielt? Für das, was Schrödinger hier herauszufinden versuchte, wäre diese Möglichkeit äußerst unvorteilhaft.

»Wer ist denn Horst?«, wollte der Typ wissen.

»Mein Hund.«

Kaum hatte er das gesagt, kam Leben in die Gruppe. Der neugierige Typ beugte sich vor, und die dünnere der zwei Frauen stand sogar auf, um den Boxer genauer in Augenschein zu nehmen. Sie hatte blassblonde dünne Haare und eine spitze Nase. »Oooh … der ist aber putzig.« Sie ging in die Knie, um Horst zu streicheln, der sich das nur allzu gern gefallen ließ.

Das nahm auch dem Rest die Hemmungen. Bevor sie sich versahen, waren Hund und Herrchen von den Vereinsmitgliedern umgeben. Jeder von ihnen schien für die Ablenkung dankbar zu sein. Einige Minuten lang stellte der Vierbeiner die Hauptattraktion dar, und Schrödinger durfte zahlreiche Fragen zu seinem Lieblingshaustier beantworten. Es ging um gemeinsame Ausflüge mit dem Hund, den Stammbaum und sogar um spezielle Bionahrung. Dann wurde das Thema wieder ernster und die Vereinsmeier erkundigten sich, wie es für ihn gewesen war, die Leiche im Nebenraum der Stadthalle zu finden.

Schrödinger atmete tief durch und lieferte ihnen anschließend eine abgespeckte Version dessen, was er zuerst Verena
Hälble und später Marion erzählt hatte. Schon aus Pietäts-
gründen ließ er hier die blutigsten Details außen vor. Und
auch, dass er das Radler hinter den Turnmatten geparkt hatte,
blieb sein Geheimnis.

Dennoch wirkten die zwei Frauen und vier Männer sichtlich bestürzt. Nach dem Ende des Berichts waren sie wieder
genauso blass wie bei Schrödingers Ankunft. Er war unschlüssig, ob das für seine Zwecke gut oder schlecht war.

Die Frage klärte sich gleich darauf von selbst: Die Vereins-
mitglieder beschlossen, zum Gedenken an die verstorbene
Schatzmeisterin anzustoßen, und luden ihn auf ein Bier ein.
Darüber brauchte er nicht lang darüber nachzudenken.

Anderthalb Stunden später war er mit sämtlichen anwesenden Mitgliedern der *Honberger Hasen* per Du. Aus dem
kurzsichtigen Vorsitzenden Karl-Heinz war Karlo geworden-
den. Meister Proper hatte sich als stellvertretender Vorsitzender Jojo (eigentlich Jürgen Freischert) vorgestellt. Die
ähnlich korpulente Frau ihm gegenüber war Anette »Netti«
Koberle. Die hagere Frau mit den blassblonden Haaren und
der spitzen Nase hieß Sylvia Gruber. Der wie ein Lehrer
aussehende Mann am Kopf des Tisches hieß Werner Frick,
wurde von allen jedoch nur Winnie genannt. Lehrer war er
nicht, sondern Richter am Amtsgericht. Das passte irgendwie auch.

Während Karlo und Winnie in Richtung Klo verschwanden, um das gute Klosterbräu-Bier herauszulassen, vergewisserte sich Schrödinger, dass Horst neben dem Tisch

nicht eingepennt war und einen seiner berüchtigten Schlaf-
fürze abließ. Doch der Boxer lag entspannt neben dem
Schälchen Wasser, das Netti ihm vorhin hingestellt hatte.
So lässt sich's aushalten, dachte Schrödinger, als er plötzlich
eine Pranke auf seiner Schulter fühlte.

»Was genau führt dich eigentlich zu uns?«, fragte Jojo neben ihm mit schwerer Zunge. Parallel dazu blies er ihm eine
ziemlich unleckere Wolke Bieratem entgegen.

»Die Tiere natürlich.«

Die Antwort brauchte eine Weile, um bei seinem Gegenüber anzukommen. »Wieso? Versteh ich nicht.«

»Na ihr seid doch ein Tierzüchterverein, oder?«

»Ja.«

»Gestern war ich mit meinen Kindern auf der Suche nach
einem Hasen und hab keinen gekriegt. Deshalb dachte ich
mir, ich schau heute noch mal direkt bei euch vorbei.«

»Klingt nach nem Plan.« Jojo rülpste leise. »Und was für
nen Hasen suchst du?«

»Einen blauen. Mit langen Ohren. Ungefähr die Größe.«
Mit den Händen versuchte er, die ungefähren Abmessungen
einzugrenzen. Es sah aus, als formte er einen unsichtbaren
Riesenschneeball.

Jojo beobachtete ihn teils amüsiert, teils verwirrt. Er schien
nicht die geringste Ahnung zu haben, was Schrödinger damit
ausdrücken wollte. Also holte dieser weiter aus. »So ein Meister Lampe, nicht zu groß, nicht zu schwer. Was Niedliches
für die Kinderchen. Und vielleicht einer, der nicht viel Dreck
macht und nicht so … nun ja … gefräßig ist.«

Von unter dem Tisch drang ein irritiertes Knurren hervor,
das ihn zum Grinsen brachte. Zumindest der Hund hatte die

Andeutung sofort richtig verstanden. Jojo hingegen sah noch immer so aus, als hätte ihn jemand nach einer mehrachsigen Differentialrechnung gefragt.

Gott sei Dank stand seine Kollegin Netti nicht genauso auf dem Schlauch. Sobald sie mitbekam, worüber sich die Männer da auszutauschen versuchten, rutschte sie auf Winnies frei gewordenen Platz auf und erbarmte sich.

»Über Karnickel brauchst du dich mit dem nicht zu unterhalten. Jojo kennt sich bloß mit Hamstern und Mäusen aus. Wenn du ihn nach dem Unterschied zwischen einem Buschmannhasen und einem Rotkaninchen fragst, schaut er wie das buchstäbliche Schwein ins Uhrwerk.«

»Und du bist sozusagen vom Fach?«

Sie zuckte mit den Schultern. »Sozusagen. Was willst du wissen?«

»*Wissen* will ich eigentlich gar nichts. Sondern *haben*. Ein Mümmelmann, der sich gut mit Kindern und Hunden versteht, wäre gut.«

»Da kommen etliche infrage. Bei uns im Verein haben wir ja schon zig verschiedene Rassen. Das meiste sind natürlich Zwergkaninchen. Aber einige Mitglieder haben auch Vulkankaninchen und welche mit Baumwollschwanz.«

»Was um alles in der Welt ist denn ein Vulkankaninchen?«

»Ein schwarzes Tierchen aus Mexiko. Ich seh schon, so wirklich Ahnung hast du nicht. Wollen wir mal raus zu den Ställen gehen?«

»Ihr habt hier Ställe?« Obwohl das eigentlich naheliegend war, überraschte ihn diese Enthüllung. Bisher war er immer davon ausgegangen, dass jeder seine Haustierchen – wie der Name schon andeutete – zu Hause hielt.

»Ja, klar. Jedes Vereinsmitglied hat zwar ein großes Herz für Tiere, aber nicht jeder hat auch privat genug Platz für die Vierbeiner. In Wohnungen ohne Gartenabteil ist die Haltung meistens etwas schwierig.«

Das klang einleuchtend.

Als Netti sich erhob, tat er es ihr gleich. Auch Horst war sofort auf den Beinen. Kurz machte auch Jojo Anstalten, ihnen zu folgen, hielt es dann jedoch für besser, sich weiter an seinem *Klosterbräu* festzuhalten. Schrödinger sollte es recht sein. Auf dem Weg hinaus lenkte er das Gespräch noch einmal bewusst auf Mina Schrägle. Vorhin beim Trauerbier hatte er zwar den einen oder anderen Schwank über ihre Vereinszeit gehört, doch nichts davon war für die Ermittlungen auch nur ansatzweise relevant. Außer, die Polizei wollte sich demnächst auf feuchtfröhliche Trinkabende im Vereinshaus und kuriose Vereinsanschaffungen konzentrieren.

»Ehrlich gesagt war ich mit Mina nicht ganz so dicke«, gestand Netti. Was angesichts ihres eigenen Körpervolumens durchaus eine gewisse Komik besaß. Nur schwer verkniff sich Schrödinger das Grinsen, das ihm die Kehle hinaufkletterte. »Ich bin einfaches Vereinsmitglied, sie war im Vorstand und für die Finanzen zuständig. Manche von den Oberen halten sich für was Besseres. Was natürlich völliger Quatsch ist. Wir sind hier alle gleich. Nicht, dass du mich falsch verstehst, die Mina war schon nett und so. Bei Treffen sind wir uns zwar immer wieder mal über den Weg gelaufen, aber mehr als ein oberflächliches Blabla gab es da meistens nicht. Wenn du mich fragst, hatte ich eh das falsche Geschlecht für sie.«

Schrödinger warf ihr einen fragenden Blick zu, den sie ganz richtig deutete.

»Mit den männlichen Vereinsmitgliedern hat sie sich deutlich besser verstanden. Vor allem nach ein, zwei Bieren bei den Mitgliederversammlungen.« Für einen kurzen Moment huschte ein vielsagendes Schmunzeln über ihr Gesicht, sie schien jedoch nicht im Traum daran zu denken, diese Andeutung weiter auszuführen. Schnell wurde sie wieder ernst. »Das mit ihrem Tod ist einfach schrecklich. Ich meine: Jemandem den Schädel einschlagen. Wer tut so was?«

»Gute Frage. Vielleicht jemand, der wütend auf sie war?«

»Wahrscheinlich. Aber da fällt mir so spontan niemand ein. Ich wüsste auch keinen, den ich genug hassen würde, um ihn auf solch eine Weise umzunieten. Nee, wenn ich jemanden umbringen würde, würde ich Gift verwenden. Ganz klassisch. Wie in den Krimis von Agatha Christie.« Sie schnitt einige Grimassen, die wohl an Miss Marple erinnern sollten. Auf Schrödinger wirkten sie lediglich kurios.

»In den Büchern kommt der Täter ja meistens aus der Familie«, griff er den Faden noch mal auf. »Der Ehemann oder ein verärgerter Ex zum Beispiel.«

»Soweit ich weiß, war Mina mit einem Brummifahrer verheiratet. Die Ehe lief aber nicht mehr so gut. War ja auch kaum zu Hause, der Kerl. Aber wegen so was bringt man seine Angetraute doch nicht um, oder? Er hätte ja bloß was an seiner Arbeit ändern müssen.«

Inzwischen hatten sie das Gebäude durch den Hintereingang verlassen und spazierten über eine Wiese mit fast kniehohem Gras. Horst hatte längst die Witterung aufgenommen und zog sie zu einem länglichen Verschlag am hinteren Ende des Gartens. Schon auf den ersten Blick war das gut fünf Meter lange Holzhaus mühelos als Stall zu erkennen. Vorne gab

68

es mit dünnen Drahtgittern abgetrennte Wände, und hinter einem breiten Gehstreifen folgten mehrere wabenförmig angeordnete Käfige. Was für Tiere sich darin aufhielten, erkannte Schrödinger erst, als sie den Schuppen betreten hatten.

Vorne rechts wuselten mehrere Meerschweinchen hin und her und fiepten fröhlich, als sie die Gäste bemerkten. Sicher gingen sie davon aus, dass der Besuch Futter mitbringen würde. Im Käfig daneben lief eine Wüstenrennmaus in einem metallenen Laufrad und wurde dabei von zwei Artgenossen neugierig beobachtet.

Ganz hinten im Schuppen war die Langohrfraktion untergebracht. Schrödinger zählte sieben Käfige mit Hasen der unterschiedlichsten Rassen, Größen, Alter und Farben. Was davon welcher Rasse entsprach, wusste er nicht. Bis vor Kurzem hatte er eh angenommen, es gäbe höchstens vier oder fünf. Allein schon die Auswahl hier sprach eine deutlich andere Sprache.

Während er fasziniert beobachtete, wie auf Augenhöhe gerade eine weiße Kaninchenmutter ihre zwei Jungen von einer Käfigseite zur nächsten schob, war Horst dazu übergegangen, die unteren Parzellen zu begutachten. Besonders ein Tier mit blauschwarzen Schattierungen schien es ihm angetan zu haben. Zunächst achtete Schrödinger nicht weiter darauf. Dann fing der Hund an, durchs Hasengitter hindurch mit Meister Lampe zu schnäuzeln. Als Schrödinger das bewusst wurde, wurde das Albino-Karnickel oben rasch zur Nebensache.

Dass Horst gelegentlich als Freundschaftsbekundung an anderen Artgenossen schnupperte (gerne an deren Hintern, aber das war ein anderes Thema), kannte er bereits. Dass der Boxer so was auch mit einem Hasen tat, war neu. Noch neuer war, dass der blauschwarze Mümmelmann ebenfalls zum Schnäuzeln zu seiner Seite des Gitters kann. Herrchen traute seinen Augen kaum und ging in die Hocke, um das Schauspiel genauer zu betrachten.

Hier nahm er die Ausmaße des Tieres erst richtig wahr. Es war ein gewaltiger Oschi von weit mehr als einem halben Meter Länge, der es in Umfang und Gewicht durchaus mit seinem Gegenüber aufnehmen konnte. Die Ohren waren groß wie Schöpfkellen und ebenso lang. Das Fell hatte eine so tief dunkelblaue Färbung, als hätte jemand ein Tintenfass über dem Tier ausgegossen.

»Das ist ein Deutscher Riese«, erklärte Netti neben ihm.

»Das kannst du laut sagen.«

»Nein, ich meine: die Rasse nennt sich Deutscher Riese. Die Tiere können über siebzig Zentimeter lang werden und wiegen auch gerne mal acht Kilo. Das Exemplar hier ist gerade mal ein halbes Jahr alt. Sprich: Das legt in Größe und Gewicht noch ein bisschen zu.«

»Holla, die Waldfee. Der macht dir ja richtiggehend Konkurrenz, Horst.«

Der Angesprochene ließ sich durch die Bemerkung nicht aus dem Konzept zu bringen und schnupperte weiter, was das Zeug hielt.

»Du solltest erst mal die Eltern sehen. Die wohnen allerdings nicht hier, sondern bei einem unserer Vereinsmitglieder. Zwei Tiere haben sie daheim untergekriegt, aber drei sprengt auch deren Rahmen. Ihr habt also Glück: Der Bursche hier hat noch keinen Besitzer.«

»Das ist … schön.« Die gewaltige Größe des Hasen schüchterte ihn nach wie vor etwas ein. »Aber ich dachte da eher an was Kompakteres. Die Kinder wollten mehr so ein Zwergkaninchen oder wie die Tiere heißen.«

Netti schaute zu Horst und schmunzelte wieder. »Ich glaube, die Entscheidung ist längst gefallen. Außerdem haben wir im Moment keine Zwergkarnickel da. Die sind ja eher klein und kommen bei den Leuten deutlich schneller unter als diese Riesenstrummel.«

Ohne den Blick von dem Tier abzuwenden, dachte Schrödinger über die Worte nach. Die Kinder würden sicher traurig sein, wenn sie erfuhren, dass er bei den Züchtern gewesen war und auch diesmal ohne Haustier zurückkam. Er hatte Marlenes und Max' enttäuschte Gesichter direkt vor Augen.

Es tat ihm in der Seele weh. Nein, das konnte er nicht zulassen. Außerdem wollte er nicht als der Buhmann dastehen, der den Kleinen ihren sehnlichsten Wunsch verwehrte.

»Schätze, dann habe ich wohl keine andere Wahl. Ich nehme den Mega-Oschi. Einmal in den Warenkorb legen und zur Kasse gehen bitte.«

Netti wirkte zufrieden und nicht im Geringsten überrascht. Im krassen Gegensatz dazu standen ihre nächsten Worte: »Es gibt nur ein Problem an der Sache: Die Tiere hier sind exklusiv den Vereinsmitgliedern vorbehalten. Steht sogar ausdrücklich in unserer Satzung.«

Das verpasste Schrödingers gerade aufkeimender Euphorie sofort wieder einen Dämpfer.

»Och nö. Kann man denn da gar nichts tun?«

Die korpulente Frau begann wieder zu lächeln. »Doch, kann man.«

Als erfahrener Detektiv hätte er gleich daraufkommen müssen, dass die Lösung für sein Dilemma förmlich auf der Hand lag: Wenn die freien Tiere laut Satzung ausschließlich den Vereinsmitgliedern vorbehalten waren, dann musste er eben ein Vereinsmitglied werden.

So einfach war das.

Dieser Entschluss war sicher auch in anderer Hinsicht eine gute Idee: Als Mitglied konnte er das Vereinshaus so oft er wollte betreten und sich dort umhören, ohne dass es jemanden störte. Im Gegenteil: Die anderen begrüßten es sicher, wenn er als Neuzugang viele Fragen stellte und Interesse an allem zeigte. Dieser Schritt war so logisch und naheliegend, dass Schrödinger sich ärgerte, nicht früher daran gedacht zu haben.

Bedenken hatte er hingegen bezüglich des Giganto-Karnickels bekommen. Wie würde Marion reagieren, wenn er mit einem solchen Kaventsmann daheim eintraf? Deshalb war er froh, sein leeres Portemonnaie als Ausrede vorschieben zu können.

Doch da hatte er die Rechnung ohne den Wirt gemacht: In Minas Schatzmeisterbüro gab es einen EC-Chipkartenleser. Über den bezahlten die Mitglieder nämlich ihre Jahresgebühren. Als sich dann noch Karlo bereiterklärte, mit ihm zusammen den Aufnahmeantrag auszufüllen, gab es nicht mehr viele Argumente, die dagegensprachen.

Die Mitgliedsgebühr von 60 Euro entpuppte sich als relativ human. Laut erstem Vorsitzenden ließ sie sich sogar von der Steuer absetzen, da die *Honberger Hasen* als gemeinnütziger Verein eingetragen waren. Ganz anders sah es da mit dem Betrag für den Deutschen Riesen aus.

Die Eltern waren preisgekrönte Tiere, weshalb die Besitzer für den Verkauf des Jungtieres sage und schreibe 300 Euro verlangten. Als Schrödinger die Summe hörte, blieb ihm die Luft weg. Das konnte nur ein Missverständnis sein. Dann Karlo wiederholte sowohl die Zahl als auch die Währung noch einmal. Keine Złoty und keine Yen, sondern Euro.

»Die sind wirklich so teuer«, versicherte Netti. »Steht auch so im Internet.«

»Das Geld ist gut investiert«, bestätigten Winnie und Jojo. Schrödinger bezweifelte das, bezahlte aber trotzdem brav die Rechnung. Zum Kauf dazu gab es als Leihgabe noch eine Box für den Transport. Als Vereinsmitglied standen ihm derartige Dinge genauso kostenlos zur Verfügung wie die zahlreichen Ratschläge und Pflegetipps, mit denen die anderen ihn beim nächsten Glas Vereinsbier bedachten.

Ehe Schrödinger den felligen Kaventsmann aus dessen bisheriger Behausung abholte, erkundigte er sich – angesichts der sich zu drehenden beginnenden Promille eher laienhaft – nach dem Vereinsleben. Besonders interessiert gab er sich an der Kassenlage. Schließlich war er soeben Mitglied geworden und fand, dass er ein Recht darauf hatte, zu wissen, wie der Verein finanziell aufgestellt war.

Als Netti mit den Schultern zuckte, beschlich ihn ein ungutes Gefühl. »Der letzte Kassenbericht steht noch aus.« Netti senkte den Blick und fixierte das vor ihr stehende Klosterbräu. Am Glas hatten sich Wasserperlen gebildet. Sie wischte mit dem strammen Daumen einige beiseite.

»Bin ich hier in einem Mafiakrimi gelandet?« Schrödinger versuchte einen Scherz. Netti wurde rot, Karlo blass.

»Naja.« Der Vorsitzende räusperte sich und trank einen übergroßen Schluck Gerstensaft. »Die Mina war bei der Versammlung nicht da.«

»Nicht da?«, repetierte Schrödinger.

»Sie nicht und der Kassenbericht auch nicht«, warf Jojo ein. Werner Frick grunzte etwas in den Schaum seines frisch gezapften Bieres. Schrödinger meinte, Worte wie *Verzögerung* und *Unstimmigkeiten* zu verstehen. Mochte sich aber auch geirrt haben und verzichtete angesichts eines neuen, perlfrischen Bieres, das Sylvia auf seinen Deckel stellte, auf Rückfragen. Dafür wäre beim nächsten Treffen sicher noch Zeit. Schrödinger prostete den anderen zu, die ihn herzlich und herzhaft in den Reihen der *Honberger Hasen* willkommen hießen, und dachte grinsend daran, dass er vermutlich von Kommissarin Hälble einen Fleißpunkt für sein Engagement bekommen würde. Er trank einen großen Schluck.

»Deine Hosentasche klingelt.« Netti grinste Schrödinger an.

»Was?«

»Telefon! Im Untergeschoss!«

»Oh.« Schrödinger stellte das Glas ab und nestelte sein Handy hervor. Bis ihm das gelungen war, war der Klingelton verstummt. Er wusste auch so, wer ihn hatte erreichen wollen.

»Ich muss dann mal.« Er stand auf, klopfte mit den Fingerknöcheln auf die vom Bier klebrige Tischplatte, friemelte den Autoschlüssel aus der Hosentasche und schnappte sich die Leine.

»So aber nicht.« Netti war erstaunlich behände auf den Beinen.

»Hä?«

Horst gähnte und streckte sich. Schrödinger schwankte zwischen Bank und Tisch.

»Du hast ein bisschen viel Bier intus.« Werner Frick grinste süffisant. »Wäre doch schade, wenn ich meinen frisch gebackenen Vereinskollegen vor Gericht begrüßen müsste.«

Schrödinger nickte wie ein Dreijähriger, der beim Gummibärchenklauen erwischt worden war.

»Und den Hasen musst du auch mitnehmen.« Netti stemmte die drallen Hände in die noch dralleren Hüften.

Wieder nickte Schrödinger. Um sich kurz darauf mit von Frick abgenommenem Autoschlüssel, dafür aber mit einem riesenhaften Karnickel auf dem rechten Arm und Horsts Leine in der Linken auf dem Abstieg vom Honberg wiederzufinden.

Horst zog an der Leine.

Der Hase wurde von Kurve zu Kurve schwerer.

Und Schrödinger musste pinkeln. Dringend.

In einer Spitzkehre hielt das Trio an.

»Sitz!«, befahl Schrödinger dem Hund. Horst tat, wie ihm geheißen. Mit dem Kaninchen würde das so nicht funktionieren. Zum Glück steckte der Oschi in einer Box, sodass man das Fellknäuel nicht schultern musste. Zwar mit etwas Schieflage, jedoch beinahe unfallfrei schaffte er es, den kleinen Schrödinger mit nur einer Hand aus der Hose zu befreien. Erleichtert erleichterte er sich. Horst gab ein unwilliges Wuffen von sich. Und noch ehe Schrödinger den Reißverschluss der Jeans wieder geschlossen hatte, schnupperte der Boxer an Herrchens Markierung und setzte die seine darüber.

Den Busbahnhof erreichte das Trio problemlos. »Bergab. Immer bergab«, ermunterte Schrödinger sich nuschelnd selbst und war froh, dass die Bänke unter den Wartehäuschen alle unbesetzt waren. Grinsende Jugendliche oder andere Spätheimkehrer hätte er nicht ertragen, nicht in seinem Zustand, in dem ihm garantiert keine schlagfertige Antwort einfallen würde auf die Frage, warum er mit einem wuchtigen Karnickel durch das nächtliche Tuttlingen schwankte.

»Mahplasch! Brimmi sum Mahplasch!«, forderte Schrödinger Horst auf und hoffte, dass der Hund den Weg zum Marktplatz finden würde. Von dort aus, war er sich sicher, würde er den Weg allein meistern. Aber Horst hatte sich an einem Mülleimer festgeschnuppert und dachte gar nicht daran, sich vom Fleck zu bewegen. Schrödinger zuckte mit den Schultern, die dank des Gewichts des Rammlers langsam schmerzten, und wartete. Das bisschen hündische Zeitunglesen gönnte er dem Boxer.

Nachdem Horst schließlich das Bein gehoben hatte, um eine Nachricht für seine Artgenossen zu hinterlassen, schlurfte das ungleiche Trio weiter durch das nächtliche Donaustädtchen. Auf Höhe der Musikschule brach Schrödinger unvermittelt in Lachen aus. Für einen kurzen Moment hatte er tatsächlich überlegt, ob es okay war, die Einbahnstraße in falscher Richtung zu begehen. Überhaupt die Einbahnstraßen. Ganz Tuttlingen schien nur One-Way zu kennen. Welcher Verkehrsplaner auch immer sich das ausgedacht hatte, Schrödinger verfluchte ihn. Denn kaum hatte er eine Ahnung, wohin er kutschieren sollte, machte ihm ein Balken einen Strich durch die Rechnung und er musste einmal ums Karree düsen, um die ungefähre Richtung einzuhalten. In

76

seinen ersten Tagen in Tuttlingen hatte er sich gefreut, wie freundlich die Passanten waren. Viele winkten ihm zu, er winkte fröhlich zurück – bis ihm aufging: Das waren keine netten Grüße an den Neubürger, die Donaustädter fuchtelten wie wild mit den Armen, weil er verkehrt herum in irgendeine Straße eingebogen war.

Zu Fuß – und in seinem Zustand sowieso – war das allerdings egal, und er fokussierte sich darauf, seinem Hund zu folgen. Der Boxer führte ihn tatsächlich zum Marktplatz, der genauso ausgestorben da lag wie der Rest der Stadt. Was tagsüber komplett anders aussah. Da nämlich bevölkerten Heerscharen den Platz um das kuriose Kunstwerk aus Stahl und flanierten auf der Königstraße, die in Schrödingers Augen nicht viel mehr zu bieten hatte, als einen Optiker am anderen. Beim ersten Bummel durch die Tuttlinger Prachtstraße hatte er scherzhaft zu Marion gesagt, dass die Tuttlinger wohl allesamt halb blind sein müssten, sonst könnten sich die vielen Seh-Boutiquen wohl kaum halten. Sie hatte ihn in den Arm geknufft.

Geknufft wurde er nun auch. Vom Karnickel. Auf dessen Art. Der Hase schien sich zu langweilen und begann damit, das Poloshirt seines neuen Besitzers mit den spitzen Zähnen anzunagen. Schrödinger bekam das nicht wirklich mit, er fokussierte sich auf Horst. Der Hund lotste ihn zuverlässig gen Norden. Sie überquerten den überdachten hölzernen Rathaussteg. Kehrten um. Schwankten die Weimarstraße entlang und fanden endlich, endlich das gemeinsame Zuhause.

»Hassu fein gemacht«, nuschelte Schrödinger und versuchte, den Schlüssel aus der Hosentasche zu friemeln, ohne das Karnickel fallen zu lassen. Im Stockdunkeln war das so einfach nicht, und er war froh, als ein Lkw die Straße hinunterbretterte. An dem funktionierte zwar nur ein Scheinwerfer, aber das reichte dem angeschlagenen Schrödinger, um den Hausschlüssel zu identifizieren. Der Laster schaltete ziemlich genau auf seiner Höhe in den nächsthöheren Gang. Eine Abgaswolke puffte in die Nachtluft. Die Plane auf der Ladefläche flatterte, war nur unzureichend gesichert.

Schrödinger stutzte, als er die knallrote Aufschrift las: *Spedition Schwaighöfer*. Der Name war ihm neulich erst begegnet. Oder hieß halb Tuttlingen so?

Darüber sinnieren konnte er nicht. Aus zwei Gründen: Der Rammler krallte seine Pfoten in Schrödingers Oberarme. Und in seinem Gehirn schwappte reichlich Donauwasser. Weswegen ihm erst später – sehr viel später – auffiel, dass seine Wohnstraße für Lkws eigentlich gesperrt war. Und dass es ein Nachtfahrverbot gab. Eigentlich.

Vierter Tag: Montag

Horst

Der kann mich mal.
Aber so was von.
Mit mir nicht!
Schrödinger, die alte Knackwurst, lässt sich von mir nach Hause lotsen. Mache ich gerne, irgendwie bin ich ja verantwortlich für diesen Mensch.

Aber dankt er es mir? Mit einer Scheibe Schinken? Einem kleinen Kauknochen? Wenigstens einem kurzen Ohrenkraulen?
Nö.

Kaum hatte er das Hindernis Haustür schwankend überwunden, krabbelte er auf allen vieren in Richtung Schlafzimmer. Ob er es ins Bett geschafft hat, weiß ich nicht.

Ich jedenfalls sitze jetzt hier. Mit einem Kaninchen.

Wir starren uns an. Der Hase wackelt mit der Nase. Das sieht lustig aus.

Er zieht den Kopf ein. Sehr sympathisch. Er weiß also, wer der Herr im Haus ist. Nämlich ich. Horst.

Die langen Ohren sind niedlich. Und sicher sehr weich. Ich will mal nicht so sein und lege mich auf alle Viere. Schnauze an Schnuppernase liegen wir uns auf dem abgetretenen Berberteppich im Flur gegenüber. Aus dem Schlafzimmer poltert es. Herrchen flucht. Nicht mein Problem. Denn erstens darf ich nicht dorthin. Und zweitens legt das Kaninchen den Kopf schief. Ich verstehe.

79

Der Hase hat Heimweh. Ich bin ja kein Unmensch … pardon: Hund. Ich erinnere mich noch genau an den Tag, als Schrödinger mich von meiner Mama abgeholt hatte. Bis zu jenem Tag kannte ich nur die Wurfbox, den Welpenauslauf, die Zitzen meiner Mutter und meine neun Geschwister. Immer war es warm, kuschelig und mein Bauch stets bestens gefüllt mit Milch und welpenfreundlichem Brei.

Dann kam er.

Beugte sich über mich.

Hob mich hoch.

Sagte: »Den nehme ich!«

Von meiner Mutter konnte ich mich nicht verabschieden, geschweige denn von meinen Schwestern oder Brüdern. Ich wurde hinausgetragen in die eisige Kälte. Unser Ex-Frauchen saß am Steuer des Autos, und ich hing heulend auf Schrödingers Brust. Bin irgendwann eingepennt und irgendwann wieder aufgewacht. Weil mir schlecht war. Ich habe gekotzt. In Herrchens V-Ausschnitt.

Dem Karnickel geht es offensichtlich nicht anders. Ich drücke mit der Pfote gegen die Käfigtür, die sich tatsächlich öffnet. Dann nicke ich dem Kameraden zu, und er hoppelt hinter mir her ins Wohnzimmer. Mein Körbchen ist groß genug für uns beide. Zum Trost lege ich die Vorderpfoten auf seinen wild bebenden Bauch. Es dauert ein paar Minuten, dann pennt der Hase ein. Ich gähne.

Kaninchen riechen gut. Und der hier ist weich. Sehr weich. Ich bin sonst nicht so für Fremdtiere, aber ich muss zugeben: das Felltier hier mag ich.

Schrödinger

»Knülle. Vollkommen knülle.« Hillu hob das mit Aprikosengelee bestrichene Brot an die knallrot geschminkten Lippen und fixierte Schrödinger über den Frühstückstisch hinweg. Der scharfe Ton der Großmutter ließ Max und Marlene, die verschlafen vor ihren Kakaotassen saßen, aufhorchen.

Schrödinger zog den Kopf ein. Er fühlte sich wie ein Pennäler, der beim Abschreiben ertappt worden war. Marion würde ihm kaum aus der Klemme helfen. Sie hatte beim Aufwachen die Nase gerümpft, »Bierfahne« und »Puh« gesagt und ihn seitdem konsequent angeschwiegen. Jetzt rührte sie konzentriert in ihrem Kaffee. Der Zucker musste sich mittlerweile atomisiert haben.

»Knülle.« Das Wort hallte in Schrödingers Schädel wider. Sofern es dort etwas zu hallen gab. Ihm war, als hätte er Watte in der Birne.

»Was heißt das?« Max sah seine Oma neugierig an.

»Knülle heißt, dass der da …« Hillu zeigte mit dem spitz gefeilten, lila lackierten Finger auf Schrödinger. Im Nagellack brach sich ein Sonnenstrahl. Wie ein kleiner Blitz. Wahrscheinlich hatte Schrödinger genau das gebraucht, denn er fiel seiner Schwiegermutter ins Wort. Auf gar keinen Fall wollte er an seiner ohnehin nicht großen Autorität den Kindern gegenüber einen Kratzer aufkommen lassen. Max und Marlene mussten nicht wissen, in welchem Zustand er gestern ins Bett gekrabbelt war. Und mit verdeckten Ermittlungen konnte er den Kleinen ja nicht kommen.

»Das heißt, dass *der da* ein Kaninchen gekauft hat.«

»Hä?« Marlene hatte ein großes Fragezeichen im Gesicht.

»Das heißt *wie bitte,* Fräulein«, maßregelte Hillu ihre Tochter.

»Mama.« Das war so ziemlich das erste, was Marion an diesem Morgen von sich gab.

»Der knülle K…«, setzte Hillu an. Schrödinger fiel ihr abermals ins Wort.

»Der Hase heißt so. Knülle.« Er nickte bekräftigend, was er sofort bereute. Sein Kopf war zu matschig für derlei Bewegungen.

»Was?« Jetzt sah Marion ihren Schrödinger direkt an.

»Knülle. So heißt er.«

»Wer?« Max wischte sich mit dem Handrücken den Kakaomund ab.

»Der Hase. Euer Hase.« Schrödinger versuchte zu lächeln.

»Knülle.« Marion versuchte zwar, das Grinsen zu verbergen und weiterhin streng dreinzuschauen, doch es gelang ihr nicht.

»Das ist *nicht* lustig.« Hillu biss schmollend in ihr Marmeladebrot.

»Aber wahr.« Schrödinger sah sie aus noch nicht ganz wachen Augen triumphierend an.

»Hase? Hase!« Marlene sprang auf, stieß dabei fast den erhöhten Kinderstuhl um und rannte zu Schrödinger. »Wo? Wo? Wo?« Die Kleine hüpfte von einem Bein aufs andere. So viel Übermut schien ansteckend zu sein, denn nun hielt es auch Max nicht mehr auf seinen vier Buchstaben. Er stieg in den Tanz und Singsang seiner Schwester ein.

»Ja. Also.«

Schrödinger dachte nach. Er erinnerte sich verschwommen an den Rückweg. Wie er zum Schlafzimmer gekrabbelt war. Dass er die Schuhe im Flur ausgezogen hatte war ihm erst bewusst geworden, als er sie vorhin dort hatte liegen sehen. Wie seine Hose neben die Bademäntel am Haken gekommen war, daran erinnerte er sich nicht. Und auch nicht daran, wo er das Karnickel verstaut hatte.

»Im Stall?«, schlug Marion vor. Sofort rannten die Kinder zur Glastür, die von der Küche aus in den kleinen Garten führte.

»Zieht euch Schuhe an!«, rief die Mutter ihnen hinterher. Zu spät. Auf Socken sausten die beiden hinaus.

»Hast du wirklich ein Kaninchen gekauft?« Marion sah Schrödinger fragend an.

»Ich glaube schon.«

Marion schüttelte den Kopf. Und sah nicht mehr ganz so böse aus.

»Wo ist eigentlich der Hund?«, mischte sich Hillu nun ein. Das Wort »Hund« untermalte sie mit einem angewiderten Zucken der Mundwinkel. In ihren Augen war Horst, obwohl er jüngst zwei Mordfälle aufgeklärt hatte, nichts als ein fressender und kackender wandelnder Flohzirkus. Wann immer sie dem Boxer begegnete, tat sie so, als sei dieser gar nicht da. Was auf Gegenseitigkeit beruhte. Horst liebte alle Menschen. Eigentlich. Und ließ sich von allen Menschen nur zu gerne kraulen. Normalerweise. Nach drei vergeblichen Versuchen hatte der Boxer es aufgegeben, mit Hillu befreundet zu sein. Die vermutlich klügste Entscheidung, wie dessen Herrchen neidvoll anerkennen musste. Erst jetzt fiel Schrödinger auf, dass sein vierbeiniger Freund ihn nicht wie sonst mit einem feuchten Kuss begrüßt hatte.

83

»Draußen?« Marion stand nun ebenfalls auf. Anders als ihre Kinder schlüpfte sie in ihre knallroten Plastikpantoffeln, die neben der Tür standen. Die winzigen Schuhe von Max waren froschgrün, die von Marlene knallpink. Hillus Latschen leuchteten lachsfarben. Schrödinger erinnerte sich noch an den Moment, als er seine eigenen Riemensandalen neben die anderen vier Paare gestellt hatte. Für ihn war das irgendwie ein feierlicher Akt gewesen. Als würde er nun dazugehören. Ein bisschen hatte es sich angefühlt, als würde er Marion einen Ring überstreifen.

Für derlei schmonzettige Gedanken hatte er jetzt allerdings absolut keine Zeit, denn aus dem Garten hörte er Marlenes schrilles Heulen. Das war ihm im nichtverkaterten Zustand schon ein Gräuel. Jetzt schoss ihm das Kreischen durch Trommelfell, Mark und Bein.

»Da ist *kein* Hase!«, rief das Mädchen, und der kleine Bruder fiel in die Kakophonie ein. Marion stolperte, als sie aus der Tür stürzte. Schrödinger war noch nicht einmal ganz aufgestanden, als seine Liebste zurück in die Küche stürmte.

»Der Stall ist leer!«

»Wie? Was«

»Da ist kein Karnickel.« Marion stemmte die Hände in die Hüften. »Wieso erzählst du, dass du ein Kaninchen gekauft hast? Da liegt ja nicht mal Stroh im Stall!«

»Aber ich *habe* ein Kaninchen gekauft!« Auch wenn er nicht mehr alle Details im Kopf hatte, *das* wusste Schrödinger noch genau. Schließlich hatte er den Kaventsmann den ganzen Weg in der Transportbox nach Hause geschleppt.

»Total knülle.« Hillu lächelte süffisant und biss betont genussvoll in ihr Brötchen, das Schrödinger ihr in diesem Augenblick am liebsten in den Rachen gestopft hätte. Aber er riss sich zusammen. Hinter Marion tauchten eine heulende Marlene und ein beleidigter Max auf.

»Du bist ein Lüger«, blaffte der junge Mann seinen zukünftigen Stiefvater an.

»Bin ich gar nicht«, verteidigte der sich. »Frag doch Horst!«

»Der ist ja auch nirgends.« Marlene schniefte.

»Der kann nicht weg sein.« Schrödinger seufzte und straffte die Schultern.

»Horst!«, rief er dann. Es tat sich – nichts.

»Horst! Bei Fuß!« Wieder geschah – nichts.

Ungewöhnlich, denn an allen anderen Tagen stand der Hund sofort am Futternapf, wenn sich irgendwer im Haus regte.

»Hohoooorst?« Schrödingers Rufen klang beinahe flehentlich. Trotzdem hörte und sah er – nichts. Der Boxer gab keinen Laut von sich. Geschweige denn erschien er auf der für sein Herrchen noch verschwommenen Bildfläche.

»Das gibt's doch nicht.« Schrödinger versuchte, wie ein Mann zu wirken. Wie ein nüchterner Mann, der die Lage, zwei heulende Kinder, eine greinende Schwiegermutter und eine zweifelnde Liebste im Griff hat. Er stürzte seinen überzuckerten Kaffee hinunter, unterdrückte ein Fluchen, weil er sich daran die Kehle verbrannte, und ging auf etwas unsicheren Schritten ins Wohnzimmer.

»Knülle!« Schrödingers Schrei hallte im Flur wider. Keine drei Sekunden später stand die gesamte Belegschaft hinter ihm und lugte um die Ecke. Im Hundekörbchen vor dem Kaminofen lag Horst, eng angekuschelt an ein blauschwarzes Fellwesen. Die hellen Pfoten des Hundes hatten die des Ka-

85

ninchens umfangen wie ein Kind seinen Teddy. Schrödinger blinzelte eine winzig kleine Träne weg. Dann schob sich eine kleine Kinderhand in die seine. Und noch eine. Zum ersten Mal seit ganz langer Zeit hatte er das Gefühl, das Richtige getan zu haben und zur genau richtigen Zeit am genau richtigen Ort zu sein.

Eine halbe Stunde später allerdings hatte sich Schrödingers Wohlgefühl in Luft aufgelöst. Zwei glückliche Kinder und eine strahlende Marion hatten sich auf den Weg in die Schule, zum Kindergarten und zur Arbeit gemacht und eine schmollende Hillu sich in ihr Zimmer zurückgezogen, während Hund und Hase durch den Garten tollten.

Der perfekte Moment, um den *Donauboten* zu studieren. Aber noch ehe Schrödinger die ersten Zeilen des Leitartikels über den Todesfall in der Stadthalle zu Ende lesen konnte (leider fand er darin nichts, was er nicht ohnehin schon wusste), bimmelte das Telefon. Auf der Suche nach dem schnurlosen Apparat wurde sein Blick wieder und wieder von Horst und Knülle angezogen, die in trauter Zweisamkeit zur Couch trotteten und abwechselnd an einem von Hillu bestickten Sofakissen nagten. Innerlich notierte Schrödinger *Möhrchen* und *Kauknochen*. Dann drückte er die grüne Taste.

»Schrödinger?«

»Guten Morgen, Kollege!« Die Stimme der Kommissarin klang für seinen Geschmack und Zustand zu wach.

»Ja?«, sagt er vorsichtig.

»Schauen Sie mal aus dem Fenster.«

»Was?«

»Aufstehen. Drei, vier Schritte gehen.«

Schrödinger war zu perplex, um zu widersprechen oder Fragen zu stellen. Er tat, wie ihm geheißen, stieg über die eilig abgestreiften Plastikschuhe und stapfte zum Küchenfenster. Dann linste er durch den von Hillu gehäkelten Bistro-Vorhang auf die Weimarstraße.

»Huhu!«, hörte er aus dem Telefon und sah parallel dazu eine Frau, die ihm zuwinkte. »Tür auf? Kaffee?«

Schrödinger nickte.

Kurz darauf saß ihm gegenüber am Tisch eine ziemlich fit wirkende Kommissarin. Fast schon obszön fröhlich schaufelte sie drei Löffel braunen Rohrzucker in den Kaffee. Die Geräusche lockten auch die Tiere an. Wenig später saßen Hund und Rammler unter dem Tisch nebeneinander.

Schrödinger tat sich noch schwer, den Hasen tatsächlich »Knülle« zu nennen. Zumal er keine Lust hatte, der Kommissarin den Namen des Karnickels zu erklären. Musste er zum Glück auch nicht, denn die zückte ein schwarzes Notizbuch. Blätterte darin. Räusperte sich und brachte ihren »verdeckten Ermittler« auf den neuesten Stand. Dass sich ihr zu Füßen zwei Tiere befanden, schien für sie völlig normal zu sein. Nicht aber für Horst, der von ihr wie von jedem Besucher seine Streicheleinheiten einforderte. Und so blätterte die Kommissarin mit der rechten Hand durch ihren Aufschrieb, während sie mit der linken das Boxerohr kraulte. Horst schnaufte verzückt. Knülle beobachtete die Szene skeptisch.

»Mina hat beim Aufbau in der Festhalle geholfen. Dafür gibt es etliche Zeugen aus dem Verein. Auch für die Zeit bis kurz vor Beginn der Veranstaltung. Danach war es irgendwie zu chaotisch und keiner hat mehr so genau auf den anderen geachtet. Vermutlich ist der Mord genau während dieses Trubels passiert. Die Details dazu klären wir noch. Aus der Rechtsmedizin höre ich dazu frühestens morgen was«, erzählte Verena Hälble. Doch selbst wenn von dort binnen 24 Stunden Daten kamen, so lief es in echt doch ganz anders als im Fernsehen, wie Schrödinger mittlerweile wusste. Die Pathologen schafften es nie, binnen 90 Minuten einen Leichnam zu sezieren, Proben zu entnehmen und auch noch Bakterienkulturen anzulegen. Im wahren Alltag wurden aus winzigen Hautpartikeln ganze DNS-Stränge gewonnen; Käfer, Fliegen und anderes Getier, das in den toten Körpern gefunden wurde, musste analysiert werden, und das dauerte eben seine Zeit. Auch bei einer Mina Schrägle, deren zermatschter Schädel ihm erstens nun wieder einen leichten Würgereiz bescherte und der zweitens eine eindeutige Todesursache war.

Schrödinger war froh, dass ihm Hälble keine Details der Obduktion liefern konnte. Seinem angeschlagenen Magen hätte das nicht gefallen. Denn auch der musste sich wohl erst an die hiesige Bierkunst gewöhnen. Etwas verschämt freute er sich, dass er heute seinen freien Tag hatte. Vielleicht bestand ja die Aussicht, noch ein bisschen Schlaf nachzuholen, sobald ihn Verena Hälble auf den aktuellen Kenntnisstand gebracht hatte.

Der so groß nicht war. Im Prinzip kannte die Polizei bislang nicht viel mehr als den Lebenslauf der Toten. Geboren in Immendingen und aufgewachsen im malerischen Donautal hatte Mina sich nach dem Realschulabschluss bei der Justiz beworben und eine Ausbildung zur Gerichtsschreiberin absolviert. Ihr Job war es, alle möglichen Verhandlungen zu protokollieren. Ob Scheidung, Diebstahl oder Fahren ohne Fahrerlaubnis, Schrägle hielt alles für die Akten und Annalen der Tuttlinger Justiz fest. Zunächst per Steno und Schreibmaschine, später an Computer und Laptop.

Hälble informierte Schrödinger, dass sie die Protokolle der letzten zwei Jahre angefordert habe. Besonders die aus den Strafprozessen interessierten die *SOKO Rammler*.

SOKO Rammler. Ausgerechnet. Schrödinger wollte gar nicht daran denken, dass er seit einigen Stunden Halter eines ebensolchen war. Und diesen unter Umständen hielt, die wohl sofort den Tierschutz auf den Plan gerufen hätten.

»Die Akten soll dann der Praktikant lesen.« Hälble grinste und nippte am Kaffee.

»Aber wenn eine Gerichtsschreiberin im Visier eines Verurteilten ist, dann doch sicher auch der Richter?«, überlegte Schrödinger laut. Hälble nickte. Notierte sich etwas und grinste, als Horst unter dem Tisch leise wuffte, weil sie für einen kurzen Moment die Streicheleinheiten unterbrochen hatte.

»Sag mal … sorry… sagen Sie mal …« Die Polizistin fixierte Schrödinger mit zusammen gekniffenen Augen. Dem wurde augenblicklich heiß. Obwohl er ja eigentlich gar kein schlechtes Gewissen zu haben brauchte.

»Brunner. An der Tür steht M. Brunner.«

»Jaaaa?«

»M. wie Marion?« Die Kommissarin beugte sich vor.

»Ja«, gestand Schrödinger.

»Scheiße. Leck mich am Arsch.« Die Hälble klopfte sich mit den flachen Händen auf die Schenkel. »Du bist der neue Lover von Marion?«

»Ja. Also … so würde ich das nicht sagen …« Schrödinger fühlte sich ertappt. Irgendwie. Kam aber gar nicht zu Wort, denn die Beamtin klappte das Notizbuch zu und quasselte jenseits jeglichen Protokolls und jeglicher Ermittlungen.

»Leck mich!«, wiederholte sie und lachte schallend, als Schrödinger gestand, dass auch Hillu mit ihm und Marion unter einem Dach lebte.

»Meine Fresse, mein Beileid.« Die Hälble grinste. Was ihrem Gegenüber ein wenig schadenfreudig vorkam. »Die war schon immer ein Drache. Ich erinnere mich noch, als Verena und ich das erste Mal in die Disco durften.« Wieder lachte Verena. Und berichtete von jenem denkwürdigen Abend, als Schrödingers Liebste und die Kommissarin als Sechzehnjährige zum ersten Mal Ausgang bekamen, um im *Tanztempel* am Tuttlinger Bahnhof ein paar unbeschwerte Stunden zu erleben. Mit lauter Musik, reichlich Apfelkorn und den damals schniekesten Jungs des Gymnasiums.

»Ich wurde an dem Abend zum ersten Mal geküsst. Von Rolf.« Irgendwie verklärte sich Hälbles Blick.

»Und Marion?« Schrödinger schluckte trocken. Obwohl das alles Jahrzehnte zurücklag, war er eifersüchtig.

»Keine Chance!« Die Hälble lachte schallend. »Hillu hatte ihrem Augenstern zum Abendessen so viel Knoblauch serviert, dass die arme Marion ganz allein auf der Tanzfläche stand.«

Die Hälble brach in schallendes Lachen aus. Schrödinger stimmte – irgendwie erleichtert – ein. Horst bellte unter dem Tisch. Knülle flitzte aus dem Zimmer.

Die Hälble wischte sich ein paar Lachtränen weg. Dann wurde sie ernst. »Also, die Befragung am Tatort war mehr oder weniger unergiebig.« Sie blätterte in ihren Notizen und zuckte mit den Schultern. Nun konnte Schrödinger punkten

90

und erzählte vom Fernbleiben der Kassiererin und späteren Toten bei der Mitgliederversammlung. Die Kommissarin notierte eifrig mit.

»Kommen wir zum Witwer.« Sie kratzte sich mit der Spitze des Kugelschreibers an der Schläfe. Dass sie dabei blaue Linien über das dezente Makeup malte, verschwieg Schrödinger. Unter anderem, weil sie ihm in diesem Moment ein Foto des Mannes vorlegte. Er war schätzungsweise Ende Vierzig, Anfang Fünfzig, mit widerspenstigem Haar irgendwo zwischen Strohblond und Grau. Seine Nase war breit, sein Schnurrbart buschig.

»Weiß der schon … äh … Bescheid?«

»Nicht wirklich.« Hälble wand sich ein wenig. »Wissen Sie. Weißt Du. Also, lieber Du. Ich bin die Verena. Und was den Witwer betrifft … also, so was ist ja nie schön.«

»Die beiden waren aber doch sowieso getrennt«, merkte Schrödinger an.

»Klar, schon. Aber …« Wieder blätterte die Kommissarin in ihrem Aufschrieb. »Der Gute ist ja bei uns kein Unbekannter. Da könntest du …«

»… nachforschen?« Schrödinger beugte sich vor.

Die Hälble nickte.

»Und wie?« Der Neu-Schwabe hatte keine Ahnung.

»Nun ja. Seine Firma inseriert gerade einen Smart. Die Kollegen gehen davon aus, dass die Spedition in finanzielle Schieflage geraten ist. Du könntest dir doch diesen Elefantenrollschuh mal aus der Nähe anschauen und dich nebenbei umsehen.«

Spedition. Irgendetwas ratterte in Schrödingers Hinterstübchen, wollte aber nicht so richtig einrasten.

»Smaaart«, sagte er langgezogen.

»Vielleicht könntest du ihn anrufen und ein Kaufinteresse vortäuschen? Dich nebenbei umsehen?« Verena trank den letzten Schluck Kaffee.

Schrödinger strahlte. »Na klar kann ich das!« Er sprang auf, dann hielt er inne: »Da gibt es nur ein Problem: Wie komme ich dorthin? Mein Auto steht noch oben am Vereinshaus.«

»Dieses Problem lässt sich im Handumdrehen lösen. Ich fahr dich gerne rauf.«

»Super, danke. Dann kann ich bei der Gelegenheit auch gleich die klobige Box zurückgeben. Danach komme ich zurecht. Ich hab schon einen Plan, wie ich das mit der Besichtigung anstelle.« Eine Sekunde lang grinste er geheimnisvoll, dann brüllte er: »Hilluuuuuu!«

Denn erst vor wenigen Tagen hatte sein Schwiegermonster kundgetan, dass sie einen Kleinstwagen anschaffen wolle. Mit dem Familienvan fand sie in der Donaustadt einfach keinen praktikablen – sprich: für Einpark-Legastheniker angemessen großen – Parkplatz. Schrödinger würde bei dieser Geschichte möglicherweise zwei Fliegen mit einer Klappe schlagen.

Horst

Ich bin immer noch sauer auf Schrödinger. Er war es nicht, der mir heute mein Fressen gegeben hat. Nein, der Schlawiner war nach gestern Nacht dermaßen fertig, dass er weder an mich noch an unserer Familienzugang gedacht hat. Herrchen wusste nicht einmal mehr, wo er den Hasen gestern Abend abgesetzt hatte.

Okay, im Suff kann man das eine oder andere vergessen. Aber früher hat Schrödinger sich am Morgen *immer* sofort um mich gekümmert. Heute hingegen gab es nicht mal ein Ohrenkraulen. Nein, dafür musste ich erst zu der Polizistin gehen. Um alles muss man sich hier alleine kümmern!

Am liebsten hätte ich Herrchen dafür zur Strafe die Schuhe angekaut oder ihm irgendwas Wichtiges gemopst. Doch das war, bevor Hillu sich in das Hasenthema eingemischt hat und dadurch dafür gesorgt hat, dass mein armer Langohrkumpan diesen bekloppten Namen bekommt.

Knülle. Das ist doch kein Name! Wer in Drei Teufels Namen nennt sein Haustier so? Also habe ich meinem Fellpartner gleich mal auf dem Sofa gezeigt, wie wir hier mit saublöden Ideen umgehen. Strafe muss schließlich sein.

Deshalb passt es mir auch überhaupt nicht, dass Schrödinger ausgerechnet mit dem Schwiegermonster zu einem Autohaus fahren will. Ich wäre ja gern zu Hause geblieben. Was soll ich an so einem Ort? Wenn ich in so einen Wagen reinklettern will, kriegen die Verkäufer immer einen halben Herzinfarkt und laufen puterrot an. Hab ich alles schon erlebt. Anknabbern darf man bei den Händlern auch nichts. Ist also voll langweilig dort. Zumal mit Hillu im Schlepptau.

Trotzdem weiß ich nicht, ob Knülle – der Name widerstrebt mir immer noch – es da besser hat. Den hat Schrödinger nämlich in den windschiefen Käfig verfrachtet. Warum, verstehe ich nicht. Nur weil der Hase vorhin versucht hat, ein Fernsehkabel anzunagen, oder was?

Das alles hat nicht unbedingt meine Laune verbessert. Na, mal schauen, wie ich das Herrchen heimzahle. Ich finde schon was. Das ist mal sicher.

Schrödinger

Die Stimmung im frisch abgeholten Kombi war bedrückt. Da halfen weder der witzige Moderator von Radio Donauwelle noch die danach folgende und wirklich gut gemachte Musik von Thees Uhlmann. Mehrmals hatte Schrödinger versucht, ein Gespräch zu entfachen. Keine Chance. Die Details über das von Hillu gesuchte Auto hatten sie schon vor Tagen in großer Runde am Essenstisch durchgekaut. Ebenso Farbe, Motorisierung und preisliche Obergrenze.

Aus irgendeinem Grund wirkte Hillu mal wieder tierisch genervt. Jedes weitere Wort ihres Schwiegersohns in spe schien zu viel zu sein. Dabei hatte sie die angenagten Sofakissen daheim vor der Abfahrt noch nicht mal bemerkt.

Schließlich gab Schrödinger auf und konzentrierte sich aufs Autofahren. Womit er ohnehin genug zu tun hatte. Er wusste zwar ungefähr, wohin die Reise zum Industriegebiet im Norden der Stadt gehen sollte, aber mit dem Restalkohol in Blut und Kopf war das Ganze trotzdem kein Zuckerschlecken. Und es wurde auch nicht besser, als Horst aus dem Kofferraum einen seiner berüchtigten Fürze abließ. Sobald ihm die ersten Winde in die Nase krochen, probierte Schrödinger zwar, möglichst unauffällig das Fenster zu öffnen, doch um das Schlimmste zu verhindern, war es längst zu spät. Hillu rümpfte angewidert die Nase, bevor sie mit einem theatralischen Stöhnen ihre Fensterscheibe bis zum Anschlag hinabließ. Blöd nur, dass ausgerechnet in diesem Augenblick ein Motorradfahrer ebenso lautstark wie abgas-

95

intensiv an ihnen vorbeirauschte. Einen Moment lang tat das Schwiegermonster Schrödinger fast leid.

Sie folgten der ellenlangen Ludwigstaler Straße, vorbei an Supermärkten, am Zweiradzentrum und einer Autowerkstatt. Schließlich erspähte er ein Hinweisschild auf die *Spedition Schwaighöfer* und bog nach rechts auf das Firmengelände ab.

Auf dem Parkplatz standen drei Lastkraftwagen. Nicht unbedingt die neuesten Modelle, aber zumindest auf den ersten Blick gut genug in Schuss, um damit bedenkenlos Waren von A nach B zu transportieren. An jedem Fahrzeug thronte groß und breit der Speditionsname zusammen mit dem Slogan: *Berühmt für unseren guten Service.*

»Was wollen wir denn hier?«, fragte Hillu.

»Uns ein Auto anschauen.«

»Ernsthaft? In Tuttlingen gibt es zig Autohäuser. An einem sind wir vorhin vorbeigefahren. Und wir fahren hierher?«

»Ganz genau. Du wolltest doch was Preiswertes.«

»Aber keinen Lkw!«

»Lass das mal meine Sorge sein.«

Er genoss es, sie im Dunkeln tappen zu lassen, und stieg betont lässig aus. Horst sprang enthusiastisch aus dem Kofferraum und folgte seinem Herrchen bereitwillig bei dessen Erkundungstour. Hillu kam mit einigem Zögern hinterher. Als sie hinter den Lkws einen eierschalfarbenen Smart entdeckte, entspannte sie sich. Ein bisschen.

Das Hellbeige entsprach zwar nicht unbedingt ihrer Wunschfarbe (Schwarz), und außerdem handelte es sich bloß um einen Zweisitzer, aber ein Blick auf das Preisschild schien das alles zu relativieren. Insbesondere, da vor den Zahlen noch die Abkürzung VHB stand. Verhandlungsbasis. Sprich: Hier ließ sich der Betrag mit etwas kaufmännischem Geschick eventuell weiter nach unten drücken. Und wenn es ums Sparen ging, ging Marions Mutter gerne und bereitwillig Kompromisse ein. In der Hinsicht war sie der sprichwörtliche schwäbische Sparfuchs durch und durch.

Während sie das Gefährt neugierig umrundete, schaute sich Schrödinger weiter auf dem Gelände um. Die Lastwagen waren allesamt verwaist, aber hinter den Scheiben des länglichen Gebäudes daneben sah er mehrere Personen herumlaufen. Ob es sich bei einem davon um Minas Ex handelte, konnte er nicht sagen: Die Sonne strahlte direkt auf die Glasscheibe, sodass von den Personen im Büro kaum mehr als die Umrisse zu erkennen waren. Als er näher auf den Eingang zuging, rief das die Leute im Haus auf den Plan. Ein hagerer Enddreißiger mit blonden Haaren und mondförmigem Gesicht kam auf sie zu.

»Hallo, ich bin Matthias Schwaighöfer. Kann ich was für Sie tun?«

Einen Moment lang war Schrödinger zu verdutzt zum Antworten. Der Typ hieß auch noch Matthias mit Vornamen. Genauso wie der deutsche Seichtkomödien-Schauspieler. Auch stimmlich bewegte er sich in einem ähnlich kehligen Bereich. Seinem Gegenüber entging das Zögern nicht.

»Ja, fast genauso wie der Schauspieler«, seufzte er. »Nur mit A statt E im Nachnamen. Und nein, ich habe nicht bei *Game of Thrones* mitgemacht. Hätte ich aber gerne.«

Ja, wer nicht? »Wir äh … hatten vorhin angerufen. Es ging um den Smart.«

»Ach, Sie waren das.«

»Es ist vermutlich der Wagen da drüben, oder?«, fragte Schrödinger.

Schwaighöfer nickte.

»Der sieht nicht schlecht aus.«

»Der Wagen ist tiptop. Inspektion frisch, neuer TÜV. Das ganze Pipapo.«

Hillu wollte etwas sagen, doch Schrödinger kam ihr zuvor: »Das hört man gern. Haben Sie noch Werkstattrechnungen, das Service-Handbuch und das ganze Pipapo?«

»Natürlich. Kommen Sie mit.«

Er winkte kurz in Richtung des Büros. Dann fiel sein Blick auf Horst, und er zögerte. Schrödinger ahnte, was den Mann beschäftigte.

»Keine Sorge. Der ist so harmlos wie ein neugeborenes Kätzchen.«

Trotzdem schien Schwaighöfer einige Sekunden mit sich zu hadern, bevor er nickte und seinen Weg fortsetzte. Die anderen folgten ihm bereitwillig.

Drinnen erwartete sie ein Büro mit Schreibtischen aus den Neunzigern. An den Wänden hingen verblassende Plakate und Kalender mit anderen Firmenlogos drauf. Vermutlich alles Werbegeschenke von Lieferanten und zufriedenen Speditionskunden. Sofern es hier so was gab. An der hinteren Wand thronte eine breite Tafel mit zahlreichen in einer Tabelle eingetragenen Krakeleien. Dazu hing in der Luft ein leichter Geruch von Schmiermittel, Kaffee und Elektrosmog. Die an der hinteren Wand offen stehende Tür zum Lagerbereich machte die Sache nicht besser.

Der Chef ging an einem Doppelschreibtisch mit zwei Frauen in den Fünfzigern entlang. Sein Ziel schien der vor Mappen und Papierstapeln überquellende Tisch dahinter zu sein. Schrödinger beschloss, im vorderen Teil des Raums zu warten, und trat vor eine Kork-Pinnwand, an der verschiedene Ausdrucke und Broschüren hingen. Darunter auch zwei Stellenanzeigen, wie er einen Moment später feststellte. Zum einen wurde eine flexible Bürokraft auf Zwanzig-Stunden-Basis, zum anderen ein ebenfalls flexibler Berufskraftfahrer in Teilzeit gesucht. Nichts davon sprach Schrödinger wirklich an. Aber es war ein guter Vorwand, um sich von da aus unbemerkt weiter umzuschauen.

Was sich im Lager abspielte, konnte er trotz offen stehender Tür nicht sagen. Nur dass da jemand unmotiviert auf etwas Metallenem herumhämmerte, war unüberhörbar. Möglich, dass es sich dabei um Henry Schrägle handelte, der nach Auskunft der Polizei ohnehin gerne auf Sachen – und gelegentlich auch Personen – einschlug.

In dem Moment vernahm Schrödinger von den Schreibtischen her ein leises Fluchen. Er drehte sich gerade noch rechtzeitig zu Schwaighöfer um, um Zeuge zu werden, wie dieser einige Belege aus dem Papierstapel ziehen wollte und damit dafür sorgte, dass sich der ganze Aktenberg zum Boden verabschiedete. Genau wie im Film schwebten einige oben liegende Seiten mit majestätischer Leichtigkeit hinterher. Eine Szene, die auch der ähnlich heißende Schauspieler und Regisseur nicht besser hätte umsetzen können. Neben Schrödinger gab Hillu einen mitfühlenden Seufzer von sich. Als Schrödinger zu ihr blickte, verdrehte sie die Augen.

»Augenblick, bin gleich da«, rief Schwaighöfer von der anderen Büroseite. Und konnte nur tatenlos dabei zusehen, wie sich ein weiterer Aktenberg verabschiedete.

»Lassen Sie sich ruhig Zeit.«

Inzwischen waren auch die zwei Bürodamen auf den Beinen und halfen ihrem Chef bei der Bekämpfung des Chaos.

»War der Smart eigentlich ein Betriebswagen?«

»Mehr oder weniger«, bestätigte Schwaighöfer. »Ware haben wir damit keine transportiert. Wie auch? Aber als Poolfahrzeug war die Kiste nicht schlecht. Wenn jemand mal schnell wohin musste. Oder um einen unserer Fahrer abzuholen.«

Schrödinger kombinierte schnell. »Also könnten uns die Fahrer ein bisschen was über den Wagen erzählen?«

»Sozusagen.«

»Ist denn einer von denen gerade in der Nähe? Dann können Sie in Ruhe aufräumen und wir machen Sie nicht nervös, indem wir hier rumstehen.«

Einige Sekunden Zögern. Dann beugte der Chef den Kopf nach hinten.

»Henry, komm mal her. Hier hat einer ne Frage zum Smart.«

Genau das hatte Schrödinger sich erhofft. Ihm fiel es schwer, nicht von einem Ohr zum anderen zu grinsen. Manchmal war das Glück eben auch auf seiner Seite.

Gleich darauf näherten sich schwere Schritte dem Speditionsbüro. Die Spannung stieg. Dann betrat ein bulliger Typ um die Fünfzig mit graublondem Haar und buschigem Schnauzer den Raum. Schrödinger erkannte ihn sofort: Das war Minas Ex, ohne jeden Zweifel. Was genau er in der Halle getrieben hatte,

100

war schwer zu sagen. Seine Miene ließ aber keinen Zweifel daran, wie wenig Lust er darauf hatte, dabei unterbrochen zu werden. Kurz machte er Anstalten, seinem Chef ebenfalls zur Hand zu geben. Doch dieser machte eine wedelnde Handbewegung und schickte ihn weiter nach vorne.

»Die Leute sind an unserem Smart interessiert«, rief Schwaighöfer ihm hinterher. »Du bist doch zigmal damit gefahren. Erzähl ihnen mal was darüber.«

»Das ist ein ganz prima Wagen«, sagte Schrägle sofort. »Läuft wie ne Eins. Der Motor schnurrt richtig. Er hat auch erst vierzigtausend Kilometer runter. Ist praktisch neu. Nicht mal geraucht haben wir drin.«

Wieso wollt ihr ihn dann verkaufen, lag es Schrödinger auf der Zunge. Stattdessen tat er möglich desinteressiert. »Wie fährt er sich?«

»Der geht ordentlich ab. Wiegt ja nix, der Kasten … also, das Auto, meine ich.«

Sie besprachen weitere Details wie die Ausstattung, Erstzulassung und Zahl der Vorbesitzer. Die typischen Fakten eines jeden Autokaufs. Irgendwann kam Schwaighöfer, um seinem Mitarbeiter den Autoschlüssel zu reichen.

»Die Unterlagen bringe ich dann raus«, versprach er, bevor er sich wieder dem Blättermeer am Boden widmete.

Was vermutlich bedeutete, dass sie das Büro jetzt verlassen sollten. Schrägle und Hillu interpretierten es ebenfalls so. Gerne hätte Schrödinger sich noch länger hier umgeschaut. Aber nichts hier wirkte verdächtig. Außerdem zog es mittlerweile selbst Horst mit nach draußen.

»Was genau arbeiten Sie eigentlich?«, wagte Schrödinger unterwegs einen neuen Versuch.

»Ich fahr einen der Böcke hier.« Schrägle wies auf den Lastwagen links außen. »Doch momentan ist gerade Sauregurkenzeit. Da schaffe ich nebenbei ein bisschen hinten in der Werkstatt.«

»Das heißt, Sie machen die Reparaturen selbst?«

»Na ja, das Kleinzeug schon. Aber natürlich nicht beim Smart.«

»Natürlich nicht.« Schrägle betätigte die Fernbedienung und beugte sich kurz ins Wageninnere. Mit seinem breiten Kreuz gab das ein sehr amüsantes Bild ab. Schrödinger überlegte ernsthaft, den Mann zu bitten, sich mal in den Wagen zu setzen, doch bevor er dazu kam, reichte ihm der Brummifahrer das Service-Heft vom Beifahrersitz und zeigte ihm, dass sämtliche Inspektionen von der hiesigen Mercedes-Niederlassung ausgeführt worden waren.

Schrödinger nickte anerkennend, obwohl er nicht genau wusste, weshalb. Gleich darauf nickte er wieder, nachdem Schrägle die hintere Klappe geöffnet hatte und stolz das darunter befindliche Reich präsentierte. Schrödinger hätte ja auf der anderen Seite des Vehikels nachgesehen. Jede Menge Schläuche, Rohre und sonstige Verbindungen schauten ihnen dort entgegen, wo bei anderen Autos der Kofferraum war. Vermutlich erwartete der Mann jetzt fachmännische Kommentare, dabei war Schrödinger schon froh, wenn er Wasserpumpe und Lichtmaschine auseinanderhalten konnte. Autos interessierten ihn normalerweise nicht. Sie waren nur Fortbewegungsmittel, die ihn möglichst bequem von A nach B transportierten.

Vorsichtshalber beugte er sich näher über den Motor und strich über verschiedene Stellen, so wie das die Leute in den

Werkstätten immer taten. Schrödinger wusste, dass er irgendwas sagen musste. Irgendwas Kluges und Technisches. Wenn er bloß wüsste, was.

»Sieht soweit ganz gut aus«, bescheinigte er. Das war so herrlich nichtssagend und trotzdem passend.

Erschwerend zu der ganzen Misere war, dass das mit dem Auto bloß Tarnung war und er hier eigentlich ganz andere Sachen herausfinden sollte. Bisher hatte er nicht viel erreicht. Irgendwie musste er Henry subtil über Mina aushorchen. Leider fiel ihm auch dazu nichts Kluges ein.

Unter Umständen konnte ihm Horst da helfen. Noch von unter der Haube gab er ihm ein Zeichen, herumzustromern, so wie er es sonst gerne tat. Immerhin hatte Herrchen ihm extra deswegen vorhin keine Leine angelegt. Schade nur, dass Horst keinerlei Anstalten machte. Schrödinger probierte es erneut. Immer noch keine Reaktion. Entweder verstand der Hund ihn nicht, oder er wollte ihn nicht verstehen.

Dafür meldete sich Hillu zu Wort: »Der Wagen scheint wirklich in gutem Zustand zu sein …«

Sie zögerte, und Henry runzelte die Stirn. »Das klingt nach einem Aber.«

»Es gibt auch ein Aber. Irgendwie haben wir in der Anzeige überlesen, dass es hier um einen Smart ForTwo geht. Ich brauche aber einen Viersitzer. Wie soll ich denn sonst meine Enkel vom Kindergarten abholen und zum Sport fahren?«

Eine Pause entstand. Schrödinger war entsetzt: Jetzt war alles aus. Hillu hatte sein ohnehin nur dünnes Kartengerüst komplett zum Einsturz gebracht. Hier rächte sich eindeutig, dass er das Schwiegermonster im Hinblick auf seine Ermittlungen komplett im Dunkeln gelassen hatte. So gesehen, konnte er ihr nicht mal einen Vorwurf machen. Ärgerlich blieb es trotzdem.

Henry kratzte sich nachdenklich am Kinn. »Tja, das ist wirklich ein Problem. Nun ja … fast. Wie es der Zufall so will, habe ich zu Hause auch so eine Eierschaukel rumstehen. Die brauch ich nicht mehr. Und das ist ein Viersitzer.«

»Na, das ist ja ein Zufall«, fand auch Hillu.

»Das Ding hatte ich mal für meine Ex gekauft. Den Wagen hab ich noch, aber die Frau ist schon länger weg.«

Ein weiteres Mal zuckte Schrödinger zusammen. Hatte er gerade richtig gehört? »In welchem Zustand ist der Wagen?«

»Ähnlich wie der da. Und genauso alt. Die haben wir damals für nen guten Preis vom Autohaus gekriegt, beide zusammen. Matthias hat einen für hier genommen und ich einen für zu Hause. Damals ging es uns allen finanziell noch richtig gut. Wir haben gelebt wie die Könige.«

»Und Ihre Ex hat nichts dagegen, wenn Sie den Smart verkaufen?«

»Nee. Ich hab ihn bezahlt, und zugelassen ist er auch auf mich. Ist also von vorne bis hinten meine Entscheidung.«

Er schaute auffordernd zu Hillu. Diese blickte kurz zu Schrödinger und nickte dann. »Also, mir ist es egal, was der Wagen für eine Vorgeschichte hat. Die haben wir Menschen ja auch. Wichtig ist, dass er gut in Schuss und bezahlbar ist.«

»Da werden wir uns schon einig.«

»Sehr schön. Welche Farbe hat der Smart?«

»Rabenschwarz. So wie die Seele meiner Ex.«

Henry und Hillu lachten, als wäre es ein grandioser Scherz. Schrödinger hingegen lief es kalt den Rücken hinab. Offenbar wusste der Brummifahrer nach wie vor nichts von Minas Tod.

104

Oder er wäre der abgebrühteste Typ, den er je getroffen hatte. Oder, Moment stopp, vielleicht ging es gar nicht um diese Ex, sondern eine andere. Fragen über Fragen.

Aber dies waren alles Sachen, die sich herausfinden ließen. »Wann können wir uns den Smart anschauen?«

»Heute Nachmittag?« Henry schaute auf seine Armbanduhr. »Ich arbeite bis halb drei. Danach hab ich Zeit. Sie können auch gerne den Fluffi mitbringen. Ich bin Tierfreund.«

Womit die wichtigsten Sachen schon mal geklärt waren. Horst bellte zustimmend, und auch die Zweibeiner waren zufrieden. Schrödinger wollte gerade nach der Anschrift fragen, da vernahm er Schritte hinter sich. Speditionschef Schwaighöfer kam verschwitzt und lächelnd auf sie zu. In der Hand hielt er einige Papierseiten, die er freudig umherschwenkte.

»Da bin ich wieder. Endlich habe ich die Unterlagen gefunden.«

Henrys Mundwinkel zuckten amüsiert, »Danke, die brauchen wir jetzt nicht mehr. Der Smart ist zu klein.«

»Bitte was?« Schwaighöfer entglitten die Gesichtszüge. Sämtliche Fröhlichkeit schien mit einem Mal abzusterben. »Das ist ein Scherz, oder?«

Bis zur vereinbarten Besichtigungstermin blieben ihnen knapp drei Stunden. Genügend Zeit, um sich einen strategischen Plan zurechtzulegen, sich einen Vorwand für einen weiteren Besuch bei der Spedition zu suchen oder ganz profan zu überwachen, was Henry Schrägle als Nächstes anstellen würde. Vielleicht verhielt er sich ja irgendwie verdächtig.

Doch nichts davon war möglich, ohne dass Schrödinger seine Begleitung einweihte. Und genau das wollte er nicht.

Sie hätten die Zwischenzeit auch für eine Fahrt zu den von Hillu vorhin erwähnten zig Autohäusern in Tuttlingen nutzen können. Das zumindest hätte Schrödinger bei der Suche nach einem neuen fahrbaren Untersatz getan. Das Schwiegermonster hingegen klagte lieber über Hunger und dass sie aufs Klo müsste.

Also fuhren sie die Ludwigstaler Straße zurück und hielten Ausschau nach der nächstbesten Imbissbude. Wohlgemerkt einer, die Hillu auch gefiel und nicht bloß eine »potenzielle Salmonellenschleuder« darstellte.

Sie fanden sie in einer lauschigen Bäckereifiliale, die die wählerische Begleiterin noch von früher kannte. Während sie die dortige Toilette aufsuchte, nutzte Schrödinger die Chance, Verena anzurufen. Zum Glück nahm die Kommissarin nach dem zweiten Klingeln den Hörer ab. Die wichtigste Frage stellte er zuallererst: Hatte sie oder eine ihrer Kollegen Henry Schrägle bereits über den Tod seiner Fast-Ex-Frau informiert?

»Ehrlich gesagt, haben wir das noch nicht geschafft. Gestern haben wir es versucht, aber bei ihm zu Hause hat niemand aufgemacht. Wir werden das es aber jetzt gleich beheben.«

Das hatte er bereits vermutet, und es passte vortrefflich für seine Zwecke. »Könntet ihr das nicht noch ein bisschen verzögern?« Schrödinger fasste hastig zusammen, was sich in der vergangenen Stunde ereignet hatte. Nebenbei schielt er in Richtung Toiletteneingang. Bisher war nichts von Hillu zu sehen. Dafür zog ihn der mittlerweile angeleinte Horst in Richtung der Büsche vor dem Café. Notgedrungen ließ er den Hund das Kommando übernehmen, damit dieser sein Geschäft erledigen konnte.

»Wenn es ermittlungstaktisch relevant ist, lässt sich das selbstverständlich einrichten«, antwortete Verena im schönsten Beamtendeutsch. »Aber halt mich bitte auf dem Laufenden darüber, was bei Schrägles Haus rausgekommen ist. Und sei um Himmels willen vorsichtig.«

»Keine Sorge. Ich habe meine ganz persönliche Geheimwaffe dabei. Die mit den Haaren auf den Zähnen.«

Lachend verabschiedeten sie sich voneinander. Was genau richtig war, denn nur eine Sekunde später streckte Hillu den Kopf zur Cafétür hinaus, um zu schauen, wo sich Schrödinger und Horst herumtrieben. Er signalisierte ihr mit der Daumen-hoch-Geste, dass alles in Ordnung war. Hillu runzelte die Stirn und verzog sich wieder ins Lokalinnere.

Fünf Minuten und einen warmen Hundekotbeutel später waren sie auch schon bei ihr. Die Rentnerin hatte die Zwischenzeit genutzt, einen Kaffee und zwei belegte Brötchen zu kaufen. Schrödinger hoffte, dass eines davon für ihn bestimmt war, aber so weit hatte die Schwiegermutter in spe natürlich nicht mitgedacht. »Ich wusste ja nicht, was du willst.«

Ja, wie auch? Nur weil sie seit mehreren Monaten beinahe täglich zusammen frühstückten oder zu Abend aßen? Er verkniff sich den bissigen Kommentar und zog lieber los, um sich sein eigenes Mittagessen zu bestellen.

Er entschied sich für zwei Leberkäsbrötchen. Im Gegensatz zu Hillu teilte er allerdings gerne. Und zwar mit Horst, der nicht mit ins Café durfte und mit herzerweichender Miene neben der gläsernen Eingangstür hockte.

Schrödinger beschloss, bei der Gelegenheit auch gleich draußen zu essen. Die Gesellschaft hier war ihm sowieso lieber als die im Inneren des Cafés.

Frisch gestärkt ging es nicht zurück zur Spedition, sondern zum nächsten Zoofachgeschäft. Marion hatte ihrem Liebsten für seinen freien Tag aufgetragen, ein paar Sachen für Knülle zu besorgen. Schließlich war er an ihrem neuesten Familienzuwachs nicht ganz unschuldig.

Schrödinger hatte keine Ahnung, wo es diese Dinge zu kaufen gab, und ließ sich bereitwillig von Hillu durch die Einbahnstraßen lotsen. Jetzt, nachdem sie gespeist hatte, schien sie ohnehin bessere Laune zu haben. Sie stellte sogar das Radio leiser, damit sie sich besser unterhalten konnten. Allerdings mitten in einem Oasis-Lied, das er gerne sehr laut gehört hätte.

»Mir ist übrigens nicht entgangen, wie du dich in der Spedition umgesehen hast.«

Sofort verkrampfte er sich wieder. »Was … genau meinst du?«

Hatte sie ihn ertappt? Durfte er ihr von seinem Geheimauftrag erzählen? Und was hätte das für Auswirkungen?

»Na, die Annoncen, die da am schwarzen Brett hingen.«

»Ach so … Ja. Ich hab mal geschaut. War aber nichts Gutes dabei.«

»Wie kommt's? Bist du nicht zufrieden mit dem Job im Getränkemarkt?«

Er zuckte mit den Schultern. »Auf die Dauer ist das nichts. Ein bisschen mehr wäre schon nicht schlecht.«

Hillu hob beeindruckt die Brauen. »Sie mal einer an. Und was soll es denn mehr sein?«

»Das weiß ich noch nicht. Irgendwas, was nicht so eintönig ist und mich mehr fordert.«

»Heimadsogga! Es geschehen noch Zeichen und Wunder.« Fast konnte man meinen, dass sie in der Sekunde ein bisschen stolz auf ihn war. Vielleicht war Schrödinger doch nicht nur der Loser, für den sie ihn bisher gehalten hatte. Oder sie hatte vorhin gehofft, dass er zum Brummifahrer umsatteln und bloß alle paar Wochen heimkommen würde.

Dummerweise gab Horst genau in der Sekunde wieder eine seiner berüchtigten Flatulenzen von sich und zerstörte so den tollen Moment. Angewidert ließ Hillu die Fensterscheibe hinab und gab Würgegeräusche von sich. »Du musst den Hund mal untersuchen lassen. Irgendwas verwest in dem!«

Bessere Luft gab es im Zoofachgeschäft Richtung Sigmaringen. Und eine nette Verkäuferin gleich dazu. Diese merkte schnell, dass sie es mit zwei kompletten Laien im Bereich der Hasenhaltung zu tun hatte, und schwatzte ihnen zwei Fünf-Kilo-Säcke Heu, mehrere verschiedene Packungen Bioknabbereien, ein sackschweres Einstreupaket und sogar ein Geschirr mit Leine zum Gassigehen auf. Das Ding sah prunkvoller aus als jedes Halsband, das Horst jemals besessen hatte. Zum Glück hatte Schrödinger seinen Kombi dabei, und sie konnten die Sachen auf der Rückbank verstauen. Ansonsten wäre es für einen gewissen Boxer sehr eng im Kofferraum geworden.

Pünktlich um halb drei kehrten sie zur Spedition Schwaighöfer zurück. Genau wie beim vorherigen Besuch parkten sie hinter den Lastwagen und machten sich auf den Weg zum Büro.

Auf halber Strecke kam ihnen Schrägle entgegen. Er winkte kurz und beeilte sich, zu ihnen zu kommen.

»Sie sind ja pünktlich wie die Maurer. Lassen Sie uns am besten gleich fahren.« Er schaute nervös über seine Schulter zurück zum Gebäude.

»Alles in Ordnung?«

Schrägle winkte ab. »Ja, schon. Ich will nur nicht, dass der Chef was mitkriegt. Erst lehnt ihr sein Auto ab und dann fahrt ihr mit mir davon. Nicht, dass er den Eindruck kriegt, ich hätte seinen Smart madig gemacht, damit ihr meinen kauft. Wenn ihr versteht, was ich meine.«

Sie verstanden, was er meinte, und gingen in Richtung Kombi. »Wir warten dann draußen«, erklärte Schrödinger.

Schrägle verschwand hinter der Lagerhalle und kehrte wenig später mit einem fünf Jahre alten silbergrauen Mercedes zurück. Als er die Kaufinteressenten in ihrem Wagen am Straßenrand erblickte, winkte er abermals. Diesmal deutlich entspannter.

Hintereinander tuckerten sie zuerst gen Süden und dann nach Osten über den Joseph-Haydn-Weg. Ihr Ziel war eine abgelegene Straße am Fuße des Leutenbergs. Nicht weit hinter dem Grundstück wucherten die ersten Waldauswüchse. Die Gegend zählte sicherlich nicht zu den schlechtesten von Tuttlingen, das Haus selbst allerdings befand sich in keinem optimalen Zustand. Viele Dachschindeln waren eingedunkelt, etliche zeigten Moosbefall. Um die Fassade stand es nur geringfügig besser. Trotzdem hätte Schrödinger bei einer Hütte in dieser Lage nicht Nein gesagt. Für die Kinder wäre es der ideale Ort zum Spielen und Herumtollen. Auch für Marion und ihn wäre ein noch grünerer und vor allem größerer Platz nicht verkehrt. Und was Hillu betraf: Die könnte man nachts irgendwo im Wald aussetzen.

Als Schrödinger sich zu ihr umdrehte, schien sie eine Sekunde lang haargenau zu wissen, was ihm gerade durch den Kopf ging. Augenblicklich erstarb sein Lächeln.

Sie parkten hinter Schrägles Benz direkt neben dem hüfthohen Metallzaun. Gemeinsam betraten sie das Grundstück und gingen über einen Kieselsteinweg zur Garage. Links davon wucherte knöchelhoch das Gras.

»Hier haben wir das gute Stück«, sagte Schrägle und präsentierte einen schwarzen Smart ForFour, der offenbar erst vor Kurzem frisch geputzt worden war. Der Lack glänzte, und auch sonst machte er Wagen einen tadellosen Eindruck. Hillus Augen begannen zu leuchten. Was keine gute Ausgangsbasis für knallharte Preisverhandlungen war.

Schrödinger versuchte Boden gutzumachen, indem er das Fahrzeug zusammen mit Horst skeptisch musterte. Auch hier musste er wieder improvisieren, weil er bloß im Ansatz wusste, auf welche Punkte man bei einem Gebrauchtwagen besonders achten sollte.

Derweil erwies sich Schrägle ganz als der perfekte Dienstleister. Bereitwillig öffnete er die Türen zur Kabine und zum in der Front verbauten Kofferraum, damit die Gäste alles genau anschauen konnten. Anschließend war der Motorraum im Heck dran, der sich Schrödingers Laienmeinung nach kaum bis gar nicht von dem Smart-Modell vorhin unterschied.

Während Hillu und Schrägle über Erfahrungen mit Kleinwagen schwatzten und Horst seinen Spaß damit hatte, an allen möglichen Stellen in der Garage herumzuschnüffeln, meldete sich bei Schrödinger zweierlei: Erstens die Erinnerung, dass er hier in geheimer Mission unterwegs war. Zweitens, dass ihn die Blase drückte. Beides ließ sich prima miteinander verbinden.

»Wo ist denn hier die Toilette?«, fragte er mit gepresster Stimme. Zur Unterstreichung trat er unruhig von einem Bein aufs andere.

»Drinnen. Wieso? Ach so … ja, äh … « Diese Frage schien Schrägle nicht zu passen. Einige Sekunden schien er drauf und dran zu sein, ihn auf die Bäume am Waldrand zu verweisen. Aber dann hätte Schrödinger behauptet, nicht nur pinkeln zu müssen. Außerdem wäre eine solche Zurückweisung nicht gerade verkaufsfördernd. Was Gott sei Dank auch Schrägle einsah.

»Kommen Sie mit, ich zeig's Ihnen.«

Schrödinger bat Hillu, auf Horst zu achten, und folgte dem Brummifahrer durch eine schmale Tür ins Hausinnere. Der Flur entpuppte sich als Sammelsurium von Jacken, Schuhen und leeren Pizzakartons. Eine ganz normale Männerhöhle also. Marion hätte die Hände über dem Kopf zusammengeschlagen.

»An der Küche vorbei und dann links«, erklärte Schrägle, bevor er seinen Gast genau dahin lotste. Im Vorbeigehen schaute Schrödinger nach links und rechts. Mit der Ordnung schien es der Mann nicht so genau zu nehmen. Blutbefleckte Mordwerkzeuge lagen allerdings keine herum.

Schrödinger dankte und schloss die Toilettentür hinter sich. Er hoffte, dass Schrägle sich nun wieder nach draußen verziehen würde. Stattdessen ertönten auf einmal Motörhead auf der anderen Seite der Tür. Hatte der Bursche gerade seine

Stereoanlage aufgedreht und machte es sich im Wohnzimmer bequem?

Zum Glück nicht. Es handelte sich bloß um seinen Klingelton. Gleich darauf hörte man Schrägle mit gedämpfter Stimme sprechen. Leider zu leise, als dass man etwas verstanden hätte. Für alle Fälle presste Schrödinger das Ohr gegen die Tür, aber das verbesserte den Ton nur geringfügig. Vorsichtig öffnete er daher die Tür und linste hinaus.

Schrägle stand mit dem Rücken zu ihm am Wohnzimmertisch und kritzelte auf einem Notizblock herum. Nebenbei murmelte er etwas, was immer noch kaum zu verstehen war, jedoch nicht besonders erfreut klang. Mehrere Male stöhnte er und schüttelte den Kopf.

Kurz überlegte Schrödinger, näher heranzugehen, kehrte dann aber unverrichteter Dinge ins Bad zurück. Alles andere wäre zu heikel. Da half nur, auf Zeit zu spielen. Was bedeutete, es sich auf dem Keramikthron bequem zu machen und zumindest schon mal das mit der vollen Blase zu erledigen. Nebenbei durchstöberte er den danebenliegenden Zeitschriftenstapel. Drei Automagazine, ein *Penthouse* und eine Broschüre vom Baumarkt. Auch das brachte nichts. Genauso wenig wie der Spiegelschrank, der nichts außer einer Zahnbürste, Zahnpasta und einer Flasche Rasierwasser mit vergilbtem Etikett enthielt. Der Anblick wirkte sehr trostlos.

Wenigstens hatte Schrägle inzwischen sein Gespräch beendet. Er hörte ihn auf dem Flur herumtapsen, zurück in Richtung Garage.

Herrlich. Trotzdem ließ sich Schrödinger noch einen Augenblick Zeit, bevor er spülte. An der Tür linste er erneut vorsichtig hinaus. Kein Mensch zu sehen.

Also huschte er rüber ins Wohnzimmer. Der Notizblock lag noch immer auf dem Tisch, leider ohne die beschriebene Seite. Doch als alter Meisterdetektiv gab sich Sherlock McSchrödinger auch mit dem Blatt darunter zufrieden. Schrägle hatte nämlich beim Schreiben genug aufgedrückt, dass die Abdrücke hier noch zu sehen waren. Schade, dass nirgendwo ein Bleistift herumlag. Damit hätte man die Linien im Nu schraffieren können. So blieb ihm zumindest das durch das Fenster einfallende Sonnenlicht. Als Schrödinger das Blatt davorhielt, konnte er das Datum vom kommenden Donnerstag und *ST EG 85* ablesen.

Letzteres sah aus wie ein Nummernschild. ST wie Stuttgart? Nee, die Landeshauptstadt befand sich zwar in der Nähe, hatte aber als größte deutsche Stadt mit einem S am Anfang bloß diesen einen Buchstaben als Kennzeichen. Wozu genau das ST gehörte, damit konnte sich Verena später beschäftigen.

Schrödinger schaute sich lieber weiter im Zimmer um. An der Wand zum Flur hing eine Collage aus Fotos. Zwar entdeckte er Mina auf keinem der Bilder, machte mit seiner meist nur sporadisch, heute jedoch tadellos funktionierenden Handykamera aber vorsichtshalber trotzdem ein paar Schnappschüsse davon. In den Regalen standen ein paar Taschenbücher, unter anderem einige Thriller von Robert Krauss, die er auch bei Marion hatte liegen sehen. Verdächtig war das nicht. Eher die Liebesromane mit und um einen Mops, die daneben standen. Womöglich ein Überbleibsel von Mina. Oder in der Brust ihres Mannes schlug wider Erwarten das Herz eines Romantikers.

In einem anderem Schrankabteil fand er einige teure Whiskys

und ein Bleikristall-Service, das bereits Staub angesetzt hatte. Versteckte Fächer oder falsche Wände gab es nicht.

Die flüchtigen Überprüfungen von Küche und Schlafzimmer brachten ebenfalls keine neuen Erkenntnisse. Enttäuscht kehrte Schrödinger zur Garage zurück.

Als Schrägle den Rückkehrer sah, rümpfte er die Nase. »Muss ja ein mächtiges Ei gewesen sein, das Sie da gelegt haben. Ich hoffe, Sie haben ordentlich gespült.«

»Natürlich. Wie lief es hier in der Zwischenzeit?«

»Der Smart gefällt mir ganz gut«, antwortete Hillu. »Ein paar kleine Macken hab ich entdeckt, aber damit kann ich leben. Wir sprechen gerade über eine Probefahrt.«

»Heute ist das eher ungünstig.« Schrägle schaute auf seine Uhr. »Ich kriege gleich Besuch.«

»Davon haben Sie vorhin nichts erwähnt«, sagte Schrödinger. »Dann hätten wir ja gleich einen anderen Termin ausmachen können.«

»Ja, ich weiß. Ist ganz kurzfristig. Ich habe es eben erst erfahren.«

Auf dem Zettel heißt es doch morgen, lag es Schrödinger auf der Zunge. Stattdessen sagte er: »Das ist ja sehr schade.«

»Hoffentlich gibt es dafür einen kleinen Rabatt«, schob Hillu hinterher. Der Ärger in ihrer Stimme war unüberhörbar und zwang den Brummifahrer zu einem schuldbewussten Nicken.

»Selbstverständlich«, sagte er. »Ich werde das berücksichtigen.«

Mit diesem Einverständnis schien er sie am liebsten von seinem Grundstück vertreiben zu wollen, was Schrödinger weiter irritierte. Ganz bewusst ließ er sich deshalb Zeit und tat so, als würde Horst noch gerne ein bisschen herumspazieren wollen. Irgendwann zog jedoch selbst das nicht mehr, und sie verabschiedeten sich. Schrägle wirkte sichtlich erleichtert.

Bei Schrödinger schrillten sämtliche Alarmglocken. Was hatte der Mann zu verbergen? Auf wen wartete der Brummifahrer? Sicher nicht auf die Polizei.

Im Wagen dachte Schrödinger daher nicht im Traum daran, aufzubrechen. »Das will ich jetzt wissen«, erklärte Hillu im gleichen Moment. »Nicht, dass der mein Auto wem anders verkauft.«

Dankbar für diese Steilvorlage startete Schrödinger den Wagen, fuhr Richtung Wald, wendete und parkte halb verborgen hinter einem Holunderbusch, von wo aus sie das Schrägle'sche Haus im Blick hatten.

Lange brauchten sie nicht zu warten. Schon nach fünf Minuten fuhr ein schwarzer Audi mit Münchner Kennzeichen vor. Teures Modell, breite Reifen, viele PS. Zwei Typen um die Dreißig mit Dreitagebart und osteuropäischen Gesichtszügen stiegen aus. Keiner von beiden wirkte, als würde er sich den Smart anschauen wollen oder irgendetwas anderes Harmloses machen wollen. Vielmehr drängten sich Vergleiche mit den Ganoven in den *Tatort*-Filmen geradezu auf.

Schrödinger zückte sein Mobiltelefon und knipste, was die alte Kamera hergab. Megapixel und Digitaler Zoom waren alles andere als auf aktuellem Niveau, gut erkennbar würden die Kerle aber hoffentlich trotzdem sein.

»Was machst du denn da?« Hillu wirkte irritiert. Sie wusste ja nicht, dass er quasi offiziell hier war.

»Falls die dein Auto kaufen, dann habe ich einen Beweis.«

»Aha.« So ganz schien ihr das nicht einzuleuchten. Trotzdem schwieg sie. Schrödinger vermutete, dass Hillu sich längst in den Kleinstwagen verliebt hatte und einiges in Kauf nehmen würde, um ihn zu bekommen.

Nachdem die Typen zu Schrägles Haustür gegangen waren, entschied der verdeckte Ermittler spontan, dass sein Hund noch einmal kurz Auslauf benötigte. Horst sah das anders und brauchte einigen Zuspruch, um sich in sein Schicksal zu fügen. Leider völlig umsonst. Nachdem die Männer in Schrägles Haus verschwunden waren, tat sich nichts mehr.

Nach weiteren zehn Minuten war die Boxerblase mehr als geleert und sie kehrten zum Wagen zurück. Auch Hillu wirkte wenig angetan, dass sie so lange im Auto hatte warten müssen. Entsprechend schweigsam gestaltete sich die Heimfahrt.

Horst

Was soll ich bloß mit Schrödinger machen? Der Mann ist so was von verpeilt. Doch wem ich erzähle ich das? Sie haben es ja selbst gelesen. Ganz ehrlich, Knülle hat es richtig gemacht, als er ein Karnickel geworden ist. Der kann den ganzen Tag in seiner Butze verbringen und chillen. Ich als Hund muss mein Herrchen begleiten.

Aber wozu, wenn die Flachpfeife auf keinen, aber auch gar keinen meiner Hinweise reagiert? Das riecht doch der dümmste Dackel, dass die Mina Schrägle seit Wochen oder gar Monaten nicht in diesem Eigenheim war. Erstens. Und zweitens steigt es einem plakativ in die Schnauze, dass die Audi-Typen nicht zum ersten Mal dort waren.

Ich habe es versucht, das können Sie mir glauben. Habe exzessiv an den Duftspuren der Männer geschnuppert. Dreimal sogar dieselbe Stelle markiert. Was soll ich denn noch machen, damit Herrchen ein Teelicht aufgeht? Männchen machen? Kreuzchen kacken?

Ziemlich blöd, dass nur Schrödinger und Hillu in den schwarzen Miniwagen steigen durften. Mir wurde das verwehrt von wegen Hundehaare auf den Sitzen. Pah. Das sind keine Hundehaare, das ist allerfeinster Boxer-Glitzerstaub. Ich hätte ja dann dezent auf das Handschuhfach verwiesen. Das haben die beiden natürlich nicht aufgemacht, obwohl es hinter der schwarzen Klappe verdächtig riecht. Aber für so was hat Schrödinger natürlich mal wieder keinen Riecher.

Die Krönung kommt aber noch.

Krönung, was sage ich? Die absolute Frechheit.

Herrchen und Hillu sind in die Zoofachhandlung gestapft. Ohne mich. Fehler Nummer eins. Ich musste im Wagen warten. Fehler Nummer zwei: Sie haben eingekauft. Grünzeug. Gras. Getrocknetes Gras. Für Knülle.

War da ein getrocknetes Schweineohr dabei? Ein dehydrierter Rinderpansen? Ein fleischiges Leckerli?

Natürlich nicht.

Und das, obwohl ich, Horst, die ganze Arbeit mache und der Rammler den halben Tag faul in seiner Bude hockt.

Aber wenn er will, dann kann Schrödinger das haben. Jetzt herrscht Krieg. Und meine Waffe sind meine Zähne. Es gibt schließlich noch mehr mit herrlich weißen Daunen gefüllte Kissen auf der Couch. Obwohl … warum nur das Kissen? Das ganze Sofa hätte es verdient.

Schrödinger

»Und?« Schrödinger biss in sein Salamibrot und fixierte Hillu über den Abendessenstisch hinweg. »Was hältst du von dem Wagen?«

Statt einer Antwort nickte seine Schwiegermutter in Richtung des Glases mit den Essiggurken. Schrödinger reichte es ihr über Max' Teller hinweg. Und staunte wieder einmal, wie kreativ seine Marion darin war, den Kids selbst das simpelste Essen zu einem regelrechten Event zu gestalten. Aus Max' Käsebrot hatte sie lustige Smilies geschnitten. Marlenes Schinkenbrot stellte offensichtlich das Schloss einer verzauberten Prinzessin dar. Schrödinger wurde es warm ums Herz, und fast verschämt biss er in sein etwas achtlos bestrichenes Dinkelbrot.

»Na?« Er startete einen neuen Versuch und nickte Hillu aufmunternd zu. Immerhin hatten sie heute einen halbwegs harmonischen Tag miteinander verbracht.

»Eine Probefahrt wäre angebracht.« Hillu leckte sich über die trotz Butterbrot noch immer makellos geschminkten Lippen.

»Das organisiere ich!«, rief Schrödinger und überschlug im Kopf, was er alles tun könnte, wenn Hillu sich mit dem Verkäufer in das Gewirr der Tuttlinger Einbahnstraßen begab. Vielleicht nochmals nachforschen, was es mit der kryptischen Notiz auf sich hatte? Eventuell mal einen Blick in den Keller des heruntergekommenen Hauses werfen? Oder Horst auf eine Spur setzen, von der er gar nicht wusste, ob sie existierte?

Er biss hastig in sein Brot. Max wollte nach der Apfelschorle greifen und stieß dabei das Glas um.

Marion blieb gelassen. Wieder einmal bewunderte Schrödinger sie für die Ruhe, mit der sie hinter sich langte, die Rolle mit Küchenpapier von der Anrichte nahm und die Pfütze ohne weitere Worte aufwischte.

»Es wäre schon praktisch, wenn du mobil wärst, Mama.« Marion schenkte das Glas ihres Sohnes nach und schaffte es zeitgleich, Marlenes Leberwurstbrot vor dem Absturz zu bewahren, sich selbst eine Semmel vom Vortag aus dem Brotkorb zu angeln und mit Marmelade zu beschmieren. Schrödinger kam aus dem Staunen nicht mehr heraus.

»Damit ich die Blagen kutschieren kann?« Bei Hillu ging's nicht ohne Seitenhieb.

»Zum Beispiel.« Schrödinger fragte sich, woher Marion diese Ruhe nahm. Er hatte den extremen Impuls, auf den Tisch zu hauen. Oder ein Stück Käse in Hillus Richtung zu werfen. Oder beides.

»O ja, Oma fährt!« Marlene strahlte.

»Oma, Oma!«, skandierte Max. Und zwar so laut, dass es unter dem Tisch rumorte. Horst und Knülle waren aus ihrem Halbschlaf aufgeschreckt worden. Der Hase folgte seinem Fluchtinstinkt und hoppelte ins Wohnzimmer. Horst erinnerte sich seiner anderweitigen Instinkte und nahm mit Bettelblick neben seinem Herrchen Stellung. Schrödinger versenkte das halbe Salamibrot im Hund und griff nach der Plastikschale mit Fleischsalat vom örtlichen Metzger.

»Ich ruf da an.« Schrödinger gab sich großzügig. Was ankam. Bei Marion jedenfalls.

»Das wäre super lieb!« Sie schickte ihm einen Luftkuss über den beinahe abgegrasten Abendbrottisch. Hillu verzog die geschminkten Lippen. »Und wann?«, knarzte sie.

»Jetzt!«, verkündete Schrödinger und stellte den Teller mit dem Fleischsalat auf den Boden. Horst stürzte sich auf die Delikatesse, als hätte er seit Tagen nichts gefressen.

»Das ist unhygienisch«, konstatierte Hillu.

Dafür gibt's eine Spülmaschine, dachte Schrödinger, sagte aber nichts, sondern drückte seiner Marion im Vorbeigehen einen Schmatzer auf die Wange und begab sich auf die Terrasse. Nach einem tiefen Durchatmen wählte er die erste Nummer. Bei Schrägle meldete sich nur die Mailbox.

»Schrödinger. Wir … ich … wir waren heute da wegen des Smart. Also meine Schwiegermutter hat heftig Interesse. Wir kämen gerne morgen zu einer Probefahrt vorbei«, diktierte er dem digitalen Anrufbeantworter und hinterließ zur Sicherheit seine Handynummer. Wie er sich die hatte merken können, war ihm selbst ein Rätsel. Oder ergab 0172/1234567890 einen tieferen Sinn?

Darüber konnte er nicht nachdenken, denn gleich nach dem ersten Klingeln war er mit Verena Hälble verbunden.

»Gut, dass du anrufst!« Die Kommissarin klang so euphorisch, dass Schrödinger hellhörig wurde. Automatisch drehte er sich vom Küchenfenster weg, als könnte seine Kleinstfamilie ihn belauschen. Was unwahrscheinlich war, denn Hillu feilte mittlerweile ihre Nägel, während Max und Marlene darum stritten, wer weniger Besteck in den Geschirrspüler räumen musste. Marion kraulte hingebungsvoll. Beidhändig. Rechts den Boxer, links das Karnickel.

»Ja. Also.« Schrödinger unterdrückte ein Husten.

»Okay, ich ahne es. Nichts Neues?« Verena Hälble klang beinahe ein wenig flehend, weswegen ihr verdeckter Ermittler sie auf den neuesten Stand vom Smart, Pizzakartons, dem ominösen Kennzeichen vom Notizblock und den Audi-Typen brachte. Und ungern zugab, dass er ansonsten nicht viel mehr wusste. Das kratzende Geräusch am anderen Ende der Leitung zeigte ihm jedoch, dass die Kommissarin sich eifrig Notizen machte.

»Nicht schlecht!«, sagte Hälble denn auch, während es sich Schrödinger auf der Terrasse bequem machte. Direkt unter seinem Hintern spürte er einen harten Gegenstand. Er tippte auf Legosteine, wie sie überall im Haus herumlagen und ihn schon mehrmals ins Stolpern gebracht hatten, erfasste stattdessen aber einen alten Korken. Vielleicht von Hillu, vielleicht aber auch von den Kindern, die alles horteten und in ihre Spiele mit einbezogen. Ohne groß darüber nachzudenken, warf er ihn im hohen Bogen in Nachbars Garten. Den Gartenzwerge ausstellenden Schwaben im Feinripp über dem Bierbauch mochte er ohnehin herzhaft wenig.

»Und der trauernde Witwer?« Schrödinger entfernte sich ein paar Schritte vom hell erleuchteten Küchenfenster, hinter dem Marion damit begonnen hatte, das Chaos des Abendessens aufzuräumen.

»Bei dem waren wir heute.« Hälble seufzte, und Schrödinger meinte, das Gluckern aus einer Flasche wahrzunehmen. Vielleicht betäubte sich die Polizistin gerade mit einem Glas des hierzulande so beliebten Trollingers?

»Vor oder nach den Audi-Kerlen?«, wollte er wissen.

»Vermutlich danach.« Hälble schien zu trinken und dann leise zu rülpsen. Anschließend brachte sie ihren Undercover-

Agenten auf den neuesten Stand: Mina und ihr Mann waren seit weit über einem Jahr getrennt. Der Scheidungstermin stand an, war aber noch nicht vollzogen worden. Was vielleicht daran lag, dass Mina sich mit juristischen Spitzfindigkeiten auskannte, die er ihr nicht durchgehen lassen wollte. Schließlich hatte sie als Assistentin des Tuttlinger Richters an erster Stelle der Justiz gesessen, dort bei den von ihr zu verfassenden Protokollen sicher jede Menge gelernt und die eine oder andere verbale Kanone gegen ihren Ex abgeschossen. Warum die Ehe gescheitert war? Da konnte auch Hälble nur mutmaßen: »Puh. Wenn mein Lover die meiste Zeit in Dunkeldeutschland unterwegs wäre … was würde ich da denken?« Sie schwadronierte ein paar Minuten über leichte Mädchen, die ihre Wäsche scheinbar zufällig zum Trocknen an der deutsch-tschechischen Grenze aufhängen, und über Männer in Familien-Vans, die kurz vor Erreichen dieser Wäscheleinen rein zufällig die Kindersitze im Kofferraum des SUV verschwinden lassen.

Schrödinger gähnte kurz. Nicht, weil ihn die Gehörte langweilte. Es war einfach nur ein langer Tag gewesen.

»Okay. Zurück zum Punkt.« Die Hälble schenkte sich nach. Es gluckerte am anderen Ende, und Schrödinger ging nicht davon aus, dass es sich bei dem Getränk um Kamillentee handelte.

Ein Hickser bestätigte ihn. Um nicht noch träger zu werden, erhob er sich. Auf der anderen Seite der Küchentür reckte Marion den Daumen in die Höhe. Dann bugsierte sie die Kinder in Richtung Badezimmer. Was bestimmt wieder mit viel Gezeter einhergehen würde. Zähneputzen zählte nicht zu den Lieblingstätigkeiten der Kinder. Wenn sie es doch mal freiwillig machten, waren sie in der Regel nach dreißig Sekunden damit fertig.

Schrödinger lauschte weiterhin den Ausführungen am Telefon. Dass Verena von Minute zu Minute verwaschener klang, ignorierte er. Er gönnte seiner *Kollegin* jedes Milliprozent Alkohol. Tuttlingen allein war schon eine Herausforderung. Eine Leiche in der Donaustadt gleich doppelt.

Verenas Erzählung nach musste sie die Audi-Truppe knapp verpasst haben. Als sie im auffällig unauffälligen zivilen Dienst-Daimler vor Schrägles Haus geparkt hatte, war der gerade auf dem Weg in die Garage gewesen. Sie hatte den Kollegen gebeten, im Wagen zu warten. Der Polizeianwärter war schon bei der Anfahrt blass um die Nase gewesen. Zwar gehörte auch das Überbringen von schlechten Nachrichten zum Job, aber der Kerl wirkte auf Verena wie ein labiler Teenager. Viel älter war er wohl auch nicht.

Zuerst hatte sie Schrägle nicht gesehen. Erst auf ihr Rufen hin war er hinter dem vorwärts eingeparkten Smart zum Vorschein gekommen. In der rechten Hand hielt er ein Werkzeug, das er hastig beiseitelegte.

»Wirklich gesprächig ist dieser Mensch nicht«, nuschelte Verena Hälble ins Telefon.

»Stimmt, der ist keine Plaudertasche. Wie hat er denn reagiert?«

»Na ja, gelassen. Fast schon ein bisschen fröhlich. Wenn man das so sagen kann.«

»Also, mir hat er erzählt, seine Exfrau hätte eine rabenschwarze Seele. Also gehabt. Aber das wusste er ja nicht. Das mit dem gehabt.«

125

»Hä?« Die Kommissarin schien ihrem verdeckten Ermittler nicht folgen zu können.

»Die waren ja nicht aus Spaß getrennt«, verdeutlichte er.

»Ganz und gar nicht, nehme ich an.«

»Hat er sich denn sonst irgendwie geäußert?«

»Zu seinem Alibi auf jeden Fall. Moment.« Papier raschelte. »Ah ja. Hier. Laut Fahrtenbuch war er am Tattag in Bregenz. Hat dort übernachtet, an der Raststätte. Und ist am Sonntag spät zurückgefahren.«

»Der hat das Fahrtenbuch zu Hause?« Schrödinger stutzte.

»Hat mich auch gewundert.«

Schrödinger machte sich eine innerliche Notiz und hörte zu, was der Witwer – die Scheidung war ja noch nicht durch – sonst berichtet hatte. Nichts Gutes über die Tote. Einige Male fühlte Schrödinger sich an Hillu erinnert. Er bekam Gänsehaut und wünschte sich, ein Bier in Reichweite zu haben.

Parallel dazu erfuhr er, dass Mina und Henry sich Anfang der Neunzigerjahre im Gerichtsgebäude kennengelernt hatten. Sie als Gerichtsschreiberin an der Seite von Werner Frick, bei den straffällig gewordenen Tuttlingern bekannt unter dem Namen *Richter Fick*. Henry musste als Zeuge antreten und bugsierte einen Streithahn für sechs Monate hinter Gitter – und sich mit seiner Aussage über eine Prügelei, deren Zeuge er gewesen war, direkt in Minas Herz.

So hatte er das freilich nicht gesagt, sondern sich eher unromantisch an den Fakten festgehalten. Demnach hatten die beiden ein knappes Jahr später geheiratet, 1993, und waren zwei Jahre später aus Möhringen in das Häuschen gezogen, das Mina von ihrer Großmutter geerbt hatte.

»Und warum ist dann sie ausgezogen und nicht er?«
Schrödinger war perplex. Von seiner Exfrau hätte er jedenfalls erwartet, dass sie ihn mit Sack und Pack hinausgewor-
fen hätte, hätte sie Wohneigentum besessen.

»Schrägle sagt, dass seine Ex eine Kondo-Jüngerin sei.«

»Eine was?« Schrödinger dachte automatisch an orange ge-
kleidete, kahlrasierte Menschen.

»Na, die will sich reduzieren.«

»Abnehmen?« Er stand auf dem Schlauch.

»Nein. Marie Kondo. Nie gehört?«

»Muss ich die kennen?«

»Persönlich wohl nicht.« Verena Hälble kicherte. Im Hintergrund hörte er Flüssigkeit in ein Glas fließen. »Die kommt
aus Japan und hat das neue Aufräumen erfunden.«

»Cool«, sagte Schrödinger und dachte an das Zimmer, das
Max und Marlene sich teilten. Kopflose Barbiepuppen, halb
zusammengebaute Lego-Sets und jede Menge ausgetrockne-
ter Buntstifte, zerknitterter Malbücher und reifenloser Autos
lagen dort wild herum. Ob diese Marie für Ordnung sorgen
könnte, wo nicht mal Hillu es vermochte?

»Ja, und dazu gehört auch das reduzierte Leben.«

Das wiederum klang für Schrödinger nach Diät. Und deswegen schon mal gleich unsympathisch. Verena klärte ihn
auf: Nach der Trennung war Mina Schrägle mit nur zwei
Koffern, von denen einer einen Teller, eine Gabel, einen Topf
und ein Messer enthalten hatte, in eine Einzimmerwohnung
am Hang Richtung Klinik gezogen. Ein kleines Hochhaus, in
dem selbst die Mieten reduziert waren.

»Die wollte irgendwie aussteigen«, sagte die Kommissarin.
Schrödinger konnte ihr Kopfschütteln förmlich sehen. »Die

hatte nicht mal ein Bett. Nur eine Matratze. Und die Kollegen haben auf ihrem Laptop jede Menge Links zu Seiten mit Tiny Houses gefunden.«

»Tiny Toons?«

»Nein, Houses. Winzige Häuser. Leben auf achtzehn Quadratmetern. Am besten auf Rollen.«

»Also Wohnwagen?«

»Ja, aber in der Luxusversion.«

Schrödinger überlegte, ob Verena etwas anderes als Bier oder Wein getrunken haben könnte. »Noch mal bitte für einen Mitarbeiter aus dem Getränkemarkt. Die Tote wollte mit *nichts* leben? Verstehe ich das richtig?«

»Jep.« Die Kommissarin hickste.

»Aber dann hätte der Ex doch gar keinen Grund, sie um die Ecke zu bringen, wenn sie sowieso nichts wollte.«

»Genau mein Gedanke.« Hälble schlingerte jetzt hörbar sprachlich. »Genau mein Gedanke.«

»Es sei denn, er denkt anders.«

»Genau mein Gedanke. Genau mein Gedanke.«

Schrödingers Gedanke war der, das Gespräch zu beenden. Im Interesse von Verena Hälble, die dringend eine Konferenz mit der Matratze benötigte, um am nächsten Tag einigermaßen fit zu sein. Das tat er dann auch.

Nach dem Ende des Gesprächs öffnete er so leise wie möglich die Terrassentür, streifte die Schuhe ab und schlich auf Socken ins Wohnzimmer. Von Marion keine Spur. Vermutlich war sie, wie zu seinem Bedauern schon des Öfteren, bei Max oder Marlene im Kinderbett eingeschlafen. Dafür lag Horst auf der Couch, alle Viere von sich gestreckt. An den Bauch des Hundes kuschelte sich Knülle. Der Rammler stellte die Ohren auf und sah Schrödinger, wie dieser fand, vorwurfsvoll an.

»Schon gut.« Schrödinger wusste, wann es Zeit war zu gehen. Auf Zehenspitzen schlich er ins Schlafzimmer im ersten Stock. Marions Betthälfte war leer.

Fünfter Tag: Dienstag

Horst

Was zum großen Kauknochen ist mit meinem Herrchen los? Kaum waren seine Marion und deren Welpen aus dem Haus, hat er Knülle und mich aus meinem – pardon: unserem Körbchen verjagt. Angeblich, weil zu viele lustige Quietschtiere, künstliche Kauknochen und ausgelutschte Stofftiere darin lagen.

Himmel noch mal! Ein Hund von Welt wie ich hat doch wohl ein Recht auf abgenuckeltes Spielzeug. Und Knülle auch. Irgendwie. Obwohl der sich ja nur für frische Möhrchen interessiert. Allenfalls noch für das Grünzeug, das an den Karotten hängt. Ansonsten ist mein neuer Kumpel ja eher von der passiven Sorte. Vorne mümmeln, hinten kötteln. Viel mehr geht bei ihm nicht.

Warum hat Schrödinger nicht einen zweiten Hund gekauft? Obwohl, so ein Dackel, Mops oder Pudel hätte mir womöglich Konkurrenz gemacht. Und das nicht nur am Futternapf.

Tja, und jetzt hockt mein Hasenpartner wieder im Bretterverschlag und ich in dieser muffigen Garage von diesem muffigen Schrägle. Der Mensch riecht genauso abgestanden wie das brackige Wasser im Eimer in der Ecke, in dem er ziemlich benutzt aussehende Pinsel und Farbrollen eingeweicht hat.

Hillu, die alte Bratze, und der Typ machen eine Probefahrt mit dem Miniauto. Das ich nie von innen sehen werde, weil

Madame etwas gegen mein wunderschönes Fell hat, das sich nun mal im Sitzbezug verankert. Was mich absolut nicht stört, im Gegenteil: Sieht doch irgendwie schön aus, mein zauberhaftes Beige auf den nachtschwarzen Sitzen.

Schrödinger hat sich mehr schlecht als recht in der Garage umgesehen. Ins Haus gelangt ist er nicht. Schrägle hat die Haustür abgeschlossen, und um zum gekippten Fenster am Balkon im Obergeschoss zu gelangen, ist Herrchen zu unsportlich. Dass ich ihn auf das offen stehende Kellerfenster hingewiesen habe, hat auch nichts genützt. Schrödinger ist zu dick für das Loch. Ich hätte ja locker durchgepasst, aber das hat Herrchen nicht verstanden und gemeint, ich würde eine vorbeihuschende Maus anbellen. Menschen!

Na, was rede ich? Während ich mit Ihnen spreche, wird mein Herrchen kreidebleich und lässt sein Handy fallen. Ich glaube, ich muss mal nach ihm sehen.

Schrödinger

»Ja, Schatz?« Fröhlich drückte Schrödinger die grüne Taste an seinem Mobiltelefon, als er Marions Namen auf dem Display erblickte. Horst hatte sich in der leeren Garage von Schrägle lang ausgestreckt. Zuvor hatten sie beide alles durchschnüffelt. Mit wenig Erfolg, wie er der Kommissarin würde beichten müssen. Seine Idee, irgendwie ins Haus zu gelangen, war ebenfalls gescheitert. Wenn er geahnt hätte, wie lange die Probefahrt dauerte – weit über eine Stunde lang waren Hillu und Schrägle jetzt schon unterwegs –, dann hätte er vielleicht etwas mehr Mut bewiesen.

»Hillu!« Marion schrie mit sich überschlagender Stimme ins Telefon.

»Deine Mutter, ja.« Schrödinger holte tief Luft. »Die ist noch unterw…«

Weiter kam er nicht.

»Unfall! Hillu! Unfall!« Marion kreischte nun förmlich. Schrödinger wurde heiß. Kalt. Heiß.

»Unfall?«, wiederholte er und blickte die Straße hinunter, als würde jeden Moment der schwarze Smart vorfahren. Aber da tat sich nichts. Nur ein Eichhörnchen, das über den Teer hüpfte und in den Büschen verschwand.

»Sie macht gerade eine Probefahrt«, sagte Schrödinger lahm.

»Machte! Hat gemacht! Das Krankenhaus hat angerufen!« Marions Stimme überschlug sich. Im Hintergrund hörte Schrödinger zwei Kinder heulen.

»Ich komme.« Er legte auf und zerrte Horst zum Familien-van. Tempo fünfzig innerorts? Einbahnstraßen? Egal. Sollte er doch ein Dutzend Knöllchen kassieren, Marion war in Not! In Sorge! So schnell er konnte raste er nach Hause. Seine Liebste stand bereits vor der Tür und riss, kaum dass er gebremst hatte, die Beifahrertür auf. Horst bellte fröhlich.

»Max und Marlene?«

»Fernseher und Chips.« Marions Stimme klang erstickt. Schrödinger gab Gas.

»Haben die was gesagt? Details?« Er bretterte über die hellrote Ampel beim Kino.

»Keine Auskunft am Telefon.« Marions Hand zitterte, als sie im Handschuhfach wühlte. Schließlich fand sie das Päckchen mit den trockenen Kippen, die ein Kollege von Schrödinger vor Ewigkeiten darin vergessen hatte.

»Du rauchst doch gar nicht«, setzte Schrödinger an, schwieg aber, als Marion hektisch an der Zigarette zog und den Rauch aus der halb heruntergelassenen Scheibe pustete. So gut kannte er sich mittlerweile aus, dass er die Abkürzung an der Realschule vorbei und falsch durch die Einbahnstraße nehmen konnte, um die Ampel beim Rittergarten zu umgehen. Das ehemalige Lokal beherbergte mittlerweile im Obergeschoss eine alternative Rechtsanwaltskanzlei und diente ansonsten als Veranstaltungsort für alternative Konzerte, linksgerichtete Lesungen und anderes.

Makaberer Weise lagen auf der Strecke zum Klinikum gleich drei Bestattungsinstitute. *Schöner Sterben mit Schneider. Bestattungshaus Glücklich. Beerdigungen Sargnagel.* Schrödinger unterdrückte ein hysterisches Lachen und war froh, dass Marion mit ihrer Kippe beschäftigt war. Auf dem Weg durch das

Wohngebiet den Berg hinauf zur Kreisklinik kam ihnen ein Krankenwagen mit Blaulicht entgegen. Schrödinger wich auf den Gehweg aus. Horst im Fond wuffte ungehalten. Sein Herrchen nahm keine Rücksicht, sondern gab Gas und hielt mit quietschenden Bremsen direkt vor der Klinik auf dem Behindertenparkplatz. Das eventuell anfallende Knöllchen nahm er gerne in Kauf, kurbelte die Scheiben des Wagens auf Luftschlitze für Horst hinunter und eilte mit Marion den Weg entlang. Kurz vor knapp quetschten sie sich in die Drehtür und hätten beinahe eine hochschwangere Frau blockiert. Auch das war ihm Schnuppe. Schrödinger bremste erst vor der Rezeption.

»Hillu!«, keuchte er, völlig außer Atem.

»Bitte was?«, Ein schnauzbärtiger Mittvierziger, der ihn an ein träges Walross erinnerte, sah in Zeitlupe von seinem Kreuzworträtsel auf.

»Hillu! Meine Schwiegermutter!«

»Das tut mir leid«, nuschelte der Bartmensch.

»Sie kennen Hillu?« Schrödinger beugte sich vor und stieß mit der Stirn an die Glasscheibe.

»Natürlich nicht. Aber allein, dass Sie eine Schwiegermutter haben …«

Hinter den beiden räusperte sich Marion.

»Es geht um meine Mutter. Hiltrud. Hiltrud Maier-Ungemach.« Der Walrossmann tippe auf dem PC.

»Die hat kein Zimmer hier«, verkündete er.

»Und das heißt was?!« Schrödinger lief es kalt und heiß gleichzeitig den Rücken herunter. Lag Hillu schon in der Kühlkammer, mit einem Namensschild am großen Zeh?

»Fragen Sie mal in der Notaufnahme.« Das Walross rülpste. Durch die Glasabtrennung schlug Schrödinger der essigsaure

Geruch von Wurstsalat entgegen. Automatisch begann sein Magen zu knurren. Was in dem Fall ebenfalls Wurst war. Seine Liebste war kreidebleich. Er nahm sie an die Hand und bugsierte sie zum Eingang der Notaufnahme. Dort drückte er auf die Klingel.

Es dauerte eine halbe Ewigkeit, ehe der Gegensprecher knarzte und eine Frauenstimme ein unmotiviertes »Ja?« sagte.

»Hillu. Hiltrud. Unfall«, polterte Schrödinger in den Lautsprecher. Eine Antwort bekam er nicht. Stattdessen summte etwas und die Tür glitt leise auseinander. Rasch zog er Marion hindurch und hechelte nach Luft. Im Gang schwebte der Geruch von Desinfektionsmitteln, Schweiß und abgestandenem Sauerkraut. Zum Glück dauerte es nur ein paar Sekunden, ehe eine sehr runde und sehr junge Schwester um die Ecke gelatscht kam. Das Quietschen ihrer Kunststoffsohlen auf dem Plastikbelag drang ihm durch Mark und Bein.

»Sie kommen wegen dem Unfall?«

»Wegen des Unfalls«, korrigierte Marion automatisch. Als Buchhalterin und Sekretärin war sie der deutschen Syntax mehr als mächtig. Die Pflegekraft blinzelte irritiert mit den Augen.

»Bei Liptingen?«

Sowohl Marion als auch Schrödinger zuckten mit den Schultern. Sie hatten keine Ahnung, wohin Schrägle und Hillu gefahren waren.

»Schwarzer Smart«, schlug Schrödinger vor.

»Wir haben nur einen Unfall.« Die Schwester machte eine einladende Geste, als würde sie die Queen zum Dinner bitten, und öffnete eine Schiebetür. Dann schob sie Marion und Schrödinger in den Schockraum.

»Ja, na endlich!« Hillu lag wie eine griechische Göttin auf der Seite, betrachtete die Untersuchungsliege offenbar als Ottomane und zog sich, den kleinen Handspiegel in der Hand, die Lippen nach. Auf ihrer Stirn prangte ein Pflaster, durch das langsam das Blut sickerte.

»Mama!« Marion hastete auf Hillu zu und wollte sie umarmen.

»Nun mal langsam.« Die alte Dame rappelte sich auf, schloss geräuschvoll den Lippenstift und fixierte Schrödinger aus zusammengekniffenen Augen. Verwundert bemerkte er, dass das Mascara nicht verschmiert war.

»Ich wollte bremsen, konnte aber nicht.« Schrödinger nickte verständnisvoll, obwohl er kein Wort verstand. Dann erklärte Hillu den Hergang des Unfalls: Gemeinsam mit Schrägle war sie losgefahren. Durch die Stadt war alles schick gewesen. Schrägle hatte seiner Kundin das Radio erklärt, die Regler für die Klimaanlage und die Schalter für die Sitzheizung. Die beiden waren durch den Aesculap-Kreisel gedüst, dann in Richtung Tierheim abgebogen und schließlich auf der ziemlich neugebauten Straße gelandet. Hillu hatte das Gaspedal durchgetreten und gejubelt, als Schrägle die elektrischen Fensterheber heruntergekurbelt hatte und der schwäbische Wind ihre ondulierten Locken durcheinandergewirbelt hatte. Bis – ja bis direkt vor ihr ein Trecker aufgetaucht war und sie in die Eisen steigen musste. Und auch wollte. Das Autochen bremste zwar – aber, so Hillu, dann hatte es einen Knacks gegeben und das Lenkrad sei um die eigene Achse gekreuzt wie die Lenkung an einem Boxauto auf dem Rummelplatz.

136

»Rumms, wumms, Böschung«, fasste Hillu zusammen und schwang schwungvoll die Beine von der Untersuchungsliege. »Und wenn der Schrägle noch einmal behauptet, dass ich nicht Auto fahren kann, dann hau ich ihm meinen Lappen in die Fresse.« Sprach's und stolzierte aus dem Untersuchungszimmer.

Sechster Tag: Mittwoch

Horst

Wie bitte, was? Hillu ist krank? Ja, klar. Im Kopf. Aber wegen so einem kleinen Pflaster hat sie doch nicht das Recht, sich im Wohnzimmer auf der Couch einzunisten. Das ist mein Platz! Da darf bestenfalls noch Knülle hin!

Aber nein. Der Drache leidet, jammert und stöhnt und hat sich in unserem Körbchen – pardon: auf unserer Couch – eingerichtet. Sie liegt da, stöhnt, hält sich einen Kühlakku an den Kopf und greift alle paar Minuten nach der bronzefarbenen Glocke, die sonst nur an Weihnachten zum Einsatz kommt. Von all dem unnützen Kram, den Schrödinger aus Hannover mitgenommen hat, ist das Ding das Unnützeste. Hillu bimmelt – Marion stürzt die Treppe runter. Kocht Tee, holt Eiswürfel aus dem Kühlschrank und hält ihrer Mutter die Hand.

Himmelherrgottsackzement! Wie sollen Knülle und ich da schlafen?

Ich nicke dem Karnickel zu. Knülle kapiert sofort, und wir schleichen bzw. hoppeln zum Schlafzimmer. Die Tür steht offen. Marions Betthälfte ist leer.

Ein großer Schritt für einen Hund. Ein kleiner Hopser für einen Hasen.

Gute Nacht.

Aus dem Polizeibericht

Straße nach Liptingen gesperrt – Kleinwagen gerät außer Kontrolle

Tuttlingen (sp). Am frühen Nachmittag des gestrigen Tages geriet aus bislang ungeklärter Ursache ein Kleinwagen außer Kontrolle. Das Fahrzeug mit zwei Menschen an Bord war unterwegs von Tuttlingen in Richtung Bodensee, als der Smart in einer langgezogenen Linkskurve von der Fahrbahn abkam, zunächst gegen die Leitplanke prallte und danach auf einem angrenzenden Acker zum Stehen kam. Die beiden Insassen konnten sich selbst befreien und wurden zur weiteren Überwachung vom DRK Tuttlingen in die Klinik gebracht. Am Fahrzeug selbst entstand Sachschaden von mehreren Hundert Euro. Die freiwillige Feuerwehr Liptingen war zur Unfallaufnahme und Beseitigung des Ölteppichs vor Ort.

Schrödinger war stolz. Mächtig sogar. Seine Schwiegermutter hatte es auf Platz Eins der Polizeiberichts-Charts gebracht. Das musste ihr erst mal jemand nachmachen! Andererseits konnte es auch daran liegen, dass sich die zwei anderen Polizeimeldungen mit einem harmlosen Einbruch in einem Optikergeschäft und Graffitischmierereien am Rathaussteg drehten. Das war zum einen nicht besonders spannend und hatte zum anderen auch zu keinem Verkehrsstau geführt.

Auf jeden Fall lieferte es ihm den perfekten Grund, um im Getränkemarkt anzurufen und sich abzumelden. Eine verunfallte Schwiegermutter – das verstand sogar die grummelnde

Geschäftsführerin. Dass sie ihm Lohnkürzung und eine Abmahnung ankündigte, war Schrödinger egal. Er brauchte die Zeit für die Ermittlungen. Und die waren wichtiger als leere Limokästen.

Sein erster Anruf galt Verena Hälble. Die Kommissarin wusste natürlich längst vom Unfall des Hauptverdächtigen und hatte die Kollegen von der Technik bereits in der Nacht befragt.

»Der Wagen war manipuliert«, sagte die Kommissarin, die deutlich klarer klang als beim letzten Telefonat.

»Aha.« Schrödinger fühlte sich wie verkatert, obwohl er am Vorabend nur alkoholfreies Bier getrunken hatte.

»Das ist bei einem Smart auch ziemlich einfach.« Die Hälble kicherte. »Das verstehe sogar ich.« Sie gab ihm einen kurzen technischen Abriss. Den er zwar nicht verstand, doch so viel wurde ihm klar: Wenn man am Lenkrad diese eine Schraube oder Mutter löste, funktionierte die Lenkung noch ein, zwei oder vielleicht auch drei Kilometer ganz normal, ehe sich die Stange des Lenkrads löste.

»Du musst dir das wie bei einem Bobbycar vorstellen«, erklärte die Kommissarin. »Es sind nur ein paar ganz einfache Bauteile. Die kann eigentlich jeder Depp manipulieren.«

»Jeder Depp«, repetierte Schrödinger und war froh, dass Hillu noch auf der Couch schnarchte, Marion bei der Arbeit war und Max und Marlene in Kindergarten und Schule abgeliefert hatte. Horst lag mit Knülle kuschelnd unter dem Frühstückstisch. Endlich mal Ruhe im Haus. Das half beim Nachdenken.

»Und Schrägle?«, fragte er.

»Nicht verletzt und aktuell laut unseren Trackern unterwegs Richtung Prag.«

»Prag?«

»Er hat Schuhsohlen geladen.«

»Schuhsohlen?«

Hälble lachte. »Ja. Tuttlingen gilt als Mekka der Medizintechnik. Und wir haben mächtig gute Schuhfirmen. Die liefern Bauteile an tschechische Luxusmarken.«

»Ach!« Schrödinger ging ein Flutlicht auf. In Marions Schuhschrank türmten sich Schuhe ausländischer Marken, die selbst mit seinen ungeübten Augen als teuer und hochwertig zu erkennen waren. Vermutlich hatte sie die in einem Outlet erstanden.

»Also, der Schrägle ist erst mal raus«, konstatierte die Kommissarin.

»Und nun?« Vor Schrödinger lag ein, wenn nicht zwei oder drei freie Tage. Und die wollte er nützlich verbringen.

»Ich habe mich mal mit Werner Frick beschäftigt.« Schrödinger hörte Hälble in ihren Notizen blättern.

»Also, ehe ich zu viel verrate – geh doch mal um zehn in die Werderstraße. Im Gericht gibt es einen Strafprozess mit ihm als Vorsitzendem Richter.«

»Ernsthaft?« Schrödinger gähnte. Gerichtsverhandlungen kannte er aus Soaps von Privatsendern und hatte sie jedes und jedes Mal weiter gezappt.

»Ernsthaft. Jede Regung, jeden Ort, ich brauche alles. Immerhin war die Tote seine direkte … na ja, Angestellte, Untergebene, nenn es, wie du willst. Mich interessiert, wie er drauf ist. Weiß er von ihrem Ableben? Denn die Staatsanwaltschaft ist noch nicht informiert.«

141

»Hä?«

»Na ja, wenn die Kollegen Bescheid wissen, macht das im gesamten Justizbereich schneller die Runde als ein Tsunami in Thailand.«

»Ist der Frick denn verdächtig?«

»Eigentlich nicht.«

Hälble legte auf. Schrödinger trank seinen Kaffee und freute sich, dass Hillu noch immer schlafend auf dem Sofa lag.

Er sah auf die Uhr. Eine recht kleine, aber detaillierte Abbildung der Westminster-Uhr, die über dem aus weichem Buchenholz gefertigten Esszimmertisch hing.

»Kacke.« Bis zur Prozesseröffnung hatte er nicht mal mehr eine halbe Stunde Zeit. Er überschlug sein Kontingent. Schnallte dann zunächst Horst an die Leine, wartete, bis der Boxer in den Donau-Auen seinen Haufen hinterlassen hatte, hastete mit dem hechelnden Hund im Schlepptau zurück zur Wohnung, überzeugte sich, dass seine verpflasterte Schwiegermutter noch immer schnarchte, riss zwei Möhrchen samt Grünzeug aus dem Gemüsefach und fütterte Knülle, ehe er hastig unter die Dusche sprang. Dass sein eigenes Duschgel (mit dem vielversprechenden Namen *Sexy Man*) leer war, trug er mit Fassung und benutzte Marions Seife *Hungry Woman*. Nach einem tschechischen Puff riechend, stieg er in die nächstverfügbare Unterhose, warf sich Jeans und T-Shirt über und hastete – zu Fuß und allein – Richtung Gericht.

Der dröge Betonbau hätte nicht trostloser daliegen können. Gefühlt hatten sich all die Familiendramen, Streitigkeiten und Straftaten vehement in den grauen Wänden eingegraben. Schrödinger holte tief Luft, stieß die Tür mit den braunen Griffen auf und betrat das Gerichtsgebäude in der Bahnhofstraße.

Ihm schlug der unverkennbare Behördenmief entgegen. Sein erster Impuls war: Raus hier. Aber das konnte er nicht bringen, und so hastete er hinter einem dürren Kerl im Wollpullover die Treppe nach oben. Die Tür zum Verhandlungsraum stand offen; auf dem Aushang erkannte er, dass er hier richtig war. Elvis Kastrati gegen Elena Putinskaja, Sexualdelikt. Schrödinger wusste nicht, ob er lachen oder stöhnen sollte angesichts der Namen des Angeklagten und des Opfers. Er reihte sich in die Schlange der Zuhörer ein, wurde von einem Ordnungsmann misstrauisch beäugt, dann aber ohne Durchsuchung eingelassen. Der dürre Typ zückte einen abgenudelten Notizblock aus Recyclingpapier und mit Spiralbindung und outete sich damit als Reporter des *Donauboten*. Schrödinger quetschte sich neben ihm in die Bank und stand gleich wieder auf, als der Richter – Frick – nebst Gerichtsschreiberin (natürlich nicht Mina, sondern eine junge Frau mit Nasenpiercing und zu rot gefärbten Haaren) und den beiden Schöffen den Raum betrat.

Die Verhandlung rauschte an Schrödinger vorbei. Der Staatsanwalt, kaum älter als dreißig Jahre, verlas die Anklage und haute dermaßen viele Paragraphen in die stickige Luft, dass Schrödinger nur mit Mühe ein Gähnen unterdrückte. Es wurden Zeugen gehört, die so schlechtes Deutsch sprachen, dass sie auch über Kochrezepte hätten sprechen können. Es ließ sich nicht vermeiden, er nickte ein. Und wurde erst wieder wach, als Frick das Urteil verkündete. Freispruch. Und zwar mit der Begründung, dass die junge Russin den Albaner quasi eingeladen hätte, weil sie auf dem Heimweg von der

143

Disco einen viel zu kurzen Rock getragen habe. Er stimmte in das Raunen im Saal ein und blieb sitzen, als der Reporter hastig aufsprang. Vermutlich musste der so schnell als möglich seinen Bericht schreiben – Schrödinger blieb der Mund aufstehen. Hatte er das richtig verstanden? Das Mädchen war, weil es Spaß an sexy Kleidung hatte, quasi selbst schuld an seiner Vergewaltigung? Ein grinsender Elvis Kastrati reckte die Fäuste in die Luft. Elena flüchtete sich in die Arme ihrer Eltern. Und Schrödinger blieb wie angewurzelt sitzen.

Er beobachtete aus den Augenwinkeln, wie sich der Saal leerte. Frick und seine Kollegen hatten den Raum bereits vor Minuten durch die Seitentür verlassen. Krampfhaft überlegte Schrödinger, was er tun konnte. Nicht viel, befürchtete er, und stand schließlich auf, um nicht als Letzter vom Ordnungsmann aus dem Saal befördert zu werden.

Im Vorraum holte er erst einmal tief Luft und sah sich um. Vor den Fenstern gab es niedrig angebrachte Heizkörper, über denen Holzbretter eine Art Bank bildeten. Möglichst unauffällig schlenderte er dorthin, setzte sich und tat so, als würde er auf seinem Handy eine Nachricht schreiben. In Wirklichkeit überlegte er, wie er Frick auf den Zahn fühlen könnte.

Der Richter nahm ihm die Entscheidung ab. Ohne Talar, aber breit grinsend, hopste Frick förmlich die Treppen hinunter, in seinem Schlepptau die rothaarige Gerichtsschreiberin. Schrödinger stand auf und ging ebenfalls nach unten. Er ließ dem Duo ein paar Meter Vorsprung und musste sie gar nicht groß verfolgen, denn sie steuerten die nächstgelegene Pizzeria gegenüber dem kleinen Park und in Sichtweite der Halle an, in der Mina ihrem Mörder begegnet war. Ein Blick auf die Uhr genügte ihm. Kurz vor zwölf, Zeit zum Mittagessen. Er folgte den beiden in gebührendem Abstand und betrat wenig später die Pizzeria *Dal Venezia*.

Dass der Richter ihn im Gerichtssaal nicht als neuen Vereinskollegen erkannt hatte, schob Schrödinger auf seine Verkleidung, die eigentlich gar keine war. Wie eigentlich immer war er im mausgrauen Sweater über der ausgeleierten Jeans unterwegs gewesen. Um sich zu tarnen, hatte er eine rote Brille mit Fenstergläsern aufgesetzt, die er aus Marions Fasnets-Beständen gemopst hatte. So verkleidet fühlte er sich beinahe locker, als er kurz nach Frick und dessen Assistentin die Pizzeria betrat.

Seine Bedenken, dass er eventuell auffallen könnte, zerstreute bereits die Bedienung, die ihn minutenlang links liegen ließ. Für die dralle Albanerin, die sich tapfer als waschechte Italienerin zu verkaufen versuchte, waren die Anzugträger aus der benachbarten Bank offenbar die besseren Kunden, zumal sie vermutlich mehr Trinkgeld in den echtledernen Portemonnaies hatten.

Als sich die Kellnerin schließlich doch noch zu ihm bequemte, bestellte er eine Salamipizza und eine Apfelschorle. Die waren vergleichsweise günstig und würden seinen schmalen Geldbeutel nicht zu sehr schädigen.

Als er wieder allein war, spitzte er die Lauscher in Richtung des Nebentischs, an dem Frick die Praktikantin mit Schwänken aus seinem Berufsleben zu unterhalten versuchte. Das Mädchen lachte an den richtigen Stellen, wofür Schrödinger ihr echten Respekt zollte. Er selbst fand keine der Anekdoten auch nur annähernd witzig. Auch nicht die, als der Richter während der Reha seiner Gattin – von der Schrödinger bis dato nichts gewusst hatte – sich die Reste des Mittagessens im Stammlokal immer hatte einpacken lassen, »für den Hund«. Bis zu jenem Tag, als eine übereifrige Bedienung ihm einen blauen Sack mit sämtlichen in der Küche zusammengekratzten Essensresten auf den Tisch geknallt. Damit das arme Tier genug zu futtern hatte.

Als den Richter ein menschliches Bedürfnis rührte, hatte Schrödinger keine Bedenken, seine erst zur Hälfte aufgegessene Pizza zu verlassen, um Frick zu den Toiletten zu folgen. Die Praktikantin, das sah er aus den Augenwinkeln, schickte ihrem Chef eine herausgestreckte Zunge hinterher und vertiefte sich alsbald in ihr Smartphone.

Schrödinger zögerte beim Betreten des gekachelten Sitzungssaals. Hinter der einen geschlossenen Kabinentür schien Frick zu hocken. Er schlich auf leisen Sohlen zur zweiten und schloss so leise wie möglich ab. Dann legte er das rechte Ohr an die weiße Bretterwand. Von menschlichen Geräuschen hörte er nichts. Stattdessen schien Frick zu telefonieren.

»Bist du bescheuert? Ich bin im Dienst!«, raunte Schrödingers Nebensitzer.

Trotz größter Anstrengungen gelang es ihm lediglich, den einen Teil des Gespräches mit zu bekommen.

»Ja, na und? Wen hat das bislang interessiert?«

Kurze Pause.

»Stopp. Langsam, mein Freund. Wie schon mal gesagt: Das ist Erpressung.«

Längere Pause.

»Wir waren Studenten, verdammt noch mal!«

Noch mal Pause.

»Werd endlich erwachsen. Ich werde ganz bestimmt nicht nach Tübingen kommen.«

Stille.

»Selber schuld, wenn du dir kein Auto leisten kannst. Und jetzt lass mich endlich in Ruhe, ich hab zu tun.«

Erneut kurze Pause.

»Fuck.«

Auf der anderen Seite wurde die Spülung gedrückt, obwohl Frick ganz sicher nichts hinterlassen hatte. Schrödinger hielt die Luft an und wartete, bis der Richter das Etablissement verlassen hatte. Ohne dass dieser sich die Hände gewaschen hätte.

Als Schrödinger sich nach einer Karenzzeit von sieben Minuten wieder in die Gaststube wagte, war erstens seine Mafiatorte kalt und zweitens waren der Rechtsvertreter und die Praktikantin verschwunden. Lustlos nagte er noch zwei Pizzateile ab, ehe er bezahlte und sich auf den Weg nach Hause machte.

Er wollte nur eines: heimgehen und sich hinlegen. Das Essen lag ihm schwer im Magen. Aber eine keifende Hillu empfing ihn bereits an der Eingangstür.

Horst

Für eine Kranke besitzt Hillu eine bemerkenswerte Gesichtsfarbe. Als Herrchen heimkam, war sie so rot, dass selbst die Tomaten neidisch wurden. Alle Achtung! Hatte sie womöglich das mit den blöden Sofakissen gemerkt? Oder war sie sauer, weil Schrödinger sie einfach allein gelassen hatte?

Letzteres vielleicht ein bisschen, am meisten sauer war sie aber wegen Knülle, der sich irgendwie aus seinem mehr oder minder fachmännisch gezimmerten Stall befreit und den Garten verwüstet hatte. Vorrangig Hillus Blumenbeet und dort alles, was gerade so schön und bunt blühte. Selbstverständlich war Schrödinger daran schuld. Weil er erstens nicht daheim geblieben und aufgepasst hatte. Und zweitens, weil er den Verschlag gebaut hatte, dessen Käfigtür nicht gehalten hatte.

Okay, das könnte durchaus möglich sein. Vielleicht hatte aber auch bloß jemand vergessen, das Gatter richtig abzusperren.

Ich habe die ganze Show entspannt von meinem Fensterplatz aus verfolgt und mir nebenbei die Sonne auf den Pelz scheinen lassen. Was kann es Schöneres geben?

Irgendwann hatte sich Hillu dermaßen in Rage geredet, dass sie sich einige Male an die Brust griff. Sah fast aus wie ein Herzinfarkt, war aber leider keiner. Hätte mich echt mal interessiert, ob Schrödinger dann irgendwelche Erste-Hilfe-Maßnahmen eingeleitet hätte.

Anstatt das abzuwarten, ist Herrchen lieber in den Garten rausgegangen. Fünf Minuten lang ist er Meister Lampe hinterhergejagt. Ich persönlich hatte ja auf meinen Kumpel gesetzt, doch aufgrund seines Körperumfangs war Knülle irgendwann zu knülle für weitere Hakenschläge und ließ sich bereitwillig wieder einsperren. Dreimal hat sich Schrödinger danach vergewissert, dass das Karnickel nicht mehr ausbüxen kann. Anschließend war zumindest er zufrieden. Hillu hingegen sah noch immer so aus, als hätte ihr einer auf die Petersilie gepieselt.

Also hat Herrchen das einzig Richtige getan: Mir ein Zeichen gegeben und sich dann verzogen. Jetzt sind wir unterwegs mit dem Auto. Keine Ahnung, wohin. Hauptsache, weg von der alten Schreckschraube.

Schrödinger

Er war dermaßen sauer, dass er im Auto das Radio aufdrehte und das Gaspedal niederdrückte. Untermalt von R.E.M.s *Whats the Frequency, Kenneth?* aus den Lautsprechern raste er durch Tuttlinger Einbahnstraßen. Einmal davon sogar falsch herum hinein, aber bis er das bemerkte, hatte er schon die nächste Kreuzung erreicht und sich wieder richtig eingeordnet. Danach fuhr er zwar etwas gemäßigter, doch erst nachdem es auf der Neuhauser Straße einmal rot aufblitzte, hielt er sich tatsächlich wieder an die zulässige Höchstgeschwindigkeit innerorts.

Danach reduzierte er auch die Lautstärke von Radio Donauwelle wieder auf ein erträglicheres Maß. Inzwischen lief ein schmalziger Blues-Song von Beth Hart, wofür auch Horst im Kofferraum vermutlich sehr dankbar war, zumindest was den Lärmpegel betraf. Außerdem passte die ruhigeren Klänge sehr viel besser als Soundtrack zu der kurvenreichen Straße den Honberg hinauf.

Sie parkten an der gleichen Stelle wie beim letzten Mal. Mit dem Boxer an der Leine ging Schrödinger auf das opulente Vereinsheim mit den vielen Fenstern zu. Auch heute roch es nach Tieren, Holz und Einstreu. Ganz hatte er sich noch nicht daran gewöhnt, aber allmählich strahlte es eine gewisse Vertrautheit aus. Insbesondere jetzt, da er ein offizielles Vereinsmitglied war. Wenn er es lange genug bei den *Honberger Hasen* aushielt, würde sein Foto vielleicht ebenfalls irgendwann die Vereinswand zieren. Im Vorbeigehen inspizierte er noch einmal die aufgehängten Bilder, entdeckte jedoch auch mit dem neuen Wissen der vergangenen Tage nichts und niemand Neues.

Die Tür am Ende des Korridors war heute nicht angelehnt, als offizielles Vereinsmitglied zögerte Schrödinger aber nicht, den dahinter liegenden Clubraum zu betreten. An den Tischen saß heute niemand. Dafür stand ein Grüppchen Leute direkt neben dem Tresen. Darunter waren einige Gesichter, die er noch vom Sonntag kannte. Statt Bier gab es heute bloß angeregte Gespräche über verschiedene Zuchtmethoden.

»Schrödinger, du kommst mir ja wie gerufen«, rief Netti, kaum dass sie ihn entdeckt hatte. Lächelnd kam sie auf ihn zu. »Du hast doch ein Auto.«

»Ja, warum?«

»Ich nämlich nicht. Und ich brauche jemanden, der mich und meinen Cornetto zum Tierarzt fährt.«

»O-kay …« Er zögerte, um das Gehörte in Einklang zu bringen. Warum nannte jemand sein Tier wie eine Eiscremesorte? Weshalb war die rundliche Vereinspressesprecherin hier, wenn sie eigentlich ganz woanders hinwollte? Und wie war sie überhaupt hierhergekommen, wenn sie laut eigener Aussage keinen fahrbaren Untersatz besaß? Vor dem Haus hatte er weder ein abgestelltes Fahrrad noch in der Nähe eine Bushaltestelle gesehen. Dass sie den mühsamen Weg den Berg hinauf zu Fuß zurückgelegt hatte, war bei ihrem Körperumfang eher unwahrscheinlich.

»Jojo hat mich mitgenommen«, erklärte Netti, als sie seinen irritierten Gesichtsausdruck bemerkte. »Aber er hat hier noch mit Karlo zu tun und kann mich nicht fahren.«

»Verstehe. Und Cornetto ist … was? Hoffentlich keine Python.«

Der letzte Satz war als Scherz gemeint, aber Nettis Antwort bescherte ihm das kalte Grausen: »Nein, ein Kaiman. Wieso?«

Schrödinger spürte, wie ihm das Blut aus sämtlichen Gliedmaßen wich. In seinem Kopf erschien das Bild, wie sich der arme Horst den Kofferraum mit so einem Minikrokodil teilen musste. Das würde er um keinen Preis der Welt riskieren!

»Ich … also … ich hab da diese Allergie. Auf alles mit Schuppen. Sonst würde ich ja gerne …«

Netti begann zu lachen und knuffte ihm gegen den Oberarm. »Du solltest mal dein Gesicht sehen. Haha, echt zum Schießen. Du kannst beruhigt sein: Ich habe keinen Kaiman – obwohl ich die Tiere wirklich schnucklig finde. Ist allerdings sehr schwierig, die artgerecht zu halten. Ich war mal im Urlaub in Thailand. In Bangkok liegen die Alligatoren einfach so im Stadtpark herum und keiner stört sich groß daran.«

»Schön für die Thailänder. Was für eine Rasse ist dein Corny dann?«

»Cornetto? Ist eine Vogelspinne.«

Erschrocken riss er die Augen auf. Diese Antwort war auch nicht besser. Schrödinger hatte zwar nichts gegen die kleinen heimischen Spinnchen, eine Vogelspinne hingegen … Allein bei der Vorstellung, dass so ein achtbeiniges Viech aus seinem Käfig abhauen und dann während der Fahrt durch sein Auto krabbeln könnte, verknotete sich sein Magen. Eine Sekunde lang glaubte er sogar, die haarigen Beinchen sein Genick hinaufklettern zu spüren.

Netti lachte erneut auf. »Keine Panik. Ich hab bloß ein Hauskaninchen.«

»Wirklich?« Er wusste allmählich nicht mehr, ob er ihr glauben konnte.

»Ja, wirklich. Cornetto ist ein ganz Lieber. Der tut keiner Fliege was zuleide. Also, wie sieht es aus? Kannst du uns fahren?«

Schrödinger traute ihr noch immer nicht. Was wenn sie ihn erneut auf den Arm nahm und mit irgendeinem Untier ankam? Kurz überlegte er, eine neue Ausrede vorzuschieben. Dann sah er Nettis flehenden Blick und erinnerte sich daran, wie gut sich Horst offenbar mit Kaninchen verstand. Bei so was konnte er schlecht Nein sagen.

»Okay. Wo hast du das Langohr?«

»Zuhause. Ich wusste ja nicht, ob Jojo oder wer anders Zeit hat. Außerdem liegt das eh auf dem Weg.«

»So, wohin müssen wir denn?«

»Nach Möhringen. Ist nicht weit von hier.«

Schrödinger nickte zögernd. Er hoffte inständig, dass sich dieser Gefallen nicht als Bumerang erwies. Ursprünglich war er ja hierhergekommen, um ein bisschen was über Richter Frick rauszukriegen. Ob Netti etwas über ihn wusste, war ungewiss. Doch es gab nur einen Weg, das herauszufinden.

Zehn Minuten später tuckerten sie in gemächlichem Tempo den Honberg hinab. Schrödinger fuhr absichtlich langsam, zum einen, um mehr Zeit für ein Gespräch zu haben, und zum anderen, um das Herz seiner nicht mehr ganz so jungen Beifahrerin zu schonen. Passend dazu lief auf Radio Donauwelle ein Lied von Bob Dylan, das irgendwann herausgekommen war, als Netti noch kein graues Haar und nicht halb so viele Falten wie jetzt besessen haben dürfte.

Lang hielt sie den Omafahrstil allerdings nicht aus: »Musst du irgendwie Zeit schinden, oder wieso rollen wir hier fast in Schrittgeschwindigkeit? Du bist doch nicht immer noch eingeschnappt wegen des kleinen Scherzes? Glaub mir, Cornetto ist ein ganz normaler Hase. Sogar deutlich schmaler als der Kaventsmann, den du letztens davongeschleppt hast.«

Vorsichtig drückte Schrödinger etwas aufs Gaspedal. Schnell fahren wollte er aus Recherchegründen nicht (und wegen des Blitzers vorhin!), als lahme Schnecke mochte er sich allerdings auch nicht bezeichnen lassen.

»Na also, geht doch«, fand Netti sogleich. »Wie gefällt dir unser Verein überhaupt so?«

Na, endlich eine Vorlage. »Sehr gut bisher. Scheinen alles nette Leute zu sein. Bis auf manche Komiker mit Vorlieben für Krokodilen und Spinnen.«

»Dann solltest du mal zu Sylvia gehen. Die hat daheim echt eine kleine Exotenschau. Allerdings vorwiegend Käfer und Echsen.«

»Was auch nicht ganz mein Fall ist. Ich stehe eher auf heimische Tierchen mit Fell. Und damit meine ich weder Marder noch Wildschwein, um das gleich klarzustellen. Seit wann bist du schon im Verein?«

»Seit 1987.« Mit einem stolzen Lächeln erzählte sie ihm von ihrer Hauskatze mit dem Namen Mitsy Spaghetti, den Meerschweinchen Lasse und Linus, dem Zwergkaninchen Leon Stoppelbein und der Wüstenrennmaus Eulalia Blunzenstrudel. So gesehen hatte das aktuelle Kaninchen Cornetto mit seinem Namen richtig Glück gehabt.

Von den kuriosen Namen schlug Netti irgendwie den Weg zurück zum Verein, wo es mit Marianne Birkenstock und Anselm Wahnfried ebenfalls interessant klingende Mitglieder gab. Von denen hatte Schrödinger zwar noch nie gehört, aber die Brücke zu »Richter Fick« war schnell geschlagen.

»Der Frickie zeigt nach außen hin gerne mal seine raue Schale«, erzählte Netti, »aber eigentlich hat er einen ziemlich weichen Kern, wie es so schön heißt. Mit dem Mann kann man echt Pferde stehlen. Also bildlich gesprochen. Würde für ihn als Richter bestimmt komisch aussehen, wenn er wirklich welche stehlen würde.«

»Wie versteht er sich so mit den anderen Mitgliedern?«

»Mit allen gut. Glaub mir, da findest du keinen, der was gegen ihn sagt.«

Inzwischen hatten sie die kurvige Bergregion hinter sich gelassen und fuhren in Richtung Südwesten. Netti lotste ihn durch ein Wirrwarr aus Einbahnstraßen und engen Gassen und Schrödinger folgte brav ihren Anweisungen, obwohl sie ihn in Ecken führten, in denen er noch nie gewesen war. Selbst wenn sie irgendwo am Klärwerk oder der Mühlausporthalle angekommen wären, wäre es ihm egal gewesen. Hauptsache, sie waren unterwegs und konnten über die *Honberger Hasen* reden. Doch die pfundige Beifahrerin besaß einen untrüglichen Orientierungssinn und führte ihn zielsicher zu einem Wohngebiet am Marienweg.

»Hier drüben kannst du halten.« Sie zeigte auf eine Stelle am Straßenrand. »Ich bin gleich wieder da.«

Der Kombi stand noch gar nicht richtig, da sprang sie mit einer Leichtigkeit, die Schrödinger ihr nie zugetraut hatte, aus dem Wagen und wetzte auf ein beigefarbenes Reihenhaus mit dunklem Dach zu.

So viel zu Schrödingers Idee, ein dringendes Bedürfnis vorzutäuschen, um sich ein wenig in Nettis vier Wänden umzuschauen. Dafür hielt die Vereinskollegin Wort und kehrte tatsächlich gleich mit einem voluminösen Tierkäfig zurück, den sie ohne zu zögern im Kofferraum deponierte. Hoffentlich blieb da genug Platz für Horst.

Gleich darauf ging die Fahrt weiter nach Südwesten, erneut unter der Führung von Reiseleiterin Anette Koberle.

»Haben die anderen Mitglieder abgesehen von Sylvia auch alle Hasen?«, nahm Schrödinger das vorherige Gespräch wieder auf.

»Nicht alle, aber viele. Karlo züchtet sich ein paar Goldhamster. Die sind echt putzig. Und Werner hat nebenbei noch ein paar Pferde. Auf die ist er mächtig stolz.«

»Der Richter hat Pferde?«, entfuhr es Schrödinger. »Der alte Hengst!«

Beide lachten sie auf.

»Ich finde, das passt zu ihm. Frickie hat eh so was Elitäres an sich. Er rühmt sich ja auch ständig mit seiner Unizeit, den Burschenschaften und dem ganzen Kram. In solchen Kreisen gehört ein Gestüt wahrscheinlich einfach dazu. Da können du und ich nicht mithalten. Apropos: Was arbeitest du eigentlich?«

»Aktuell … in einem Getränkemarkt.«

»Na und? Dafür brauchst du dich nicht zu schämen. Ich bin Kassiererin im Schwimmbad. Dafür muss man auch nicht unbedingt studiert haben. Ist ja auch keine Voraussetzung, um Mitglied bei uns zu werden. Jojo zum Beispiel hat mit Ach und Krach seinen Quali geschafft. Und jetzt ist er stellvertretender Vorsitzender. Du siehst, bei uns kann jeder Karriere machen.«

Schrödinger verkniff sich einen Kommentar. Ob ein Vorstandsamt im Kleintierzüchterverein eine so erstrebenswerte Karriereoption war, ließ er mal lieber dahingestellt. Er wäre ja schon froh, einen anderen Job als den als Saftkastenträger zu haben.

So als hätte sie seine Gedanken gelesen, meinte Netti: »Was ist denn so schlimm an deiner Arbeit?«

»Ach, das ist nicht so einfach zu erklären. Früher hab ich echt gerne im Getränkemarkt gearbeitet. Aber in der letzten Zeit … Vielleicht liegt es an den Kollegen. Oder an der Tätigkeit selbst. Gerade nervt mich da alles. Möglicherweise bin ich auch nur urlaubsreif.«

»Oder es ist Zeit für was Neues. Ich arbeite auch nicht schon seit dem Schulabschluss im *TuWass*, sondern hab schon alles Mögliche gemacht. Zwei Jahre war ich als Entwicklungshelferin in Afrika. Später hab ich dann eine Weile als Tierpflegerin in Asien ausgeholfen. Das war echt interessant.«

»Und jetzt bist du hier in der Metropole Tuttlingen gelandet.«

Sie zuckte mit den Schultern. »Hat sich so ergeben. Ich bin ganz zufrieden damit. Wenn du beruflich was Neues machen willst, frag doch mal unser Vereinsmitglied Mirko Steiner. Ich glaube, bei ihm im Unternehmen ist grad was frei …«

»Der Name sagt mir nichts.«

»Das ist auch ein ganz Netter. Ungefähr in deinem Alter. Hat aber immer viel zu tun. Am besten tauschst du dich mal bei der Vereinsfeier am Wochenende mit ihm aus. Da kommt er bestimmt.«

»Welche Vereinsfeier?«

Netti runzelte die Stirn. »Na, die Jahresfeier! Die wir etwas vorgezogen haben, um daraus eine Gedenkfeier für Mina zu machen.«

»Davon höre ich gerade zum ersten Mal.«

»Kann nicht sein! Du bist doch am Sonntag dabei gewesen. Oder nein, stopp: Da warst du gerade mit deinem Deutschen Riesen beschäftigt.«

Schrödinger brauchte eine Sekunde, um zu begreifen, dass damit der Hase gemeint war. Dann hakte noch mal nach und erfuhr von dem griechischen Lokal in Nordtuttlingen, in dem sich am Samstag um 18 Uhr sämtliche Mitglieder treffen wollten. Um zu trauern, zu feiern und über den offenen Schatzmeisterposten zu reden.

»Selbstverständlich bist du ebenfalls eingeladen«, schloss Netti ihre Erklärung. »Mit deiner ganzen Familie. Die anderen bringen auch alle ihre Ehepartner und Kinder mit. Sofern vorhanden, natürlich.«

»Bist du auch dabei?«

»Freilich. Aber alleine.«

Wenig später erreichten sie Möhringen und hielten vor einem weißen Neubau mit strahlend weißer Fassade. Ein Schild am Straßenrand zeigte das comicartige Bild eines Dalmatiners, der zusammen mit einer braungestreiften Katze und einem grüngelben Wellensittich jeden willkommen hieß. Hier waren sie ganz offensichtlich richtig.

Schrödinger stieg aus und vergewisserte sich noch einmal, dass sich in dem Käfig im Kofferraum tatsächlich ein Kaninchen befand. Zum Glück war es so. Weder Alligator noch Spinne, bloß ein Mümmelmann. Anschließend leinte er Horst an und folgte Netti zu der Praxis.

Die Tierärztin hieß Carola Wichtig. Und der Name war Programm. Schon im Eingangsbereich hingen zahlreiche Diplome. Für ihre Facharztausbildung sowie zig Kurse und Weiterbildungen. Obwohl so etwas prinzipiell immer gut zu wissen war, stimmte es Schrödinger erst mal skeptisch. Wenn jemand dermaßen mit seinen Erfolgen und Errungenschaften protzen musste, versuchte er in der Regel etwas anderes zu kaschieren oder kompensieren. Manchmal beides. Irgendwie war er froh, dass nicht Horst das kranke Haustier war.

Cornetto hatte buschiges graues Fell und war nicht einmal halb so groß wie Knülle. Aufgeweckt schienen beide Langohrvertreter zu sein. Um ihn zu beruhigen, steckte ihm Netti noch vor dem Betreten des Wartezimmers einige sattgrüne Salatblätter zu.

Wozu das gut war, dämmerte Schrödinger nur einen Atemzug später: Im Wartebereich saßen fünf weitere Haustierbesitzer mit ihren jeweiligen leidgeplagten Patienten. Eins davon eine getigerte Katze in einer Box, die der von Netti nicht unähnlich war. Dazu ein Papagei im Käfig und irgendein Nagetier in einem Karton mit Luftlöchern. Die anderen zwei Tiere waren Hunde. Die sich bereits gegenseitig skeptisch beäugten. Als dann ein gewisser tiefenentspannter Boxer das Revier betrat, brach das Chaos los.

Der graue Windhund versuchte sich loszureißen und auch der hektische kleine Biewer Terrier spannte die Leine seines Frauchens bis zum Maximum.

Vom Gekläffe ganz zu schweigen.

Horst konnte da ebenfalls nicht ruhig bleiben und versuchte mit einem kräftigen Beller klarzustellen, dass ein neuer Rudelführer im Haus angekommen war. Es brauchte eine geschlagene Viertelstunde, um die drei Bellos wieder zur Ruhe zu bringen.

Als es endlich geschafft war, sanken alle Haustierbesitzer schwitzend und erschöpft auf ihre Plätze zurück. Zumindest eine Minute lang. Dann kam eine Deutsche Dogge aus dem Behandlungszimmer und der Trubel ging von vorne los. An eine normale Unterhaltung war da überhaupt nicht zu denken.

Schrödinger dachte mehrmals daran, mit Horst vor der Praxis zu warten, entschied dann jedoch, dass er ebenfalls nicht klein beigeben wollte. Außerdem waren sie nach knapp zwei Stunden Wartezeit auch schon an der Reihe.

Als Netti und Schrödinger das Behandlungszimmer betraten, musterte die Ärztin skeptisch das merkwürdige Paar samt Haustieren. Frau Doktor Carola Wichtig war knapp einen Meter fünfzig groß, schätzungsweise Anfang dreißig, mit glatten Haaren und schlanker Figur.

»Wir sind wegen des Hasen hier«, erklärte Schrödinger und trat mit Horst einen Schritt beiseite. Um Horst bei Laune zu halten, kraulte er ihm ausgiebig den breiten Rücken.

Zur Unterstreichung der Aussage hievte Netti derweil ihre Transportbox auf den Behandlungstisch.

»Vielen Dank. Was fehlt dem kleinen Spitzbuben denn?«, fragte die Ärztin. Ihre Stimme klang wie die von Hooks aus den *Police Academy* – Filmen: hoch, piepsig und kaum zu verstehen. Schrödinger biss sich auf die Zunge, um nicht lauthals loszulachen. Er war heilfroh, dass seine Begleiterin das Gespräch mit der Ärztin führte. Sie erzählte ihr, dass Cornetto seit einigen Tagen die Hinterläufe beim Hoppeln nachzog. In Sachen Ernährung und Ausscheidung gab es allerdings keinerlei Veränderungen.

Die Ärztin betastete den Hasen, strich ihm über die betroffenen Beine und nahm ihm Blut ab, um es auf etwaige Auffälligkeiten zu untersuchen. Eine weitere Dreiviertelstunde später lag das Ergebnis vor und sie wussten zumindest, dass nichts auffällig war.

»Vielleicht hat er sich die Läufe bloß verstaucht«, lautete die abschließende Diagnose. »Das sollten wir auf jeden Fall weiter beobachten. Viel machen können wir im Moment nicht. Höchstens ein paar Vitamine.«

Dr. Carola Wichtig notierte die Namen einiger entsprechender Produkte und erklärte die Untersuchung anschließend für beendet. Am Anmeldetresen wurden danach satte 285 Euro fällig. Nicht schlecht für insgesamt zwanzig Minuten Behandlungszeit. Netti bezahlte, ohne mit der Wimper zu zucken. Neben ihr strich Schrödinger erschüttert und erleichtert über Horsts Fell. Er war heilfroh, dass der Boxer so fit war.

Laut der Uhrenanzeige im Wagen war es bei ihrer Rückkehr kurz vor sechs. Normalerweise dürften ihnen noch zwei Stunden Tageslicht bleiben, bei den vielen graue Wolken am Himmel hatte Schrödinger allerdings das Gefühl, dass die Dämmerung längst eingesetzt hatte. Zusammen mit diesem Gedanken kehrte sogleich eine gewisse Grundmüdigkeit zurück, und er unterdrückte nur mühsam ein Gähnen.

»Und jetzt? Zurück zum Vereinshaus?« Er ließ den Motor an und reihte den Kombi in den Straßenverkehr ein.

»Nee, für mich nicht. Ich möchte nur noch ins Reformhaus und anschließend nach Hause.«

»Ins Reformhaus?«

»Hasenvitamine.« Netti schwenkte den Zettel aus der Praxis durch die Luft und gähnte dabei hemmungslos. »Komm, ich zeig dir, wo eins ist.«

Während der Fahrt unternahm Schrödinger einige halbherzige Versuche, noch was über die *Honberger Hasen* zu erfahren. Seine Motivation zum Fragen gab sich allerdings mit Nettis Motivation zum Antworten die Hand. Also schwiegen sie die meiste Zeit während der Rückfahrt und lauschten Radio Donauwelle. Die Stones, Ray Wilson und im Anschluss sogar eine alte Nummer von Slut. Wenigstens das Musikprogramm passte.

Eine halbe Stunde später hatten sie Cornettos Vitamine besorgt und hielten vor Nettis Haus.

»Vielen Dank für deine Mühe«, sagte die Vereinskameradin und reichte ihm mehrere längliche Zettel aus ihrer Handtasche. Die sich als Freikarten für das Tuttlinger Spaßbad *TuWass* entpuppten. Da sie die nicht im Reformhaus besorgt haben konnte, hatte sie sie offenbar die ganze Zeit mit sich herumgetragen.

»Das ist doch nicht nötig. Die kann ich nicht annehmen, ich weiß, wie teuer die sind.«

»Und wie du das kannst! Du hast doch Familie, oder?«

»Ja.«

»Dann macht euch im Bad ne schöne Zeit. Den Hund musst du aber zu Hause lassen.«

»Horst badet eh nicht so gerne. Vielen Dank!«

Sie winkte ab. »Dafür darfst du mich bei Gelegenheit mal wieder zur Tierärztin kutschieren.«

Da wollte und konnte er nicht widersprechen. Wenn er so darüber nachdachte, war der Nachmittag mit der Vereinspressesprecherin ganz amüsant – und aufschlussreich – gewesen. Das konnten sie gerne wiederholen. Zufrieden machte sich Schrödinger auf den Heimweg.

Horst

Die kleine Rundreise hat mir gefallen. Einmal quer durch die Stadt und den Berg hinauf, dann wieder Kommando kehrt und mit der netten Netti zum Doktor. Okay, dort ging es kurzzeitig etwas rauer zu, aber wenn ein paar halbstarke Vierbeiner auf dicke Hose machen, muss ich denen schon mal zeigen, wo der Frosch die Locken hat. Haben die irgendwann auch eingesehen und klein beigegeben.

Cornettos Untersuchung ging mir richtig nahe. Nicht, dass das Schlappohr nach der Zeit im Kofferraum mein neuer bester Freund geworden wäre. Aber irgendwie hat mich das Ganze an meinen eigenen Tierarztbesuch vor ein paar Jahren erinnert, wo so ein ruppiger alter Sack von Arzt meine sämtlichen Körperöffnungen unter die Lupe genommen hat. Das Thermometer hat er mir dabei so tief reingeschoben, dass ich dachte, ich bräuchte bloß einmal husten und es würde vorne wieder rauskommen. Angenehm war anders. Aus dem Grund leide ich immer mit, wenn ein anderes Tier kränkelt. Nicht bloß bei meinen Artgenossen, sondern bei allen.

Apropos kränkelt: Hillu hat schon wieder diese komisch rote Gesichtsfarbe. Oder immer noch? Da genügt ein finsterer Blick, und Schrödinger flitzt wieder aus dem Haus. Diesmal in den Garten.

Schrödinger

Manchmal war es besser, sich gar nicht erst auf Diskussionen einzulassen, sondern vorab die Initiative zu ergreifen. Deshalb ignorierte Schrödinger seine Schwiegermutter weitgehend und begrüßte Marion mit einem innigen Kuss. Die Jacke behielt er an und legte bloß Handy und Autoschlüssel auf dem Schrank ab. Anschließend stapfte er einmal quer durch den Flur und das Wohnzimmer zum Garten, um sicherzustellen, dass sich Knülle noch immer in seinem Stall befand. Nicht, dass die alte Hexe dem Hoppler während seiner Abwesenheit den Hals umgedreht hatte. Zuzutrauen wäre es Hillu bei ihrer permanenten schlechten Laune allemal.

Der Mümmelmann lag tiefenentspannt in seiner Behausung und wirkte so unschuldig, dass ihm keiner (außer Hillu) auch nur den Hauch von etwas Bösem unterstellen könnte. Damit es Knülle auch weiterhin gut ging, füllte Schrödinger gleich noch den Heuvorrat auf und goss frisches Wasser in die Trinkschüssel.

Das Ganze nahm keine fünf Minuten in Anspruch – und dauerte trotzdem viel zu lange. Als er ins Haus zurückkehrte, kam ihm seine Liebste mit einem schwer deutbaren Grinsen entgegen.

»Gerade hat Verena auf deinem Handy angerufen. Ich kann noch immer kaum fassen, dass es meine Verena von früher ist. Das Nummernschild ST-EG 85 existiert nicht, soll ich dir von ihr ausrichten. Du weißt dann angeblich Bescheid. Ach ja: Verena und ich treffen uns gleich auf einen Cocktail in der Innenstadt. Für heute Abend hatten wir ja nichts geplant, oder?«

Er schaffte es gerade so, den Kopf zu schütteln, dann tänzelte sie vergnügt in Richtung Schlafzimmer, um sich passende Klamotten auszusuchen. Zurück blieben bloß Hillu und er, die einander einen Moment lang schweigend ansahen.

»Knülle sitzt sicher verstaut in seinem Käfig«, wagte er einen Annäherungsversuch.

Das Schwiegermonster nickte. »Das hoffe ich. Für ihn. Ansonsten gibt es am Sonntag Hasenbraten. Mit Knödel und Blaukraut.«

»Das erklärst du dann den Kindern.« Wie auf Stichwort hörte er die beiden in ihrem gemeinsamen Zimmer herumtollen. Was einer dieser wirklich raren Momente war. Normalerweise nahmen sie Wohnzimmer, Küche und jeden anderen Ort in Beschlag, an denen sich die Erwachsenen aufhielten. Technisch gesehen wäre daher jetzt die perfekte Gelegenheit für ein paar Minuten auf dem Sofa, um zu relaxen. Aber mit der schrulligen Rentnerin im Nacken wurde jedwede Entspannung im Keim erstickt. Da folgte er lieber Marion ins Schlafzimmer. Nicht, um sie beim Umziehen zu beobachten (was durchaus ein angenehmer Nebeneffekt war), sondern um ihr von der Vereinsfeier am Samstag zu erzählen, bevor er das verschwitzte und es der Familie ähnlich ging wie ihm vorhin im Auto.

Anfangs schaute seine Liebste zwar etwas skeptisch, begann nach der Erwähnung von kross gebratenen Souflakis, deftigen Biftekis und dem einen oder anderen Ouzo aber voller Vorfreude zu strahlen.

Eine Stunde später waren Marlene und Max bettgehfertig, und Schrödinger ließ sich bereitwillig dazu überreden, ihnen eine Gutenachtgeschichte vorzulesen. Auch diesmal vom Räuber Hotzenplotz. Seiner Meinung nach war das eine gute Gelegenheit, die Vertrautheit zwischen ihnen zu stärken. Außerdem hatte er in einem Elternratgeber aufgeschnappt, dass Vorlesen für die geistige Förderung der Kleinen äußerst wichtig sei.

Einziger Nachteil daran: Es war zeitaufwendig. Vor allem, da ihn die Kinder im Anschluss mit Fragen zur Geschichte löcherten und damit ordentlich ins Schwitzen brachten. Erst als ihm die Fakten ausgingen und seine Erklärungen immer haarsträubender wurden (sodass es selbst Max spanisch vorkam), entließen sie Schrödinger aus seinem Job. Nach ihm übernahm eine Bibi-Blocksberg-CD die Aufgabe, sie endgültig ins Land der Träume zu schicken.

Als er ins Wohnzimmer zurückkehrte, hatte sich Hillu längst auf dem Sofa ausgebreitet. Genüsslich an ein paar Salzstangen knabbernd, schaute sie einen Heimatfilm mit schwulstigen Dialogen und debiler Handlung. Wahrscheinlich hatte sie den bloß eingeschaltet, um ihn zu ärgern.

Die Rechnung ging auf: Schrödinger verkrümelte sich abermals ins Schlafzimmer. Diesmal mit Marions Laptop unter dem Arm, um sich darauf vielleicht noch einen Netflix-Krimi anzuschauen.

Seufzend streckte er sich auf dem Doppelbett aus und rieb sich das Gesicht. Warum musste immer alles so kompliziert sein? Warum konnten sich Hillu und er nicht wieder so gut verstehen, wie sie es während des Urlaubs am Bodensee getan hatten? Wieso konnten Zwei und Zwei nicht einfach wieder Vier ergeben? Oder eine Zahlen- und Buchstabenkombination für ein gültiges Kennzeichen stehen? Alles könnte so viel leichter sein und endlich einen Sinn ergeben.

Schrödinger dachte nach: Eventuell hatte ST EG 85 früher mal als Nummernschild existiert. Unter Umständen ging es dabei ja um ein längst abgemeldetes Fahrzeug. Um damit … tja, was eigentlich? Weshalb sollte sich jemand so was aufschreiben, wenn es längst abgelaufen war? Alte Telefonnummern merkte sich schließlich auch keiner.

Und wenn ST EG 85 nie für ein Autokennzeichen gestanden hatte? Schrödinger holte sich Zettel und Stift und notierte sich die Buchstaben und Zahlen. Anschließend drehte er das Papier auf den Kopf. Nee, das ergab auch keinen Sinn. Ebenso rückwärts gelesen. Selbst wenn er die 5 durch das ziemlich ähnlich aussehende S und die 8 durch ein B ersetzte. Zuletzt zählte er die Nummern im Alphabet ab. Auch hier: Fehlanzeige.

Frustriert legte er das Blatt beiseite, nur um es gleich darauf erneut zur Hand zu nehmen. Konnte es sein, dass er das Naheliegendste übersehen hatte? Konnte es tatsächlich so simpel sein?

Hastig schaute er sich im Schlafzimmer um, entdeckte aber nicht, wonach er suchte. Wie auch? Schrödinger rannte ins Wohnzimmer und dann zurück zu den Schränken im Flur. Hillu schaute ihm irritiert hinterher. Er beachtete sie nicht weiter. Im untersten Schubfach und bedeckt von allerlei Krimskrams fand er schließlich, wonach er suchte: seinen alten ADAC-Straßenatlas. Der war zwar von 1997 und daher nicht mehr ganz aktuell, für seine Zwecke dürfte aber selbst das genügen. So schnell veränderten sich Landmassen schließlich nicht.

Zurück im Schlafzimmer suchte er sich die Umgebungs-
karte der gesamten Schwarzwaldregion und fuhr mit dem
Finger die Strecke ab, die die Donau von Norden nach Süden
nahm. Anlegestellen waren auf der großen Übersicht leider
keine verzeichnet. Aber Bootsstege – so wie in Steg 85 – gab
es sicherlich trotzdem haufenweise. Er musste bloß herausfinden, wo genau sich die entsprechende Nummer befand.

In der Hinsicht könnte ihm Marions Notebook behilflich
sein. Kaum war die Kiste hochgefahren, gab er die Zeichen
vom Notizblock in einer Suchmaschine ein. Das Ergebnis
war bemerkenswert: Er fand Einträge über *16mm Bolzenkara-
binerhaken mit kleinem Kopf*, *Steg-Sattel für Gitarren*, *Schwer-
lastwinkel mit Stegrippen* und Infos darüber, wie man *EMG 81
am Steg gegen EMG 85* tauschen konnte. Das und vieles mehr.
Bei mehr als der Hälfte der Sachen hatte er nicht die geringste
Ahnung, was damit überhaupt gemeint war.

Zusammen mit den Wörtern *Tuttlingen* und *Donau* sah
das Resultat gleich ganz anders aus: Da stieß er nach einigem
Anklicken tatsächlich auf eine Liste von Donauanlegestegen
in der Region. Und siehe da, im Nordosten von Tuttlingen,
an einem Waldstück nicht weit von Fridingen entfernt, gab
es einen Steg Numero 85. Konnte das ein Zufall sein?

Schrödinger bezweifelte es.

Euphorie und Aufregung wuchsen mit jeder Sekunde. Er
konnte es kaum erwarten, sich vor Ort umsehen. Am liebsten wäre er auf der Stelle losgefahren, doch ohne ein paar
Notizen über die nähere Umgebung des Stegs würde er in
der Dunkelheit nicht weit kommen. Eine exakte Adresse
gab es nicht. Wie sollte die auch aussehen, in einem Waldstück nahe dem Donautalblick – vielleicht Hasenwinkel 7

oder Fuchsloch 8? Sowie er sich alles notiert hatte, stürmte er aus dem Zimmer, pfiff Horst zu sich und informierte die Schwiegermutter, dass er noch einmal wegmüsste. Hillu blickte ihm auch diesmal nur schweigend hinterher.

Laut Navigationsgerät betrug die Entfernung bis Fridingen 15 Kilometer. Das Zielgebiet lag schätzungsweise einen oder zwei Kilometer davor. Wie viel genau, würde er vor Ort feststellen. Um in der Nacht nicht komplett im Dunkeln zu tappen, ließ er Horst angeschnallt auf dem Beifahrersitz mitfahren. Vier Augen sahen ja bekanntlich mehr als zwei.

Im Autoradio lief eine CD von Nick Cave voller unheimlicher und düsterer Klänge – was gab es Besseres für eine nächtliche Recherche-Reise bei Vollmond und klarem Sternenhimmel? Noch dazu war die Musik eher ruhig und würde ihn nicht schon weit im Voraus ankündigen.

Schrödinger fragte sich, wen oder was er wohl bei Steg 85 finden würde. In Gedanken malte er sich aus, wie dort heimlich ein paar alte Holzkisten darauf warteten, den Besitzer zu wechseln. Vielleicht gefüllt mit Diamanten, gestohlenen Kunstgegenständen oder was auch immer man auf einem klapprigen Dampfschiff die Donau hinauftransportieren könnte. So wie früher in den alten Schwarzweißfilmen. Nur dass dort die Sachen meist die Themse entlanggeschmuggelt worden waren und irgendwo ein schwarzer Bogenschütze oder der Zinker im Hinterhalt lauerte. Der Gedanke daran regte seine Phantasie so lebhaft an, dass Schrödinger eine Gänsehaut bekam und die Überlegung lieber beiseiteschob.

Nachdem sie das obere Donautal erreicht hatten, drosselte er die Geschwindigkeit. Was in dieser kurvigen Gegend ohne ausreichende Straßenbeleuchtung sowieso besser war. Da um diese Zeit außer ihnen niemand hier unterwegs war, gab es auch keinen, den das stören konnte.

Als Schrödinger das Gefühl hatte, dass der gesuchte Steg nur noch einen Steinwurf entfernt liegen konnte, tuckerte er im Schritttempo weiter. Um ihn herum gab es fast ausschließlich Bäume. Dann tauchte rechts am Straßenrand ein breiterer Waldweg auf, der mit etwas Glück direkt zur Anlegerstelle führen könnte.

Trotzdem zog es Schrödinger vor, das letzte Stück zu Fuß zurückzulegen. Er wollte unbedingt vermeiden, dass er in der Dunkelheit eine Wurzel übersah und mit dem Wagen stecken blieb. Sein Kombi war kein Offroader und besaß auch keinen Allradantrieb. Sicher ist sicher.

Beim Aussteigen wehte ihm eine kühle Brise entgegen. Es roch nach Holz, Feuchtigkeit und Tieren. Im Unterholz knackte und raschelte es. Gab es nicht Horrorfilme, die genauso anfingen? Auf einmal erschien es ihm gar nicht mehr als eine so gute Idee, nachts allein hierherzufahren. Die aus dem Auto mitgenommene Stabtaschenlampe spendete nicht besonders viel Trost. Zumal er eh zögerte, sie anzuschalten, um nicht unnötig auf sich aufmerksam zu machen. Leider lieferten auch der Mond und die Sterne kaum Helligkeit.

Schrödingers war froh, Horst mitgenommen zu haben. So musste er sich im Ernstfall wenigstens nicht allein verteidigen. Gegen wen oder was auch immer.

Nachdem er zweimal fast über irgendwelche Äste gestolpert war, verwarf er sämtliche Bedenken und knipste seine Maglite an. Ihr bläulich-gelber Strahl schoss in die Dunkelheit. Einige Insekten tanzten in der Helligkeit durch die Luft.

Es gab nichts, was vor diesem Lichtstrahl verborgen blieb. So fanden sie auch innerhalb kürzester Zeit den gesuchten Bootssteg. Es war ein hölzerner Anleger, der die besten Jahre ganz offenbar bereits hinter sich hatte. Waren sie hier überhaupt richtig? Ja: Ein wettergegerbtes Schild mit einer brüchigen 85 darauf vertrieb die letzten Zweifel.

Den gesuchten Ort hatten sie damit gefunden. Mehr jedoch nicht. Keine Kisten, kein geheimes Schmugglerboot. Auch kein mysteriöses U-Boot wie in der einen Sherlock-Holmes-Geschichte, an die er plötzlich denken musste und in der der Meisterdetektiv nach Atlantis aufgebrochen war. Von der hatte Marion ihm irgendwann mal erzählt.

Unschlüssig ließ Schrödinger das Taschenlampenlicht durch die Umgebung schweifen. Nichts außer Bäumen, Büschen, Sträuchern weit und breit. Mist.

Eine geschlagene halbe Stunde vertrat sich er sich mit Horst die Beine. Dann setzten ihm der immer kühler werdende Nachtwind und das Knacken im Unterholz, bei auch dem Horst jedes Mal zusammenfuhr, zu sehr zu und er erklärte den Ausflug für beendet. Der Boxer bellte da keine Widerworte, sondern nutzte den Rückweg noch einmal für einige ausgiebige Markierungsarbeiten. In der freien Natur lief das immer besonders gut.

Während der Heimfahrt fiel Schrödinger ein, was er nicht bedacht hatte: Auf Schrägles Notizblock hatte der morgige Tag gestanden. Genau da lag das Problem. Zumindest heute.

Obwohl es fast Mitternacht war, sah Schrödinger bei seiner Ankunft in der Wohnung jede Menge Lichter brennen. O nein! Machte Hillu wieder Jagd auf Knülle? Oder waren es die Kinder, die – wie öfters mal – zuerst in der Nacht aufs Klo mussten und sich anschließend aus der Küche noch was zu trinken holen wollten? Danach vergaßen sie gerne mal, all die angeschalteten Lichter wieder auszuschalten. In ihren Augen war elektrischer Strom vermutlich etwas, das einfach so aus der Steckdose kam und nichts kostete.

Wie er beim Betreten der Wohnung feststellte, lag er vollkommen falsch. Aus Hillus Zimmer war ein regelmäßiges tiefes Schnarchen zu hören und auch von den Kleinen fehlte weit und breit jede Spur. Dafür erspähte er durch die offenstehende Schlafzimmertür Marion, die mit einigen unbeholfenen Bewegungen versuchte, ihr Oberteil aufzuknöpfen.

»Du bist ja schon zurück. So früh hätte ich mit dir gar nicht gerechnet«, sagte er nach dem Begrüßungskuss. Eine süßliche Alkoholwolke schlug ihm entgegen. Seine Liebste war ein bisschen angetüdelt. Mindestens.

»Hi, Schatz«, sagte Marion mit schwerer Zunge. »Heute ist doch Mittwoch. Verena muss morgen arbeiten. Da konnten wir nicht so lange ausgehen.«

»Und du nicht?«

»Nee. Ich hab beschlossen, ich mach morgen mal frei.« Sie ließ von ihrer halb geöffneten Bluse ab und legte ihm hicksend die Hand auf die Schulter. »Das dürfte dir ja gut in den Kram passen.«

»Was genau meinst du?«

»Na das, was du für uns da rausgesucht hast. Die Bootsfahrt.«

Schrödinger verstand nur Bahnhof. Trotzdem hielt er es für besser, zu nicken.

»Das ist sooo eine Superidee«, fuhr Marion fort. »Machen wir gleich morgen. Einen Familienausflug hatten wir schon lange nicht mehr.«

Sie zog ihn langsam mit sich zum Bett, wo nach wie vor der Laptop aufgeklappt stand. Der Bildschirm zeigte seine Rechercheergebnisse zum Steg 85. Allmählich ging ihm ein Licht auf.

»Ich … also … ja, finde ich auch. Aber morgen? Ist das nicht arg kurzfristig? Was ist mit den Kindern?«

»Marlene hat bis 11:20 Uhr Schule. Und Max melden wir morgen früh im Kindergarten ab und lassen ihn daheim.«

»So geht es natürlich.« Zu mehr Worten kam er nicht. Sie erreichten das Bett, und Marion hatte es auf einmal ganz eilig, ihm sein T-Shirt und die Hose auszuziehen. Bevor er sich versah, wurden Notebook und sämtliche Ausflugsüberlegungen zur Nebensache. Es zählten nur noch sie beide und der Rest der Nacht.

Siebenter Tag: Donnerstag

Horst

Wir Boxer sind ja erklärte Naturfreunde. Der gestrige Kurz-trip in den Wald war ne feine Sache. Wenn man mal von den neugierigen Viechern absieht, die da nachts umhergeschli-chen sind und wissen wollten, was Herrchen und ich da am Fluss zu suchen hatten. Meine Augen sind zwar nicht schlecht, aber nachts ist die Sicht dann doch etwas getrübt. Da kann man in der Dunkelheit auch schon mal zusammen-fahren.

Schwamm drüber.

Der Trip war schön, obwohl ich nicht so recht begriffen habe, was Schrödinger dort draußen überhaupt wollte. War ja eh kein anderer da. Und es lag auch kein Duft von jeman-dem in der Luft, der früher am Tag dort gewesen war.

Versteh einer die Menschen! Sind die eigentlich alle so? Zum Beispiel Hillu, die die vergangenen Tage mit der Ge-samtsituation ziemlich unzufrieden war. Heute hingegen ist sie merkwürdig freundlich zu Herrchen und mir. Hat sie bloß mal richtig geschlafen? Oder ist wieder was im Busch? Da bleibe ich lieber mal auf der Hut.

Schrödinger

Schrödinger hatte sich extra seinen Funkwecker gestellt, um früher aufzustehen und sich an Marions Stelle um die Kinder zu kümmern. Doch als er erwachte, war die linke Betthälfte leer. Dafür hörte er jemanden in der Küche hantieren. Irritiert stand er auf und sah, wie seine Liebste die Schulbrote für Marlene zubereitete. Die kurze Nacht stand ihr deutlich ins Gesicht geschrieben. Dennoch lächelte sie bei seinem Anblick. »Mit Max geht alles klar: Er freut sich, dass er heute nicht in den Kindergarten gehen muss. Und Marlene habe ich schon gesagt, dass sie nach Schulschluss direkt nach Hause kommen soll.«

Schrödinger zwang sich zu einem Lächeln. Nach wie vor war er unschlüssig, was er von der ganzen Sache halten sollte. Generell unternahm er ja gerne Ausflüge mit der Familie. Aber das mit der Bootsfahrt war irgendwie ein totales Missverständnis und überhaupt nicht das, was er für heute geplant hatte. Gestern Abend hatte er noch gehofft, dass es sich im wahrsten Sinne des Wortes als Schnapsidee entpuppen würde. Er selbst hätte das Thema gar nicht noch mal angesprochen. Doch da hatte er die Rechnung ohne den Wirt gemacht. Oder in dem Fall: die Wirtin.

»Ist Hillu mit von der Partie?«, hakte er vorsichtig nach.

»Was glaubst du denn? Sie ist völlig aus dem Häuschen und kann es kaum erwarten. Ich hab ihr gesagt, dass alles auf deinem Mist gewachsen ist.«

»Oha, dann kann ich mir nachher wieder was anhören.«

»Ach, Quatsch. Mama ist happy. Wirst du sehen.«

Das stimmte. Zumindest zeigte sie sich später am Frühstückstisch erstaunlich redefreudig und riss sogar den einen oder anderen Scherz. Schrödinger musste sich mehrmals kneifen, um sich zu vergewissern, dass er nicht noch träumte. So vergnügt hatte er seine Schwiegermutter das letzte Mal erlebt, als nach seinem Einzug ein Turm aufgestapelter Umzugskartons umgefallen war und ihn unter sich begraben hatte.

Ein, zwei Mal verwickelte ihn Marions Mutter während des Essens tatsächlich in richtige – echte – Gespräche. Bei einer dieser wundersamen Gelegenheiten erkundigte sich Schrödinger, ob sich Witwer Schrägle noch mal gemeldet hatte.

Hillu schüttelte den Kopf. »Würde mich wundern, wenn wir von dem noch was hören. Nach der Sache mit dem Smart hat der sicher die Nase voll von uns. Als wenn ich was dafür könnte!«

Schrödinger überlegte, ihr von der Untersuchung des Wagens durch Verenas Kollegen zu erzählen, entschied sich aber dagegen. Dafür traute er der neu aufgekeimten Harmonie noch zu wenig.

Mittags sah die Situation dann auch schon wieder vollkommen anders aus. Die Personen, bei denen Schrödinger mit den wenigsten Schwierigkeiten gerechnet hatte, schossen auf einmal quer. Dabei hatte er echt gedacht, Marlene und Max würde ihm oder ihrer Mutter um den Hals fallen, wenn sie erfuhren, dass sie eine Kanu-Tour im Donautal machen wollten. Mit Startpunkt Thiergarten. Ende in Beuron, Laiz oder

177

sonst einem Ort, Schrödinger konnte sich die Namen nicht merken. Keiner davon sagte ihm etwas. Dass das Donautal im Volksmund *Schwäbischer Grand Canyon* genannt wurde, machte ihm als Flachländer ein bisschen Bammel.

»Horst muss aber mit.« Marlene stemmte die kleinen Fäuste in die Hüften.

»Und Knülle!« Max reckte das drollige Kinn.

»Ein Hase im Boot?« Schrödinger schüttelte den Kopf. Seinem Hund traute er das Abenteuer zwar auch nicht wirklich zu, aber dem Karnickel?

»Sonst gehe ich nicht mit.« Marlene stampfte mit dem in rosa Einhorn-Socken steckenden Fuß auf.

»Ich auch nicht!« Solidarisch ließ Max den Star-Wars-Krieger aus Wolle aufs Parkett knallen.

»Schon gut, schon gut.« Marion gähnte. Der gestrige Mädelsabend mit Verena Hälble steckte ihr offenkundig noch in den Knochen und Augenlidern. Schrödinger schwieg dazu und nippte an einem Glas Mineralwasser.

Max und seine Mutter hatten am Vormittag beschlossen, dass Knülle wie Horst dreimal täglich Gassi geführt werden müsste. Da das Kaninchen mit einem bauartbedingten enormen Fluchtreflex ausgestattet war und keiner riskieren wollte, dass das Langohr unter die Räder kam oder sich im Donaupark vom Acker machte, musste eine Leine her. Und ein Kaninchen von Welt konnte natürlich nicht mit einer der Leinen von Horst vor die Tür. Marlene schwebte etwas Pinkfarbenes vor. Mit Glitzer.

Nach ihrer Rückkehr aus der Schule hatte Marlene vorgeschlagen, das Karnickel in ihrem Puppenwagen zu transportieren. Die Idee war so schlecht nicht. Starr vor Angst hatte

Knülle die ersten Proberunden im Wohnzimmer über sich ergehen lassen. Und vor Panik, so vermutete Schrödinger, auf die rosa Decke gepullert und geköttelt. Marlene war andere als entzückt gewesen und hatte in bester Hillu-Manier – sie waren eben doch miteinander verwandt – gezetert und gezickt.

Alles gute Zureden der Mutter half nichts, die Kleine konnte und wollte sich nicht beruhigen. Schrödinger ballte innerlich die Fäuste. Das Kreischen ging ihm durch Mark und Bein. Knülle war in die Küche geflüchtet. Erst Horst schaffte es, Marlene zu beruhigen, indem er sich mit dem Maul die Decke schnappte, sie aus dem Wagen zerrte und vor die Waschmaschine in der Küche legte. Dass dabei die Köttel auf den Boden fielen, störte in dem Moment niemanden. Alle waren froh, als die Sirene endlich verstummte.

»Das muss auch anders gehen.« Schrödinger kratzte sich am Kinn. Eine Rasur wäre mal wieder fällig. Aber die flehenden Blicke von Marion und Hillu lenkten ihn ab. Er war gefragt. Als Mann. Als Ersatz-Vater. Als derjenige, der Knülle in den Clan eingeführt hatte.

»Da muss ein Fachmann ran«, sinnierte er. Alle nickten. Selbst Horst und Knülle, die die Köpfe schieflegten, schienen ihm zuzustimmen. Und von dort an war es nur ein kurzer Weg zum Familienvan und in die Zoohandlung im Gewerbegebiet Richtung Beuron.

Wo Horst durchzudrehen drohte. Vor der Plattschnauze lagen Dutzende Leckereien in offenen Behältern. Besonders die getrockneten Ententeile hatten es ihm angetan. Aber Hillu zog den Boxer vehement weiter in die Grüngut-Abteilung. Die Pellets mit dem getrockneten Heu interessierten den Hund kaum. Dafür kam Leben in den Hasen, der bis dahin schreckensstarr in Marions Armbeuge gesessen hatte.

Schrödinger war heilfroh, als eine Verkäuferin um die Ecke stürzte. Angesichts der vielen Menschen und Tiere verfiel sie in eine Art Schockstarre. Was der verdeckte Ermittler geschickt zu nutzen wusste.

»Knülle soll Gassi gehen!«, rief er, ehe sich die junge Blondine wieder vom Acker machen konnte.

»Wie? Was?« Das Mädel konnte kaum älter als neunzehn sein. Vermutlich besaß sie nicht mal einen Führerschein. Dafür Kompetenzen in der Tierhandlung. Eine halbe Stunde später war Schrödinger mehrere hundert Euro los und Knülle der Besitzer eines Leinensets in Neongelb. Plus Leckerlis. Für ihn und Horst. Plus einem neuen, überdimensional großen Tragekorb für beide. Immerhin mit ergonomisch gefüllter Matratze.

Eine halbe Stunde später standen sie irgendwo im Nirgendwo, umgeben von Felswänden, Wäldern und ganz viel Natur. Der Ort erinnerte Schrödinger vage an den nächtlichen Ausflug nach Fridingen, mehr allerdings nicht. Vor ihm schlängelte sich die Donau gemütlich durch das Tal, um irgendwann als mächtigster europäischer Fluss im Schwarzen Meer zu enden. Genau dahin wünschte Schrödinger sich. Weg. Weit, weit weg von toten Schatzmeisterinnen, keifenden Schwiegermüttern und durchdrehenden Fellnasen. Er zückte unauffällig sein Mobiltelefon. Vielleicht konnte ihn eine gewisse Kommissarin mit einem absolut lebenswichtigen Anruf retten? Aber er hatte hier keinerlei Empfang, kein einziger winziger Balken erschien.

Kackdrecksmist, fluchte er innerlich und zog Horsts Leine fester. Knülle hockte zwischen Max und Marlene und sah tatsächlich so aus, als würde er den Instruktionen des Kanu-Verleihers mit aufgestellten Löffeln folgen. Hillu starrte in den viel zu blauen Himmel. Marion zwinkerte Schrödinger zu. Sofort fühlte er sich besser.

Für die Truppe stand ein übergroßes Kanu parat. Zu Schrödingers Bedauern konnte selbst Hillu mit an Bord. Ganz einfach, weil erstens Kinder nie ohne Begleitung aufs Wasser durften, wie die studentische Aushilfskraft erklärte. Zum anderen, weil weder Hunde noch Hasen als Passagiere zählten. Dennoch wurden pro Fellnase drei Euro fällig. Plus Leihgebühr für Kajak und Paddel. Die Kasse ratterte, und Schrödinger hätte am liebsten ausgerufen, dass er nicht vorhatte, die komplette Donau zu kaufen. Widerwillig bezahlte er die Summe, ließ sich die knallorangene Rettungsweste umschnallen und stakste als Letzter ins Bott, das von der bestens gelaunten Familie bereits besetzt war.

»Lohohooos geht's!« Max stach unbeholfen mit dem Paddel ins Wasser. Hillu tat es ihm nach. Leider auf derselben Seite, weswegen das Kanu nicht geradeaus, sondern nach rechts in Richtung Böschung steuerte.

»Stopp! Halt!« Schrödingers Rufe verklangen an den Felsen. Das Boot krachte nach nicht einmal zehn Metern gegen das mit üppigem Gras bewachsene Ufer. Marlene riss Knülle an sich, der mit einem Sprung zu seiner Leibspeise gelangen wollte. Horst bellte. Marion ruderte hektisch. Schrödinger stieß sein Lenkgerät gegen die Steine. Dank der Strömung gelang es der Gruppe, Fahrt aufzunehmen und von der ersten Engstelle zu entfliehen.

Vierzehn Kilometer. So viel Fluss lag laut Guide vor ihnen.

O Mann, dachte Schrödinger und paddelte wie bekloppt drauflos. Vierzehn Kilometer? Sie hatten seiner Meinung nach noch nicht einmal vierzehn Meter geschafft. Aber als er sich umwandte, war von dem Guide keine Spur mehr zu sehen. Sie waren allein. Auf der Donau. Zwischen unmenschlich hohen Felsen, unnatürlich dicht bewachsener Uferböschung und skurril anmutender Einsamkeit.

Stoßgebet oder das Hoffen auf eine polizeiliche Nachricht? Was würde helfen? Beten, vermutlich. Denn sowohl das Handy als auch die anderen Wertsachen waren in einer wasserdichten Tonne im Heck verstaut.

»Das ist voll cool!« Max stocherte mit seinem Kinderpaddel in der Luft herum.

»Krass mega!« Marlene kreischte vor Vergnügen.

»Schön, einfach schön«, sagte Marion. Hillu schwieg. Die Farbe der Rettungsweste biss sich mit der Farbe ihres Lippenstiftes. Schrödinger war das egal. Denn obwohl er und seine Schwiegermutter zum ersten Mal buchstäblich in einem Boot saßen, galten seine Gedanken dem schwärmerisch am Bug sitzenden Horst, der wie Knülle auf das Wasser starrte. Und dem Lächeln seiner Marion, das für ihn heller strahlte als die Sonne am beinahe wolkenlosen Himmel.

Eigentlich hätte er jetzt denken können: noch zwölf Kilometer. Dachte er aber nicht. Denn mit jedem Schlag des Paddels wurde er ruhiger, gab sich der gemächlich dahinfließenden Donau hin, schwelgte im Anblick der Felsen und staunte über jeden Stein und Fisch, über den das Kanu im kristallklaren Wasser dahinglitt.

»Schön. Ja.« Schrödinger wandte den Kopf.

»Schön gefährlich.« Hillu bleckte die künstlichen Zähne. »Da vorne kommt ein Wehr.«

Schrödinger wurde heiß. Irgendetwas hatte der Guide vorhin über die Absperrbauwerke mit diesem komischen Namen gesagt. Das eine konnte man mit dem Kanu bewältigen. Beim anderen musste man aussteigen, sonst drohte Lebensgefahr. Aber war es das erste oder das zweite auf der Strecke? Er erinnerte sich nicht mehr. Horst jaulte leise. Schrödinger spürte, wie sich jeder einzelne seiner Muskeln anspannte. Erstes Wehr oder zweites – er konnte und wollte kein Risiko eingehen.

»Landgang!«, brüllte er und paddelte wie bekloppt auf der linken Seite. Marion kapierte und tat es ihm nach. Die Kinder stocherten weiterhin auf der rechten Seite im Wasser, hatten aber gegen die geballte Kraft zweier Erwachsener keine Chance. Das Wehr kam näher und näher. Schrödinger hörte schon den Wasserfall, der dahinter in die Tiefe und womöglich ins Verderben führte. Er paddelte und paddelte. Seine Hände schmerzten, seine Schultern spürte er schon seit der letzten Flussbiegung nicht mehr.

»Hopp! Hopp!«, gab er das Tempo vor. Hinter ihm keuchte Marion. Horst zog den Kopf ein. Knülle hoppelte über Schrödinger, die Kinder und Hillu hinweg und verkroch sich zu Marions Füßen neben der wasserdichten Tonne. Das Wasserrauschen wurde lauter.

»Hopp! Hopp!« Schrödingers Stimme überschlug sich beinahe. Ein Schlag mit dem Ruder. Noch einer. Max johlte, Marlene lachte. Hillu würgte. Und dann, endlich, stieß die Seitenwand des Kanus ans Ufer. Schrödinger ließ das Ruder los. Es trudelte im Wasser, wurde von der Strömung mitgezogen, verschwand im Sog. Er bekam eine Wurzel zu fassen. Krallte sich daran fest. Marion griff nach einem Ast. Zog sich und das Kanu näher ans Ufer.

»Raus! Alle raus!«, brüllte Schrödinger.

»Jetzt mach aber mal halblang«, sagte Hillu, war dabei jedoch so bleich wie Tafelkreide und hechtete noch vor ihren Enkeln ans Ufer. Marion war die zweite, die trockenen Fußes die Wiese erreichte. Mit den ihr offenbar angeborenen zwölf Mutterarmen krallte sie sich Max und Marlene, zerrte die Kinder aus dem Boot und wuchtete sie ans Ufer. In beinahe derselben Handbewegung gelang es ihr auch, Knülle aus dem Kanu zu zerren und den fluchtbereiten Hasen an den schönsten Busen der Welt zu drücken. Schrödinger war sprachlos. Handlungsunfähig. Ein wenig ungläubig sah er seinem Hund zu, wie der mit einem beherzten Satz aus dem Boot hüpfte. Durch die Luft schwebte. Und mit den Vorderpfoten zuerst auf festem Boden landete.

Dann wurde es nass um ihn. Dunkel. Schrödinger trudelte. Wollte nach Luft schnappen. Traute sich aber nicht. Wusste, dass er soeben vom Wehr hinabgezogen wurde.

Er hatte Angst.

Gleichzeitig war er völlig ruhig.

Er schloss die Augen.

Das kalte Wasser umfing ihn. Wirbelte ihn herum. Er ließ es geschehen. Wusste, dass er ohnehin keine Chance hatte. Er fühlte, wie es abwärts ging. Blitzlichter seines Lebens tauchten vor seinem inneren Auge auf. Seine Einschulung. Die Schultüte mit dem Konterfei von Max und Moritz. Sein langjähriger Nebensitzer Olaf. Sabine, seine erste große Liebe, die vermutlich bis heute nicht wusste, dass er über-

184

haupt existierte. Badehosen, die er stets suchte. Ein eingeschlagener Schädel. Dann wurde es dunkel. Stockdunkel. Schrödinger seufzte und ließ sich fallen.

»Hallo? Haaaalllloooo?«

Von weit, weit weg und durch dichte Lagen Watte hörte Schrödinger eine Stimme. Das heißt: Er hörte sie nicht, vielmehr fühlte er das Brennen auf seinen Wangen, das saftige Ohrfeigen ihm verursachten. Etwas ungehalten öffnete er die Augen und verabschiedete sich von dem glasklaren Bild, das er soeben vom Rosinenkuchen seiner Oma gehabt hatte.

»Verdammt!«, spie er aus.

»Da ist er ja wieder.«

»Hillu?« Schrödinger war mit einem Schlag hellwach, als seine Schwiegermutter ihn mit pink verzierten Lippen angrinste.

»Und da sag noch mal einer, dass so ein paar Backpfeifen nicht helfen.« Hillu zog die überschminkten Augenbrauen wie Triumphbögen in die Höhe. Schrödinger hustete und hustete und hörte erst auf, als er erstens einen Schwall Donauwasser erbrochen und zweitens von Marion umarmt und von Horst zärtlich abgeschleckt worden war.

»Scheiße«, konstatierte er und versuchte, sich aufzurappeln. Was ihm ohne Marions Unterstützung nicht gelang. Als er schließlich in der Senkrechten war, wackelten seine Knie schlimmer als die Wellen nahe des Wehrs.

»Steg 85«, tauchte auf seiner inneren Leinwand auf. Und offensichtlich hatte er es laut gesagt, denn Marion deutete auf einen morschen Steg, ein paar Meter entfernt.

»Das Kanu ist am Steg vertäut«, beruhigte sie seine vermeintliche Sorge. Sie hatte ja keine Ahnung von seinen Ermittlungen. Dafür aber jede Menge Geschick, wie er sah. Das Boot war fachmännisch festgebunden, die beiden Tönnchen mit ihren Habseligkeiten standen daneben auf der Uferböschung.

»Danke«, murmelte Schrödinger.

»Wofür?«, fragte Marion erstaunt.

»Für alles«, flüsterte er so leise, dass nur sie es hören konnte. Sie hauchte ihm ein Küsschen auf die feuchte Wange, und mit einem Mal fühlte er sich nur noch halb so benebelt und nass.

»Jetzt trocknen wir dich erst mal«, sagte sie laut und machte sich gemeinsam mit den Kindern daran, die Picknickdecke und das mitgebrachte Vesper auszubreiten. Eigentlich hätte die Stärkung erst am Ende der Tour stattfinden sollen, aber Schrödinger war ganz froh, sich der klammen Klamotten entledigen und neben Marion in die Sonne legen zu können. Einzig die Unterhose behielt er an. Nicht, dass er sich genieren würde, aber wie der kleine Schrödinger aussah, ging Hillu nun wirklich nichts an. Trotzdem grinste das Schwiegermonster süffisant. Schrödinger blickte an sich herab. Zu seinem eigenen Entsetzen hatte er, ohne darauf zu achten – was er nie tat! – einfach so in die Schublade mit seiner Unterwäsche gegriffen. Darin lagen nachtschwarze Schlüppis von Calvin Klein, knallrote Boxershorts von Hugo Boss und dunkelblaue Tangas von Bruno Banani. Die trug er meistens – nur leider nicht heute. Er hatte blindlings nach einer quietschgrünen Buxe gegriffen, ein Abschiedsgeschenk seiner Kollegen aus dem Hannoveraner Getränkemarkt. Die Farbe war nicht das Schlimmste. Sondern Homer Simpson, der prominent im Schritt aufgedruckt war. In der rechten Hand hielt die Comicfigur ein Bierglas. Der Zeigefinger der linken Hand war exakt auf den kleinen Schrödinger gerichtet. In der darüberstehenden Sprechblase stand: *Sorry, out of order.* Schrödinger lief knallrot an.

»Tja.« Hillu grinste ihn mit den pink geschminkten Lippen an und er erkannte deutlich eine imaginäre Sprechblase über ihrem Haupt. Darin stand *Keine weiteren Enkelkinder also* oder *Arme Tochter* oder *Wusste ich es doch.*

Schrödinger drehte sich auf den Rücken. Hillu lachte auf. Da fiel ihm ein, dass auch die Rückseite der Unterhose bedruckt war. Und zwar mit einem auf dem Rücken liegenden Homer Simpson, der seinen gelben Bierbauch in den Himmel reckte und in einer Sprechblase kundtat, dass er seinen *little friend* seit Jahren nicht gesehen hatte. Peinlich! Wie Schrödinger sich und es auch drehte und wendete, es gab für ihn keine Position, in der er wie ein James Bond hätte wirken können. Er seufzte, ergab sich seinem Schicksal und war dankbar, als die Meute sich über das trocken gebliebene Picknick hermachte. Ihm selbst war der Appetit vergangen, und so gab er vor, nach seinem Beinahe-Ertrinken in einen komatösen Schlaf zu fallen. In Wahrheit tickte sein Verstand präziser als eine Schweizer Armbanduhr.

Warum hatte er sich die Gerichtsverhandlung antun müssen? Er würde die Kommissarin direkt fragen und ihr dabei gleich auch sein im Klo belauschtes Gespräch von Frick mitteilen.

Mit diesem Gedanken im wassergespülten Kopf döste er tatsächlich weg und wurde erst wieder wach, als Max sich rittlings auf seinen Rücken setzte und begeistert »Hüüüüh!« rief.

»Was? Wer?« Einen Moment lang wusste Schrödinger weder, wer er war, noch wo und schon gar nicht warum. Dann allerdings hopste auch Marlene auf ihn, und er spürte die geballte Kraft zweier Kinderkörper, die ihn in die Realität der eigenen Phantasie katapultierten. Plus eines Hundes. Und eines Karnickels, das sich genussvoll knabbernd an seinen Haaren zu schaffen machte.

Horst

Hab ich Ihnen schon gesagt, dass mein Herrchen einen Vollschuss hat? Aber darauf sind Sie sicher auch ohne mich längst gekommen. Ich, Horst, der beste Boxerrüde der Welt, soll auf einem Kanu den längsten Fluss Europas bezwingen? Mit einem Angsthasen wie Knülle an Bord?

Ganz ehrlich, ich gönne Schrödinger, dass er baden gegangen ist. Immerhin riecht er dank des brackigen Donauwassers endlich einmal fast wie ein Hund.

Leider sieht er nicht so aus. Und während der Dicke seinen Ranzen in die Sonne hielt, habe ich herumgeschnüffelt. Ich glaube ja eigentlich nicht an Karma, Schicksal oder sonstigen Kokolores, aber dort, wo wir dank Herrchens Absaufen gelandet waren, roch es. Verdächtig. Nach Gras, nach Füchsen, Igeln und Rehen, dazu auch nach Zweibeinern und mit Chemie aufbereiteten Kunstlederschuhen.

Ich wollte Schrödinger auf die Fährte bringen. Aber der hat mich nur weggeschubst und stattdessen Marion debil angegrinst.

Ich hab's ihm gegeben und Knülle abgeschleckt. Von vorne bis hinten und zurück. Soll er doch eifersüchtig sein, die olle Kackbratze.

Schrödinger

Nach gut zwei Stunden, in denen Max und Marlene begeistert im Flachwasser nach Kaulquappen gesucht hatten, fühlte sich Schrödinger einigermaßen trocken und in der Lage, den Kindern zu erklären, dass die Froschbabys in der heimischen Badewanne nicht überleben würden. Was er verschwieg: Sie würden es vermutlich. Aber er hatte keine Lust auf eine quakende Kakophonie im Garten, in dem er einen Teich würde ausheben müssen. Hillu hatte die meiste Zeit geschwiegen. Allerdings hatte sie auch immer wieder auf seine Unterhose gestarrt und dabei süffisant gegrinst. Mit jedem ihrer Blicke hatte er besser verstanden, wie Menschen zu Mördern werden können.

Was ihm im Fall *Mina Schrägle* allerdings keinen Schritt weiter brachte, sah man einmal davon ab, dass er beinahe an Steg 85 ersoffen wäre. Er täuschte ein dringendes Bedürfnis vor und schlug sich in die Büsche beziehungsweise das fast hüfthoch wuchernde Unkraut und fluchte leise, als eine übergroße Brennnessel seine Waden streifte. Auffällig unauffällig inspizierte er noch einmal die wackelige und morsche Holzkonstruktion. Bei Tag sah sie irgendwie ganz anders aus als in der Nacht. Doch auch mehr Helligkeit zeigte ihm nichts, was im Moment irgendwie ins Bild gepasst hätte. Keine Päckchen mit Koks, keine Behälter mit Geldscheinen. Nichts. Er würde eben doch bis heute Abend abwarten müssen.

Immerhin waren seine Kleider dank der eifrigen Marion, die die klamme Hose und die nassen Socken in der Sonne ausgebreitet hatte, fast wieder tragbar, und Schrödinger bekam nur eine kleine Gänsehaut, als er in die feuchten, muffig riechenden Klamotten stieg. In Absprache mit seiner Liebsten und sehr zum Unwillen von Max und Marlene beschlossen sie, das Kanu zur Bundesstraße zu zerren und dort auf den Rückholservice des Bootsverleihers zu warten.

»Menno!« Max stampfte mit dem Turnschuh auf den Asphalt.

»Du bist doof.« Marlene streckte Schrödinger die Zunge raus.

»Na, na, junge Dame!«, maßregelte Marion sie und wuchtete Knülle, der auf ihrem Arm saß, in eine bequemere Position. Hillu schwieg und grinste. Einzig Horst schien seinem Herrchen beizustehen und pinkelte begeistert gegen eine altersschwache Tanne, die der Horrorsturm von vor über zwanzig Jahren als Gerippe hatte stehen lassen. Und zwar so lange und kräftig, dass Schrödinger beinahe befürchtete, der Urinstrahl aus dem Hund könnte dem Baum den Rest geben und ihn zum Umfallen bringen.

Schrödinger hockte sich auf einen vom Regen blankgewaschenen Findling und blickte die Straße hinunter. Der laue Wind pustete ein paar Blätter über die Fahrbahn. Fast fühlte Schrödinger sich wie im wilden Westen und hätte sich nicht gewundert, wenn eine Postkutsche vorbeigerattert wäre. Stattdessen tuckerte ein hellblauer Fiat an ihm vorüber. Am Steuer: Karlo Binder. Auf dem Beifahrersitz: Schrägle.

Schrödinger schloss die Augen. Und riss sie gleich wieder auf. Alles, was er noch sah, waren die roten Bremslichter des Kleinwagens. Er hatte nicht geträumt. Oder doch?

Schrägle und Binder. Zusammen in einem Auto. Was hatte das zu bedeuten? Und wieso rollten der Witwer und der Vereinschef am helllichten Nachmittag durchs Donautal?

Koscher ging anders. Schrödinger wischte sich hastig über die Augen, doch trotz Beinahe-Ertrinken: Er hatte richtig gesehen. In der himmelfarbenen Italokiste hatten die beiden Männer gesessen. So halbtot konnte er gar nicht sein, dass er das nicht erkannte.

Er sprang auf. Ihm wurde schwindelig. Tapfer stellte er sich breitbeinig hin und atmete tief ein.

Momentum.

Mooooomentum!

Er verfasste eine innerliche Notiz an Verena Hälble. Aber ehe er sortieren konnte, was er eben gesehen hatte und was er der Kommissarin würde mitteilen können, brauste der Kleinbus des Kanuvermieters heran und kam in einer stinkenden Dieselwolke vor der Familie zum Stehen.

»Wird ja auch Zeit.« Hillus pinkfarben angemalte Lippen waren nur mehr zwei schmale Schlitze.

Sieht kacke aus, dachte Schrödinger. Er verkniff sich den Kommentar und sorgte dafür, dass seine Liebsten, die Fellnasen und eben auch das Schwiegermonster so rasch wie möglich im Transporter verschwanden. Auf die fröhliche Frage des jungen Fahrers, ob sie Spaß gehabt hätten, antwortete er mit einem kryptischen »Hmgrmpfhajanein« und nahm auf dem Beifahrersitz Platz. Horst und Knülle parkten neben den nassen Sachen im Kofferraum. Marion, Hillu und die Kinder quetschten sich auf die Rückbank. Was nicht ganz verkehrskonform war, Schrödinger aber herzlich wenig interessierte, als er erneut einen Fiat erblickte. Dieses Mal von vorne. Und unzweifelhaft saß Karlo Binder am Steuer und der Kerl auf dem Beifahrersitz war – ohne Zweifel – Henry Schrägle.

Obwohl sein Kopf sich so anfühlte, als hätte er brackiges Donauwasser in den Gehirnwindungen, ratterte es dennoch. Weil er nicht riskieren wollte, dass seine Familie komische Fragen stellte, machte er sich lediglich innerlich Notizen an Verena Hälble und hoffte, diese bis zu Hause nicht zu vergessen.

Der Beinahe-Exmann der Toten gemeinsam mit dem Vorsitzenden der *Honberger Hasen* in der Nähe von Steg 85. Zwar am helllichten Tag – aber dennoch sicher nicht zufällig.

Am liebsten hätte Schrödinger den jungen Fahrer vom Sitz geworfen und selbst das Steuer übernommen. Aber erstens durfte er nicht auffallen, und zweitens fühlte er sich nach dem unfreiwilligen Badegang nicht ganz auf der Höhe seiner Kräfte.

»Ich lass mich krankschreiben«, rief er aus.

»Klar. Fauler Sack«, sagte Hillu.

Marion indes tätschelte seinen Arm. »Mach das.« Sie lächelte ihn so warm an, dass sein Herz ein paar Takte lang aus dem Gleichgewicht kam.

Warum war er da nicht eher draufgekommen? Mit einem gelben Zettel könnte er zwei Fliegen mit einer Klappe schlagen. Mindestens. Erstens würde er der miesen Stimmung im Getränkemarkt entgehen, zweitens könnte er der Kommissarin noch intensiver bei deren Ermittlungen helfen. Drittens und viertens könnte er sich als Neu-Papa besser einbringen, und vielleicht fände er sogar Zeit, die Stellenanzeigen in den örtlichen Blättern zu durchforsten.

»So mache ich das!«, sagte er zu sich selbst und fühlte sich auf einen Schlag zehn Jahre jünger.

Allerdings war er mehr als froh, als der Shuttleservice ihn und seine Mischpoke am Ausgangsort absetzte und er mit wackeligen Knien hinter Marion her zum Familienvan stakste. Horst an der Leine lotste ihn. Knülle hatte sich an Hillus in einem überbordenden Push-up-BH steckenden Busen gekauert. Marlene und Max gähnten und ließen sich widerstandslos in den Kindersitzen festschnallen. Die Rückfahrt überließ Schrödinger seiner Liebsten und döste selbst schon nach wenigen Metern ein. Er wurde erst wach, als Marion ihn sanft, aber bestimmt an der Schulter rüttelte und den Motor abstellte.

So richtig wach werden – das wollte Schrödinger nicht gelingen. Sein Kopf fühlte sich an wie nach einer durchzechten Nacht und sein Körper schwer wie Blei. Er war froh, als die Kinder ihre Salamibrote vertilgt hatten und Marion sie ins Bad und danach in die Betten bugsierte. Hillu hatte sich mit einem Schmöker aus der Schmonzettenabteilung in ihr Reich verzogen. Horst und Knülle schlummerten im neuen Körbchen. Dann und wann winselte der Hund im Traum.

Mit einer Flasche Bier in der einen und dem Telefon in der anderen Hand setzte Schrödinger sich auf die Terrasse. Er fröstelte. In den Nachbarhäusern flammten Lichter auf, Rollläden wurden geschlossen. Tuttlingen bereitete sich auf einen gemütlichen Abend vor.

»Hälble?« Die Kommissarin klang genau so müde, wie ihr verdeckter Ermittler sich fühlte.

»Schrödinger hier. Störe ich?«

Ein Gähnen war die Antwort. Und dann ein »Nein. Moment bitte.«

»Klar.« Jetzt war es auch an Schrödinger, den Mund aufzureißen und herzhaft zu gähnen. Im Hintergrund bat Verena Hälble einen gewissen Thorben, ihr das Glas und den Block zu reichen. Es raschelte. Schrödinger hörte das Geräusch eines Küsschens und grinste. Offensichtlich war die Kommissarin nicht allein. Marion hatte ihm erzählt, dass die Hälble mit einem Kollegen liiert war. Der allerdings war nicht in der *SOKO Rammler*. Was für Schrödinger aber so oder so keine Rolle spielte, denn seine Ansprechpartnerin meldete sich jetzt mit einem etwas wacher klingenden »Sodele!«.

Beinahe hätte Schrödinger *Jetzetle!* gerufen. So weit war er mittlerweile in die schwäbische Idiome eingedrungen. Hinten ans Wort ein »le« dranhängen, und schon war man Muttersprachler. Fast jedenfalls. Die Feinheiten zwischen einem *Dackel* (Depp), *Grasdackel* (Volldepp) und *Halbdackel* (größtmöglicher Idiot) wollten ihm noch nicht flüssig von den norddeutschen Lippen kommen.

Ohne schwäbische Verniedlichungen berichtete er Verena von seinem Nachmittag. Von Schrägle und Binder, die gemeinsam unterwegs waren. Und von dem verwaisten Steg. Dass er beinahe ersoffen wäre, verschwieg er. Seine Unterhose musste ja nun wirklich in keinem Polizeiprotokoll auftauchen.

Im Gegenzug versorgte ihn Hälble mit den polizeilichen Erkenntnissen des Tages. Der Unfallwagen war von den Kollegen der Technik einmal Kopf über Motor gestülpt worden.

»Leck mich am Arsch!«, rief Schrödinger gegen den letzten Rest Tageslicht. Die Sonne verkroch sich mit einem zartrosa Schimmer über dem Gebäude des großen Medizintechnik-Herstellers. Das Bild wollte so gar nicht zu dem passen, was Hälble erzählte. Hinter ihm flammte das Licht in der Küche auf. Eine verstrubbelte und sichtlich müde Marion tapste zum Kühlschrank, nahm einen Vanillejoghurt heraus und machte sich auf den Weg zur Couch.

»Das ist ja kriminell«, hustete Schrödinger in den Hörer.

Die Hälble lachte. »Das ist ein Mordfall, was hast du erwartet?«

»Ja, aber … so was gibt's doch nur im Fernsehen.« Schrödinger schluckte trocken und wünschte sich, er würde noch rauchen. Eine Fluppe hätte ihn vielleicht beruhigt. So aber musste es das Kauen auf seinem Daumennagel tun.

»Ich hab ja nun nicht so die Ahnung von Autos«, gestand Schrödinger leise.

»Macht nichts.« Hälble lachte. »Hat Thorben auch nicht.« Im Hintergrund erklang ein männliches »Hey« und das Geräusch, als würde ein weicher Gegenstand geworfen. Verena Hälble setzte Schrödinger unbeirrt die *Obduktion* des Kleinstwagens auseinander. Wie letztens schon erwähnt, hatte jemand die Schrauben an der Lenkstange gelöst. Vor Schrödingers innerem Auge ploppte sofort wieder das Bild eines Kettcars auf. Damit konnte er der Kommissarin folgen. Schließlich hatte er selbst als Junge solch ein Gefährt besessen. Und heiß geliebt. Dass der Hersteller mittlerweile pleite sein sollte – für Schrödinger ein Schock. Denn er hatte fest vorgehabt, Max eines Tages ein Kettcar zu schenken.

Daran aber konnte er im Moment keinen Gedanken verschwenden, denn sein Gehirn wurde für die Skizze eines Ingenieurs gebraucht. Und da ein Tretauto nicht viel größer war als ein Smart, konnte selbst er sich vorstellen, was genau da manipuliert worden war.

Und zwar der Bolzen samt Schraube, der das Lenkrad an der Lenkachse festhielt. Bei einem Kinderfahrzeug mochte sich eine einzige Mutter schon mal selbstständig lösen – bei einem vom TÜV zugelassenen Fahrzeug allerdings waren es dieser gleich zwei. Und dass diese sich so ohne menschliches und schraubendes Zutun lockern würden, lag außerhalb jeden menschlichen Ermessens. Das betonte die Kommissarin – und das war auch Schrödinger klar. Nicht auszudenken, wenn die Halterung sich erst lange nach der Probefahrt und mit Max und Marlene im Oma-Taxi gelöst hätte. Ihm wurde heiß, kalt und speiübel. Er würgte.

»Was ist los?«

»Nix«, keuchte Schrödinger und lauschte auf das Blättern der Kommissarin am anderen Ende der Leitung.

»Dann war da noch was Merkwürdiges im Handschuhfach«, teilte sie ihm mit. Schrödinger holte Luft. Ganz tief. Er starrte auf den Horizont. Die Sonne hatte sich mittlerweile komplett verabschiedet und machte der abendlichen Lichtersilhouette Platz. Am großen Kreisel, der ihn wegen der vielen Spuren schon mehr als einmal zum Verzweifeln und zu Vollbremsungen gebracht hatte, bildeten die roten und weißen Lichter ein skurriles Muster, das so gar nicht zu eingeschlagenen Schädeln und manipulierten Kleinstwagen passen wollte. Und schon gar nicht zu Marion, die mit dem mittlerweile ausgelöffelten Joghurt in der linken Hand mit der rechten durch das überschaubar intelligente Abendprogramm zappte. Schrödinger zwang sich, den Blick vom hell erleuchteten Wohnzimmerfenster abzulenken, und starrte auf den nicht benutzten Kaninchenstall.

»Dort lagen Papiere«, sagte die Kommissarin. Schrödinger nickte, als ob Hälble das sehen könnte. Klar lagen dort Papiere. Fahrzeugschein. ADAC-Mitgliedschaft. Quittungen vom letzten Einkauf. Wie bei jedem eben.

»Ja, klar«, sagte er und knispelte mit den Zähnen den letzten überstehenden Nagelrest ab. Er schmeckte Blut. So tief hätte er vielleicht nicht nagen sollen.

»Ich weiß, was du denkst«, sagte Verena. »Aber es waren keine Fahrzeugbriefe oder so was.«

»Sondern?« Schrödinger schleckte das Blut von seinem Daumen.

»Die letzte Seite einer Doktorarbeit. Ziemlich alt und zerknittert. Scheint dort jemand schon vor einer ganzen Weile abgelegt zu haben. Die lag ganz hinten und ganz unten, verdeckt unter alten Tankquittungen, selbst gebrannten Musik-CDs und abgelaufenen McDonalds-Gutscheinen.«

Schrödinger hustete. Schielte zum Fenster. Marion zappte von den Nachrichten zu einer Soap und daraufhin sofort zu einer Polizeiserie.

»Dok-tor-ar-beit!« Verena betonte jede einzelne Silbe.

»Der Schrägle hat studiert?«, fragte Schrödinger lahm.

»Der ganz bestimmt nicht.« Das kommissarische Grinsen war beinahe durch den Hörer zu greifen.

»Wie? Was?«

»Ich glaube, wir sollten uns noch mehr mit der Juristerei befassen«, sagte Verena. Wieder hörte Schrödinger das dumpfe Geräusch eines fliegenden Kissens. Kratzte sich am Kinn, bemerkte zum wiederholten Male, dass er dringend eine Rasur benötigen könnte und sagte im selben Moment: »Fuck. Fick. Äh, Frick!«

Horst

Kann man es dem Schrödinger auch mal recht machen? Ich meine… jetzt teile ich schon das neue, wirklich sehr bequeme und rückenschonende Hundebett mit dem Karnickel. Lecke dem Hasen zum Einschlafen den Bauch, ersticke fast an dessen Haaren, nuckele meinem neuen Freund zuliebe an einer Möhre und will echt und wirklich nur pennen.

Und dann kommt Schrödinger, schnallt mir das Halsband – wie immer ein Loch zu eng – um den Hals, klinkt die Leine ein und zerrt mich mitten in der Nacht aus Körbchen, Haus und Wärme.

Nuschelt was von Polizei, Ermittlungen und »muss sein«.

Hey! Sein muss hier gar nichts außer meinem Schlaf.

Haben Sie Internet? Bitte geben Sie ganz fix in der Suchmaschine *Tierschutz*, *Lebensrettung* und *Horst* ein. Bitte. Es ist ein Notfall.

Schrödinger

Grundsätzlich hielt Schrödinger sich nicht für einen bestechlichen Menschen. Doch allein die Aussicht, am nächsten Tag ein quasi unbegrenztes Krankenattest vom Arzt zu bekommen, hatte ihn überzeugt, kurz vor Mitternacht noch einmal das schnuckelige Reihenhaus zu verlassen. Marion und ihr Joghurtbecher schlummerten bei *Anne Will* in der x-ten Wiederholung vor sich hin. Horst hatte er ungefragt aus dem Körbchen geholt und dabei einen heftigen Krallenstüber von Knülle riskiert. Immerhin hatte die Hasenpfote nur einen weißen Kratzer und keine blutigen Spuren auf seinen Händen hinterlassen.

So leise es seine ausgetretenen Turnschuhe zuließen, schlich Schrödinger über den Gehsteig vor dem Gebäude. Das Klimpern der Steuermarke am Hundehalsband schien bis in die Wohnung widerzuhallen – aber niemand, nicht einmal die leichtschläfige Hillu, regte sich. Schrödinger bugsierte den Boxer in den Familienvan und startete schaudernd den Motor. Was, wenn auch an diesem Fahrzeug die Lenkung manipuliert war? Was, wenn er sich, seinen besten Freund und Marions Auto irreparabel an den nächstbesten Felsen im Donautal kleben würde?

»Ach, scheiß drauf!«, rief er der Windschutzscheibe zu. Startete den Motor und war heilfroh, dass Radio Donauwelle einen knackigen Rocksong spielte, der passender nicht sein konnte: *Highway to hell.* Nun ja, auf eben diesem würde er sich ja nun nicht befinden, sondern eher im staatlichen Auftrag ein wiederholtes Mal auf dem Highway ins Donautal. Fast fühlte er sich, als wüsste er den Weg auswendig. Ein Verfahren war aber wegen der engen und kurvigen Straßen ohnehin kaum möglich, und so tuckerte er knappe dreißig Minuten später mit ausgeschalteten Scheinwerfern und sehr gedrosseltem Moto die Landstraße entlang, die in ihren Kurven den Biegungen des Flusses folgte.

Kurve eins.

Kurve zwei.

Da. Der abgestorbene Pinkelbaum von Horst. Schrödinger trat auf die Bremse, ließ den Van ausrollen und parkte das Gefährt hinter einem fast haushohen Buschwerk. Er stellte den Motor aus und war froh, als seine Augen sich nach dem Erlöschen der Lichter an die Dunkelheit gewöhnten. Er erkannte den Baum, den Horst am Nachmittag beinahe nieder angepinkelt hätte. Direkt daneben lag ein knallorangenes Etui. Er grinste. Die Kosmetiktasche gehörte Hillu. Und er wusste, dass sie darin ein angeblich verjüngendes Serum, ihren heißgeliebten pinkfarbenen Lippenstift und sonstiges Gedöns aufbewahrte. Kurz überlegte er, die Fundsache der Besitzerin zurückzugeben. Ein paar Bonuspunkte auf dem Schwiegermutterkonto konnten nicht schaden. Andererseits … nein. Er grinste diebisch. Sollte Hillu doch mal ohne ihre Faltencreme auskommen. Allein der Gedanke an noch mehr Krähenfüße ließ ihm den Ausflug schon mehr als gelungen erscheinen.

Bis ein flirrendes Licht die Dunkelheit durchbrach.

»Scht, nicht bellen«, zischte er dem Hund zu. Schnallte sich ab, griff nach der Leine und tätschelte dem Boxer über den Kopf. Ob Horst verstand oder nicht – der Hund gähnte und signalisierte damit seinem Herrchen, dass er alles andere als in Alarmbereitschaft war.

»Einsatz!«, wisperte Schrödinger, hakte die Leine in das Halsband des Hundes, öffnete möglichst leise die Tür und schlich in gebückter Stellung über die Landstraße, um dann mit seinem Hund im Dickicht zu verschwinden. Vor seinen Augen hatte er nur das tanzende Licht einer funzeligen Taschenlampe. Und das zog ihn an wie das sprichwörtliche Licht die sprichwörtlichen Motten.

Leider machten die Tannenwurzeln nicht genau das, was ein Fernsehermittler mit einem heißen Augenaufschlag weggewischt hätte. Schrödinger stolperte und taumelte durch das Dickicht. Seine Stirn machte Bekanntschaft mit dem Ast einer Eiche, seine Waden verhedderten sich in Brennnesseln, und mit der linken Hand langte er in einen Brombeerbusch.

»Scheißdreck«, fluchte er in sich hinein und spürte, wie das Blut zu tropfen begann. Es tat nicht weh, aber wie sollte er Marion am Morgen die Kratzer erklären? Vermutlich würde er alles auf Knülle schieben. Außerdem war das jetzt nicht sein Problem, sondern vielmehr Horst, der schlagartig stehen blieb. Beinahe wäre Schrödinger über den Hund gestolpert. Im fahlen Licht sah er, dass der Boxer die Ohren spitzte, die Plattnase in den Wind reckte und die Nackenhaare aufstellte.

»Ganz ruhig, Brauner«, flüsterte Schrödinger und tätschelte Horst beruhigend über das Fell. Die Haare blieben zwar aufgestellt, aber Horst knurrte tatsächlich nicht. So blieb das Duo unentdeckt von den beiden Gestalten, die neben dem Steg standen.

Hoffte Schrödinger jedenfalls, denn sein Herz wummerte so laut gegen die Brust, dass es sich anfühlte wie der Technosound in einer Discothek. Und er hatte Mühe, seinen keuchenden Atem zu beruhigen.

Mit der flachen Hand befahl er seinem Hund, stehen zu bleiben. Er selbst schlich auf Zehenspitzen einen halben Meter weiter. Trat auf einen trockenen Ast. Das Knacken schien wie der Knall eines Böllers im Aesculaptunnel widerzuhallen. Schrödinger blieb wie eingefroren stehen. Die Gestalten bewegten sich. Zum Glück nicht in seine Richtung, stattdessen näher zur Donau hin. Schrödinger spitzte die Ohren, genau wie Horst es tat. Anders als der mit einem hervorragenden Gehör ausgestattete Hund konnte er jedoch nichts verstehen. Falls die Gestalten, die er vom Habitus her für zwei Männer hielt, überhaupt miteinander sprachen. Er hätte noch näher heranschleichen müssen, das traute er sich aber nicht. Horst hielt die Plattschnauze in die Luft und schnupperte. Zu gerne hätte sein Herrchen gewusst, was der Boxer wahrnahm. Welches Puzzleteil entdeckte der Vierbeiner gerade, das ihm entging? Angestrengt kniff er die Augen zusammen.

Der größere der beiden – und nun war Schrödinger sich sicher, dass es zwei Männer waren, denn einen Bauch wie der eine hatte Hochschwangere und ein so breites Kreuz wie der andere nur eine Hammerwerferin aus der ehemaligen DDR – schlug dem etwas schmächtigeren mit der flachen Hand gegen die Schulter, sodass dieser rückwärts taumelte.

»Du Arsch!«, brüllte der Kleinere. Mit eindeutig männlicher Stimme, obwohl darin eine große Portion Angst mitschwang.

Schrödinger krallte seine Finger unter Horsts Halsband. Gewalt konnte der Hund nicht ausstehen und fühlte sich stets verantwortlich, dagegen einzuschreiten. Er hoffte inständig, dass die Augen des Hundes tatsächlich so viel schlechter als seine eigenen waren und der Boxer nicht bellen oder gar losstürmen würde. Denn einen wütenden Horst zu halten gelang nie.

Horst blieb sitzen. Und der kleinere der beiden Kontrahenten saß kurz darauf ebenfalls auf dem Hosenboden, nachdem er ein weiteres Mal geschubst worden war.

In einer Mischung aus Angst und Faszination beobachtete Schrödinger die Szene. Im Geiste ging er die Menschen durch, die ihm in den Tagen seit Minas Tod begegnet waren. Zu wem mochten diese Staturen passen? Zu vielen. Oder eventuell zu keinem. Es konnte sich um Schrägle handeln – musste es jedoch nicht. Hier in der Dunkelheit war er sich nicht einmal sicher, ob Schrägle der große oder der kleinere Mann sein könnte. Es war schlichtweg alles möglich. Noch dazu blieb ihm nicht lange Zeit zum Grübeln, denn der Größere trat auf seinen am Boden liegenden Gegner zu und holte mit dem rechten Bein aus.

Nein!, wollte Schrödinger brüllen, als er sah, dass ein vermutlich schwerer Stiefel auf den Schädel zuschwang. Aber er war wie gelähmt und konnte nur in einer Mischung aus Ekel und Entsetzen dabei zusehen, wie der Kerl auf sein Opfer eintrat. Wieder und wieder und wieder.

Das war auch Horst nicht entgangen. Die erstickten Schmerzensschreie des Opfers drangen in die Ohren des Hundes.

Horst bellte.

Der Übeltäter zuckte zusammen. Ließ endlich von seinem Opfer ab. Und starrte in die Richtung, aus der das Bellen gekommen war.

Schrödinger wurde heiß. Dann eiskalt. Dann wieder heiß.

Das Adrenalin flutete durch seine Adern und sorgte dafür, dass er mehr Kraft aufbrachte als sonst. Er zog den Boxer mit sich. Auf Äste, Wurzeln oder Brennnesseln nahm er keine Rücksicht.

Horst

Ich will nach Hause. Ich will zu Knülle. Meine Plattschnauze an sein weiches Fell kuscheln. Ihm die Schlappohren auslecken. Meinen Kopf an seinem weichen Bauch vergraben und schlafen. Nur schlafen und alles vergessen. Von mir aus würde ich auch eine von den doofen Möhren fressen, die Knülle jeden Tag vertilgt. Samt dem widerlichen Grünzeugs.

Doch, das würde ich. Das *will* ich.

Aber nein – ich darf nicht.

Kann auch nicht.

Schrödinger braucht mich. Dringend.

Selten hat Herrchen so gezittert wie jetzt im Fond des Streifenwagens. Er ist käsebleich. So schreibt ihn garantiert jeder Quacksalber krank.

Und immer und immer wieder sagt er: »Das kann nicht sein. Das kann nicht sein.«

Kann es auch nicht. Ich könnte es bezeugen. Natürlich fragt mich ja mal wieder keiner. Und ich bekomme weder einen Knochen, noch eine Möhre.

Menschen. Pfffft.

Schrödinger

»Das kann nicht sein. Das kann nicht sein.« Schrödinger zog die muffige, kratzige Decke enger um sich. Bis jetzt hatte er nicht gewusst, dass zur Standardausrüstung jedes Streifenwagens eine Decke gehörte. Jetzt wusste er es. Hätte es lieber nicht gewusst und wusste auch sonst nicht mehr viel.

Kaum, dass er mit Horst das Dickicht durchbrochen war, hatte er einen Hilferuf an Verena abgesetzt. Die hatte nicht lange gefackelt, und ein paar Minuten später waren Blaulichter aufgetaucht. Hastig hatte er der Kommissarin seine Beobachtungen geschildert. Und wieder hatte die Beamtin nicht lange gefackelt, sondern die Kollegen samt Flutlicht zum Tatort geschickt.

»Glaub mir, da lag niemand.«

»Das kann nicht sein. Ich habe es doch gesehen!«

»Wir haben alles abgesucht.« Verena tätschelte ihrem verdeckten Ermittler den Arm. »Da war niemand.«

»Blutspuren?« Solch heftige Tritte mussten doch zu geplatzten Lippen oder einer gebrochenen Nase geführt haben!

»Nein.« Hälble schüttelte den Kopf.

»Niedergetrampeltes Gras?«, versuchte er es erneut. Wieder war die Antwort ein Kopfschütteln. »Raspelkurz gemäht«, sagte die Kommissarin.

»Ich *habe* es gesehen«, sagte Schrödinger. Deutlich lahmer. Er konnte und wollte nicht an seinem Verstand zweifeln.

»Wir bleiben dran«, versprach Verena Hälble und stieg aus dem Wagen, als ein Kollege ihr winkte.

»Werde ich irre?«, fragte Schrödinger im Flüsterton seinen Hund, der vor dem Streifenwagen hockte und sein Herrchen keine Sekunde lang aus den Augen ließ. Der Boxer legte den Kopf schief, was ebenso gut Ja wie Nein heißen konnte.

Schrödinger wurde speiübel. Er schluckte gegen den Drang an, sich zu übergeben. Was, wenn er sich die Szene tatsächlich nur eingebildet hatte? Was, wenn seine Phantasie ihm einen Streich gespielt hatte? Immerhin wäre er heute beinahe ertrunken. Eventuell war er sogar längst tot? Möglicherweise war seine Lunge längst voll Wasser, er lag eiskalt und regungslos auf der Pritsche in der Rechtsmedizin und seine Neuronen hatten ihm mit allerletzten Zuckungen einen Albtraum für die Ewigkeit beschert? Vor einiger Zeit hatte er einen Horrorfilm gesehen, in dem es um so was Ähnliches gegangen war.

»Scheiße«, jammerte er und schrie auf, als Verena Hälble sich in den Wagen beugte.

»Wir haben was gefunden.« Sie zwinkerte ihm aufmunternd zu und hielt eine Plastiktüte hoch, die sie mit einer Taschenlampe beleuchtete.

»Was ist das?« Schrödinger kniff die Augen zusammen.

»Ein Schneidezahn.«

Schrödinger sank in den Sitz. Schneidezähne lagen selten einfach so und grundlos auf Wiesen am Donauufer herum.

»Gott sei Dank«, wisperte er und konnte es nicht vermeiden, dass ihm eine heiße Träne über die unrasierte Wange kullerte.

Verenas Angebot, ihn in ihrem Golf oder im Streifenwagen nach Hause fahren zu lassen, lehnte er dankend ab. Zwar brauchte er noch einige Minuten, aber dann hatte er sich genug beruhigt, dass er sich mit seinem eigenen Auto auf den Heimweg machen konnte. Dass ihm beim Anlassen des Motors ein wenig die Finger zitterten, ignorierte er bewusst.

Vom Beifahrersitz aus spendete ihm Horst seelischen Beistand, und Schrödinger konnte gar nicht anders, als dem Boxer während der Fahrt immer wieder dankbar über Kopf und Rücken zu streicheln.

»Was würde ich nur ohne dich machen«, fragte er mehrmals.

Der Hund warf ihm einen wissenden Blick zu. Außerdem war beinahe so etwas wie ein süffisantes Grinsen in seinem Gesicht zu erkennen.

Zurück in Tuttlingen ging er genauso behutsam wie bei seinem Aufbruch vor. Bedächtige Schritte, kein Klirren des Schlüsselbundes, ganz leises Öffnen der Wohnungstür. Das funktionierte ziemlich gut, und Schrödinger wollte sich an der Garderobe schon stolz auf die eigene Schulter klopfen, als sich weiter hinten eine Tür öffnete und jemand im Flur das Licht anknipste.

Hillu. Obwohl sie bereits ihren Schlafanzug trug und ihre Haare zerzaust genug für einen längeren Aufenthalt im Bett waren, war ihr Blick stechend und klar. Ohne jeden Zweifel hatte sie schon geraume Zeit nicht mehr geschlafen, sondern auf seine Rückkehr gewartet.

»Beim heimlichen Rausschleichen musst du echt noch einiges lernen.« Sie entblößte ein abschätziges Lächeln, das nichts Gutes bedeuten konnte. »Wenn ich es nicht besser wüsste, könnte ich glatt annehmen, du hättest ne Affäre.«

»Ne Affäre? Ich?«, fragte Schrödinger. »Das ist ja wohl lachhaft.« Eine Sekunde verstrich, dann dämmerte ihm etwas: »Augenblick mal, wieso denkst du, das kann nicht sein? Dann hältst du mich also doch für einen Ehrenmann?«

»Quatsch. Nur für viel zu dämlich zum Fremdgehen. Außerdem: Soll ich dich noch mal an deine Comic-Buxe von heute Nachmittag erinnern? Mit der Schlüpper kannst du bei keiner Frau landen. Außerdem reicht mein Englisch weit genug, dass ich verstehe, was da für ein Spruch draufstand. *Out of order* heißt nicht gerade *Vollgas* oder *Volle Kraft voraus*.«

»Aber ich … das ist doch …« Ihre Direktheit verschlug ihm die Sprache.

»Also, wo warst du so spät in der Nacht noch?«

»Ich war mit dem Hund draußen.«

»Das habe ich mitgekriegt. Aber ihr seid mit dem Auto weggefahren. Wenn der Köter schiffen musste, hättet ihr zur nächsten Laterne gehen können. Was auch nicht ganz passt: Ihr wart knapp zwei Stunden weg. So viel kann der Hund gar nicht von sich geben, dass ihr so lange braucht.«

»Hast du ne Ahnung!«

Horst knurrte verstimmt. Ihm gefiel offenbar genauso wenig, in welche Richtung sich das Gespräch hier entwickelte. Insbesondere das aktuelle Thema war nichts, was man ausdiskutieren musste.

»Also, verrätst du mir nun, wo du warst, oder wollen wir das morgen früh besprechen, wenn Marion wach ist? Ich kann sie auch gerne gleich aufwecken, wenn es was Wichtiges gibt.«

»Nein! Nichts Wichtiges. Wir waren noch mal draußen beim Bootssteg.«

»Wozu?«

»Weil …« Er stockte kurz. Nach wie vor widerstrebte es ihm, sie in seine Undercoverpläne einzuweihen. Dann kam ihm eine Idee: »Ich hab mir vorhin noch mal den ganzen Nachmittag Revue passieren lassen. Das mit dem Boot und alles drumherum. Da war mir so, als hätte ich im Wald irgendwo dein orangenes Etui liegen gesehen. Deshalb bin ich losgefahren, um nachzuschauen. Ich weiß doch, wie sehr du daran hängst.«

»Du hast … extra meinetwegen … Ich …« Vor einem Moment auf den nächsten wirkte die alte Frau sichtlich gerührt. »Das ist natürlich ein triftiger Grund. Und wo ist das Etui? Ich hab es vorhin schon vermisst.«

»Ich habe es leider nicht gefunden. Dabei hatte ich extra meine Taschenlampe mitgenommen. Aber es war zu einfach zu dunkel.«

Hillu senkte betrübt den Blick. »Schade. Dann werde ich morgen noch mal rausfahren. Bei Tageslicht sieht man mehr. Trotzdem, danke für deine Mühe.«

Mit hängenden Schultern kehrte sie in ihr Zimmer zurück. Schrödinger warf Horst einen erleichterten Blick zu und atmete auf. Das war echt knapp gewesen.

Knapp war auch der Kampf um die etwas ausgeleierte Karotte, neben der Knülle im Körbchen ratzte. Das Möhrchengrün lag welk und schlaff auf dem Kissen. Trotzdem schnappte Horst, der sonst eher der Leberwurst-Typ war, sich die Karotte. Wovon Knülle wach wurde und mit den Hinterbeinen in ganzer Rammlermanier sein Revier verteidigte. Horst leckte am Gemüse. Nieste. Und überließ dann doch dem Mümmelmann das orangefarbene Teil.

Obwohl Schrödinger schon wenig später neben Marion im Bett lag, brauchte er noch lange, bis er endlich einschlafen konnte. Nicht wegen seiner Liebsten, die im Traum leise, aber beständig den halben Schwarzwald abzuholzen versuchte. Diese Geräusche waren ihm ja vertraut und bis zu einem gewissen Maße beruhigend. Doch wann immer Schrödinger die Augen schloss, sah er die Silhouetten der zwei Männer vor sich. Und wie der eine auf den anderen am Boden eingetreten hatte. Es hatte geklungen, als würde jemand einen alten Medizinball bearbeiten. Einfach gruselig.

Kurz bevor der Kirchturm in der Nähe das fünfte Mal schlug, dämmerte er schließlich weg. Doch auch in seine Träume verfolgten ihn die Ereignisse des zurückliegenden Tages. Sich leise wimmernd hin und her bewegend, durchlebte er noch einmal sein Beinahe-Ertrinken und wie Hillu ihn um ein Haar wiederbelebt hätte. Immer wieder zuckte er im Traum ängstlich zusammen, wachte jedoch nicht auf.

Achter Tag: Freitag

Horst

Manchmal ist Schrödinger echt ein armes Würstchen. Oder eine arme Möhre? Ich weiß gar nicht mehr, ob ich Hund oder Hase bin. Nun ja.

Zusammen haben wir schon manch schaurige Sache erlebt. Die Leiche auf dem Campingplatz und die im Reha-Kneippbecken. Dazu Hillus Weihnachts-CDs mit Helene Fischer oder den Amigos. Man sollte ja meinen, dass ihn das alles ordentlich abgehärtet hat. Trotzdem ist ihm der Ausflug gestern Nacht ordentlich an die Nieren gegangen.

Dass ihm nichts passiert ist, lag selbstverständlich nur an mir. Hat er zum Glück genauso gesehen und mir daheim nicht bloß das Dosenfutter serviert, sondern auch ein paar Scheiben Salami aus Kühlschrank dazugepackt. Da will ich mal nicht Nein sagen. Aber dass er Knülle, der die ganze Zeit auf der faulen Hasenhaut lag, noch eine frische Karotte kredenzt hat… das geht schon fast ein bisschen zu weit.

Ich hab ihn trotzdem aus reiner Freundlichkeit heute Morgen länger pennen lassen. Sahen Marion und Hillu scheinbar genauso. Die haben sogar die Kinder gebeten, ruhiger zu sein, damit er ausschlafen kann. Hat bei den zweien zwar nicht viel genützt, aber das ist ja nichts Neues. Die können einfach nicht leise sein. Selbst wenn sie es wollen. Spätestens nach zwei Minuten lärmen sie wieder wegen irgendwas. Aber gut, das ist ein anderes Thema.

Auf jeden Fall wirkten alle wie ausgewechselt. Hillu hat ihrer Tochter und den Enkeln sogar angeboten, sie zur Arbeit, zur Schule und zum Kindergarten zu fahren. Wenn Sie mich fragen, hat sie das bloß getan, um danach das Auto für sich zu haben.

Womit ich kein Problem habe. Von mir aus kann sie mit der Familienkutsche noch mal zum Wald oder wohin auch immer fahren. Hauptsache, Schrödi und ich haben unsere Ruhe. Es wird nämlich Zeit, mit unseren Ermittlungen weiterzumachen. Ich hab ja schon ne ungefähre Ahnung, wohin es gehen wird. Mal schauen, ob Herrchen das genauso sieht.

Schrödinger

Beim Aufwachen fühlte er sich so fertig, als hätte er die ganze Nacht schlafgewandelt. So was gab es ja bekanntlich ihm fielen auch gleich mehrere Filme mit derartigen Geschichten ein. Aber als er nachschaute, trug er weder Erde an den nackten Füßen, noch war er irgendwie mit Blut beschmiert. Er hielt auch keine Möhre in der Hand, mit denen er neuerdings seinen neuesten Mitbewohner zu bezirzen versuchte. Lediglich die Kratzer von vergangener Nacht waren zu sehen. Und ein paar blaue Flecke von dem Bootsunfall. Alle anderen Blessuren, wie die Wunde vom Brombeerstrauch, waren zu vernachlässigen. Summa summarum war das alles halb so schlimm.

Während er im Bad die Morgentoilette erledigte, fiel ihm auf, wie still es in der Wohnung war. Ein Blick auf die Wanduhr verriet ihm, dass es bereits kurz nach neun war. Was zumindest erklärte, wo Marion und die Kinder waren. Rentnerin Hillu hätte zwar frei, hielt sich aber ebenfalls nicht in der Nähe auf. Na ja, damit konnte er gut leben.

Nach einem ausgiebigen Frühstück mit allem, was der halb leere Kühlschrank zu bieten hatte, vergewisserte er sich, dass es Knülle gut ging, legte dem Kaninchen eine überdicke Karotte vor die Schnauze und verließ mit Horst die Wohnung. Wohin er fahren wollte, lag auf der Hand. Heute war Freitag, und da hatten die meisten Hausärzte bekanntlich bloß bis Mittag offen. Also fuhr er zu dem Doc, zu dem ihn Marion im Januar trotz vehementer Proteste (»So was geht von ganz alleine weg!«) mal wegen einer Mandelentzündung geschleift hatte.

Im Wartezimmer saßen nur vier andere Patienten. Trotzdem dauerte es fast eine Stunde, bis er endlich an der Reihe war und der skeptisch dreinblickenden Ärztin von der hochdramatischen gestrigen Kanufahrt berichten konnte. Mit einer Theatralik, die ihn selbst verblüffte, berichtete er von den bestimmt zehn Litern Donauwasser, die er getrunken hatte, und wie er dem Tod gerade so von der Schippe gesprungen war. Die Ärztin blieb wenig beeindruckt, schrieb ihn aber trotzdem bis einschließlich Montag krank.

Gerne hätte Schrödinger eine komplette Woche Urlaub auf Krankenschein genommen, doch drei Tage waren besser als nichts. Außerdem hatte er, wenn er sich recht entsann, am Dienstag laut Schichtplan eh frei. Das dürfte erst mal genügen. Sollte er noch mehr Karenztage benötigen, konnte er sich nächste Woche immer noch was Neues einfallen lassen. Zum Beispiel einen Bandscheibenvorfall. Den hatte er schon lange nicht mehr gehabt. Allerdings war mit so was nicht zu spaßen. Der letzte (der alles andere als gespielt gewesen war!) hatte ihm sechs Wochen Reha in Bad Mergentheim eingebracht. Auf eine Wiederholung verspürte er wenig Lust. Gelinde ausgedrückt.

Nachdem er den Krankenschein im Getränkemarkt abgeliefert hatte, fuhr er rauf zum nördlichen Industriegebiet. Als er das Hinweisschild auf die *Spedition Schwaighöfer* erblickte, drosselte er die Geschwindigkeit. Sobald das Firmengelände in Sicht kam, schaute er sich nach einer Parkmöglichkeit in der Nähe um.

Er hatte Glück. Schräg gegenüber gab es am Straßenrand eine freie Parkbucht, von der aus er eine hervorragende Sicht auf das Büro und die Lagerhalle hatte. Der beigefarbene

Smart parkte noch immer an der gleichen Stelle wie beim letzten Mal, lediglich die Zahl der Lastkraftwagen hatte sich von drei auf zwei reduziert.

Auf den ersten Blick war weder von Henry Schrägle noch einem anderen Mitarbeiter eine Spur zu sehen. Nicht mal, ob sich derzeit jemand im Büro aufhielt, war aus der Ferne genau auszumachen. Aber Schrödinger hatte Zeit. Es gab eh genug Dinge, über die er sich klar werden musste.

Zum Beispiel, ob es tatsächlich Minas Ex gewesen war, den er gestern Nacht am Steg gesehen hatte. Das wäre zwar logisch, weil er sich die Notiz auf seinem Block gemacht hatte, aber ein Beweis war das nicht. Und was hatte der Kerl vorher mit dem Vereinsvorsitzenden zu schaffen gehabt?

Durch den ganzen nächtlichen Trubel am Fluss hatte sich Schrödinger über die Beobachtung der beiden Männer im Fiat gar keine Gedanken mehr gemacht. Dabei war es unter Umständen einer der wichtigsten Punkte überhaupt. Er glaubte zwar nicht, dass es Karlo gewesen war, den er in der Nacht an der Donau gesehen hatte, ganz ausschließen konnte er es jedoch nicht.

So oder so, das einzige offensichtliche Bindeglied zwischen den beiden Männern war Mina. Das allein machte zwar niemanden verdächtig, aber in einem Mordfall musste jede noch so dünne Verbindung überprüft werden. Nur allzu gern hätte Schrödinger deshalb gewusst, wohin die beiden Männer gestern unterwegs gewesen waren. Vor allem in der Nähe des Bootsstegs. Er bedauerte jetzt sehr, dass er sie gestern nicht doch unter einem Vorwand verfolgt hatte.

Was ihn ebenfalls interessierte: Wieso beziehungsweise worüber waren die zwei Männer am Ufer überhaupt in Streit geraten?

Hatte der eine den anderen beleidigt oder zu betrügen versucht? Ging es um Drohungen oder einen Diebstahl? Viele Dinge kamen infrage.

Die Tür zum Speditionsbüro öffnete sich, und Schrödinger verscheuchte sämtliche Überlegungen. Ein Blondschopf mit rundem Gesicht ging auf die Fahrzeuge zu. Matthias Schwaighöfer. Auf halber Strecke blieb er stehen und nestelte an seiner Hosentasche herum. Was aussah wie massive Juckbeschwerden im Schrittbereich, hatte offenbar bloß mit einem verklemmten Mobiltelefon zu tun. Gleich darauf hatte er es aus der Tasche gezogen und nahm sichtlich erleichtert das Gespräch an.

Neugierig wie Schrödinger war, gab er Horst ein Zeichen und sprang aus dem Wagen. Er wollte unbedingt erfahren, worum es in dem Telefonat ging. Sollte er dabei ertappt werden, könnte er sich ja nach einer neuen Liebesschnulze mit Til Schweiger erkundigen. Oder vorschieben, doch an dem Smart ForTwo interessiert zu sein. Beides war freilich unangenehm. Deshalb bewegte er sich vorsichtshalber bloß im Sichtschatten anderer geparkter Autos vorwärts. Der Nachteil daran war, dass er nur langsam vorankam. Was es schwieriger machte, etwas von der Unterhaltung mitzukriegen.

Zwischen Hundekeuchen und dem Straßenlärm der vorbeifahrenden Autos glaubte er schließlich aber doch einige Fetzen herauszuhören: Begriffe wie *Disposition*, *Hafen* und *Ware löschen* fielen. Das klang sehr nach einem stinknormalen Arbeitsanruf. Trotzdem schlich Schrödinger in geduckter Haltung weiter und blickte immer wieder mal auf, um auch etwaige Veränderungen in Schwaighöfers Miene mitzukriegen. Leider war nichts davon in irgendeiner Weise aufschlussreich.

Schließlich beendete der Speditionschef das Telefonat und betrat durch eine Seitentür nicht weit vom Smart entfernt die Lagerhalle. Schrödinger folgte ihm bis zu den Lastwagen und schaffte es gerade so noch, in Deckung zu gehen, bevor Schwaighöfer wieder nach draußen trat. In den Händen hielt er eine verbeulte olivgrüne Werkzeugkiste, die der Haltung nach zu urteilen ziemlich schwer sein musste. Was immer er damit vorhatte, schien sich im Büro abzuspielen.

Schrödinger machte sich nicht die Mühe, ihm dahin zu folgen, sondern nahm sich lieber die Lagerhalle vor. Ihm war bewusst, dass er damit technisch gesehen eine Straftat beging. Da spielte es auch keine Rolle, dass er im Auftrag der Polizei unterwegs war. Freilich könnte er die Ausrede bringen, drinnen bloß nach einem ungestörten Örtchen für Horst gesucht zu haben. Doch das dürfte genauso glaubhaft sein wie die Behauptung, sich einfach verlaufen zu haben.

Schrödinger beschloss, die Bedenken zu ignorieren. Das hier war der Ort, an dem Schrägle arbeitete. Von dem aus seine Lkw-Reisen durch Deutschland und Europa geplant wurden. Mit welcher Ladung auch immer. Bisher wusste er ja nicht mal genau, was Minas Ex überhaupt durch die Gegend kutschierte. Das konnten Pressspanplatten oder medizinische Gerätschaften sein. Genauso gut aber auch Falschgeld, Kokain oder Schnellfeuerwaffen.

Auf den ersten Blick wirkte im Inneren der Halle alles ziemlich unverdächtig. Bloß jede Menge Regale mit auf Paletten stehenden und/oder in Schrumpffolie eingeschweißten Gütern. Ein bisschen erinnerte es Schrödinger an das Lager von Ikea, wo die Ware auf relativ ähnliche Weise gestapelt wurde. Von Möbelstücken las er auf den Kisten freilich nichts.

Während er die Regalreihen durchging, kam ihm die Stellenausschreibung am schwarzen Brett von Schwaighöfers Büro wieder in den Sinn. Wenn er wollte, könnte er schon bald Artikel wie diese mit einem Truck quer durch die Weltgeschichte schippern. Die Vorstellung reizte ihn nur wenig, aber das traf auf den Job im Getränkemarkt im gleichen Maße zu. Es war wie die Wahl zwischen Pest und Cholera.

Plötzlich fing Horst leise an zu knurren und gab erst Ruhe, als Herrchen ihm zwischen den Regalgängen hindurch nach rechts folgte. Hatte der Boxer zwischen den Kisten und Kartons eine Ratte oder eine streunende Katze entdeckt? Oder hatte Schrägle im Aufenthaltsraum sein Pausenbrot liegen lassen?

Die Antwort lautete: weder – noch. Der Hund führte ihn in den hinteren Teil der Halle, wo neben einigen aufgestapelten Europaletten kaputte Kartons und Folien lagen. Offenbar der Abfallplatz der Spedition.

Nur eine Sekunde darauf hörte Schrödinger, wie weiter vorne eine Tür geöffnet wurde. Er erstarrte in der Bewegung und schaute ratlos zu Horst. Hatte ihn der Hund hierhergeführt, weil er gehört hatte, dass sich jemand näherte? Oder hatte das eine mit dem anderen nichts zu tun?

Andererseits gab es hier hinten außer Müll nichts von Bedeutung. Keine Blutflecken oder Kratzspuren am Boden oder auf einer der Verpackungen. Was also sollte es sonst sein, abgesehen von einer umsichtigen Vorausschau? Dank des sensiblen Hundegehörs lag der Vorteil eindeutig auf ihrer Seite.

Klackernde Geräusche von hochhackigen Absätzen näherten sich. Schrödinger hörte auf, über das Warum nachzugrübeln, und ging hinter dem Palettenstapel in Deckung. Kurz überlegte er sogar, sich unter den kaputten Kartons zu verstecken. Genug Abfall dafür gab es allemal. Aber das hätte vermutlich zu viel Geraschel und Geschabe verursacht und noch mehr auf ihn aufmerksam gemacht.

Daher zog er Horst ganz nah an sich heran und strich dem Boxer beruhigend über Hinterkopf und Rücken. Er hoffte, dass der Hund das Zeichen verstand und ruhig blieb.

Und so war es.

Die Frau mit dem hochhackigen Schuhwerk (wenigstens nahm Schrödinger an, dass es sich um eine Frau handelte, ganz sicher konnte man sich dieser Tatsache heutzutage ja nicht mehr sein) kam auch gar nicht in ihre unmittelbare Nähe, sondern bog bereits zwei Regalreihen vorher ab. Zwischen den aufgestapelten Kartons hindurch nahm Schrödinger ihre Bewegung wahr, sah jedoch noch weniger als gestern Abend am Bootssteg. Keine Chance, zu erkennen, wer da was wieso nachschaute.

Dafür schien die unbekannte Person recht bald das Gesuchte gefunden zu haben. Nur wenige Augenblicke später entfernte sie sich wieder in Richtung Ausgang. Sowie die Tür ins Schloss fiel, atmeten Hund und Herrchen erleichtert auf.

Nachdem er sich vergewissert hatte, dass er in der Abfallecke nichts übersehen hatte, schlich Schrödinger zu der Stelle zurück, wo er vorhin mit der Überprüfung der Halle gestoppt hatte. Von da aus ging er die restlichen Regalreihen durch, fand aber bei seiner oberflächlichen Kontrolle nichts, was ihm verdächtig vorkam. Jede einzelne Verpackung aufreißen, um sich den Inhalt anzuschauen, wollte er nicht. Dass er bisher in der Halle unbemerkt geblieben war, glich ohnehin einem mittelgroßen Wunder. Erfahrungsgemäß hielt sich ein solches Glück nicht lange auf seiner Seite. Um es nicht über Gebühr zu strapazieren, beschloss er, die Durchsuchung abzubrechen. Es hätte eine heiße Spur sein können, hatte sich letztendlich jedoch nicht als solche erwiesen.

Er ging mit leisen Schritten in Richtung Ausgang, stets darauf gefasst, beim Öffnen der Tür rasch in einer der Regalreihen in Deckung zu gehen. Doch außer ihnen schien sich aktuell niemand für die hier gelagerten Dinge zu interessieren.

Dafür bemerkte er kurz vor der Tür etwas anderes, was ihm nachträglich die Haare zu Berge stehen ließ. An der linken Wand gab es ein riesiges Glasfenster, das direkt zum daneben befindlichen Büroraum zeigte. Das war ihm vorhin beim Eintreten überhaupt nicht aufgefallen!

Jetzt, da er es sah, erinnerte er sich auch, das Fenster bei seinem vorherigen Besuch hinter Schwaighöfers Schreibtisch bemerkt zu haben. Auch jetzt saß der Speditionschef an seinem Platz, starrte auf seinen Monitor und kaute am hinteren Ende eines Kugelschreibers herum.

Schrödinger blieb erneut wie angewurzelt stehen. Es war wie ein motorischer Defekt. Alles in ihm schrie danach, sich mindestens zu ducken oder gleich ganz von der Glasscheibe wegzugehen. Er befand sich in unmittelbarer Gefahr, erwischt zu werden. Trotzdem konnte er es nicht.

An der Wand hinter Schwaighöfers Tisch hing eine längliche Pinnwand, auf der offenbar sämtliche für die Spedition tätigen Fahrer mit ihren Lkws, den Zielorten und den jeweiligen Ankunfts- und Abfahrtsdaten notiert waren. Schrägles Name war darauf. Und wenn die Übersicht stimmte, war der

Mann heute Morgen mit einer neuen Sendung aufgebrochen. Wohin genau er unterwegs sah, war zu krakelig geschrieben, als dass Schrödinger es von seiner Position aus entziffern konnte. Den Buchstaben nach könnte es ein Ort in Skandinavien sein. Genauso gut könnte das Ziel aber auch irgendwo in der Benelux-Region liegen. Zurückkehren würde Schrägle laut Tafel erst am Montag.

Was bedeutete, dass der Mann sich im Augenblick komplett außerhalb seiner Reichweite befand. Ohne großen Aufwand gab es keine Möglichkeit, den Mann aufzusuchen und herauszufinden, ob ihm vielleicht einer oder mehrere Zähne fehlten.

Verdammte Axt!

Gab es irgendjemanden, der Schrägle vor seinem Start gesehen hatte? Von einer Freundin hatte Verena nichts erwähnt, und im Haus war Schrödinger auch kein Hinweis darauf aufgefallen. Wenn überhaupt, dann könnte ihn noch jemand von der Spedition getroffen haben. Doch selbst das war ungewiss. Gut möglich, dass Henry in aller Herrgottsfrühe hergekommen und losgefahren war, bevor die Kollegen zur Arbeit antraten. In der Regel hatten Brummifahrer ja keinen normalen Werktag zwischen sieben und vier, sondern waren deutlich früher und deutlich länger auf Achse. Die Überlegung deprimierte ihn (nicht nur hinsichtlich etwaiger beruflicher Veränderungen) und sorgte gleichzeitig dafür, dass Schrödinger sich aus seiner Starre löste.

Keine Sekunde zu früh. Im selben Augenblick, als er auf Tauchstation ging, drehte sich Matthias Schwaighöfer zum Lagerfenster um. Ob der Chef sich danach aufrichtete und genauer hinschaute, sah Schrödinger vom Boden aus nicht.

Weil der befürchtete Aufschrei auf sich warten ließ, hatte er sich offenbar gerade so noch aus der Schusslinie gebracht. Sein Herz raste, und er spürte, wie ihm das Hemd auf einmal unangenehm am Rücken klebte.

Nichts wie raus hier, dachte er. Um ja nichts zu riskieren, watschelte er die restlichen Meter zur Tür gebückt und im Entengang. Horst tänzelte leichtfüßig nebenher, auch diesmal mit der Andeutung eines Grinsens in der Schnauze. Schrödingers hingegen beruhigte sich erst wieder, als er in seinem Kombi saß.

Horst

O Mann, soll ich dazu echt noch meinen Senf geben? Sie haben ja selbst gerade gelesen, wie unprofessionell sich Schrödinger mal wieder aufgeführt hat. Bleibt der Kerl doch allen Ernstes direkt vor dem Fenster stehen. Manchmal hat er echt mehr Glück als Verstand. Buchstäblich.

Dabei war das noch nicht mal die ärgerlichste Sache an unserem kleinen Einbruch. Da führe ich ihn direkt zu den leeren Kartons, und der Herr Meisterdetektiv merkt nicht mal, was er da vor sich hat. Dabei rochen manche der Pappen doch genauso, wie es gestern Abend am Bootssteg gerochen hat.

Man sollte ja meinen, als jahrelanger Hundebesitzer weiß Schrödinger, dass wir Vierbeiner die Krönung der Schöpfung sind und über einen außergewöhnlichen Geruchssinn verfügen. Ist ihm in der Minute natürlich nicht in den Sinn gekommen. Wieso auch?

Da frage ich mich echt, was ich noch tun soll. Ihn wortwörtlich mit der Nase darauf stoßen? Hmmh … vielleicht zwick ich ihm das nächste Mal mit den Zähnen in die Wade, wenn er genauer hinschauen soll. Ist ja sonst nicht auszuhalten mit dem Kerl.

Schrödinger

Viel hatte der Abstecher zur Spedition zwar nicht gebracht, aber zumindest wusste er jetzt, worauf er die nächsten Tage *nicht* warten musste. In Sachen Ermittlungen brachte ihn das nicht wirklich weiter. Zum Glück gab es noch andere Mittel und Wege, um herauszufinden, wer sich gestern Nacht am Donauufer herumgetrieben hatte.

Ausschlussverfahren war das Stichwort. Und Schrödinger wusste haargenau, wo er damit anfangen konnte. Deshalb lenkte er seinen Wagen auch zielgerichtet den Honberg hinauf zum Sitz eines gewissen Kleintierzuchtvereins.

Unterwegs fragte er sich kurz, ob so zeitig überhaupt schon jemand da sein würde. Immerhin war es noch nicht ganz zwölf Uhr. So wie in früher in der DDR, wurde auch in Süddeutschland das Wochenende gerne schon freitags um ein Uhr eingeläutet, aber auch diese Uhrzeit hatten sie noch nicht ganz erreicht. Notfalls würde er vor dem Haus warten und sich mit Horst die Beine vertreten. Ein wenig Bewegung an der frischen Luft würde ihnen beiden sicher guttun.

Leider kam es nicht dazu. Vor dem Vereinsheim parkten zwei Autos: ein pistazienfarbener Subaru, den Schrödinger bereits bei früheren Besuchen hier gesehen hatte, sowie ein ihm unbekanntes weißes Elektroauto. Darüber, wem was gehörte, brauchte er nicht lange zu rätseln. Drinnen erwarteten ihn die Käferliebhaberin Sylvia Gruber und ein Rentner mit Kugelbauch und schneeweißer Halbglatze. Beide trugen nicht unbedingt die adrettesten Kleidungsstücke: sie eine abgewetzte Jeans und ein kariertes Holzfällerhemd, er einen Polyester-Jogginganzug in glänzendem Lila-Grün. Beide begannen sie zu strahlen, als sie Herrchen und Hund erblickten.

»Ach, das ja schön«, begrüßte ihn die blonde Frau. »Noch jemand, der sich zu uns verirrt. Und das sogar fast pünktlich.«

Schrödinger kam sich vor, als hätte er die Pointe eines Witzes verpasst. Sein Gesichtsausdruck drückte das offenbar ziemlich deutlich aus.

»Na, für unseren jährlichen Frühjahrsputz«, fügte Sylvia hinzu. »Das steht doch groß und deutlich draußen am Aushang.«

Schrödinger konnte sich nicht entsinnen, dass ihm irgendwas dergleichen aufgefallen wäre. Aber *Frühjahrsputz* war eines jener Signalwörter, die in der Regel nichts Gutes verhießen, sondern im Gegenteil viel Arbeit bedeuteten. Instinktiv zog es auch Horst in Richtung Tür zurück. Schrödinger hingegen stockte auf einmal. Natürlich fielen ihm auf Anhieb tausend Sachen ein, die er lieber tat, als hier mit anzupacken. Schließlich hatte er sich nicht für seine Arbeit krankschreiben lassen, um stattdessen im Verein zu malochen. Andererseits könnte dies eine gute Gelegenheit sein, den Mitgliedern noch ein wenig mehr auf den Zahn zu fühlen. Sofern weitere Leute auftauchten.

»Dafür sind wir für meinen Geschmack ziemlich wenig Personen«, sagte er deshalb und schaute sich demonstrativ im Raum um. Es gab keine weitere Menschenseele außer ihnen.

Der alte Mann zuckte mit den Schultern. »Ist immer dasselbe. Erst sagen alle zu, und dann passt es auf einmal nicht. Haben zufällig nen Arzttermin oder das Kind ist auf einmal krank.«

»Manche müssen vielleicht noch arbeiten«, überlegte Schrödinger.

»Dagegen sagt ja keiner was. Aber wenn ich genau weiß, dass ich keine Zeit hab, sag ich doch nicht zu. So einfach ist das.«

»Wo ist denn überhaupt was zu tun?«, versuchte Schrödinger das Thema zu wechseln.

Sylvia stöhnte. »Überall. Im Garten muss der Rasen gemäht und Unkraut gezupft werden. Die Ställe macht zwar eigentlich jedes Vereinsmitglied selbst sauber, trotzdem ist es gut, wenn wir da noch mal drübergehen. Nicht jeder versteht unter Sauberkeit das Gleiche. Auf dem Speicher und in den Büroräumen muss auch mal durchgeschaut und für Ordnung gesorgt werden.«

»Das Letzte klingt gut«, sagte Schrödinger sofort. »Daheim bin ich für meinen Ordnungsfimmel bekannt. Es stöhnen schon immer alle, weil ich so pedantisch bin.« Marion hätte bei dieser Behauptung zwar laut losgelacht, aber bei Sylvia schien er damit genügend Eindruck zu schinden. Der Rentner erwähnte zwar, dass auch hinter der Bar mal geputzt werden müsste, doch das interessierte die anderen zwei nicht sonderlich.

Dafür schauten sich alle um, als sie sich am anderen Ende des Flurs ein weiteres Mal die Tür öffnete. Diesmal für gleich zwei weitere Vereinsmitglieder. Beides Frauen. Die kannte Schrödinger zwar ebenfalls nicht, doch als der Rentner sie zum Säubern der Bar abkommandierte, schienen alle Beteiligten glücklich zu sein.

Derweil folgten Schrödinger und Horst Sylvia zu einer Abstellkammer schräg gegenüber von Minas ehemaligem Büro, wie Schrödinger aus der mit einem Brennstab in ein Holzbrett geritzten Aufschrift *Schatzkammer* folgerte. Der Raum war vollgestellt mit Bänken, Tischen, Sonnenschirmen und weiteren Außenartikeln. Das Meiste davon war kreuz und quer abgestellt worden, vermutlich um es einfach nur möglichst schnell aus dem Sichtfeld zu bekommen.

»Das ist alles noch vom letzten Sommerfest«, erklärte Sylvia. »Die Leute hatten es danach offenbar eilig.«

»Scheint fast so.« Er ließ den Blick über eine Reihe von Plastikkörben mit Wimpeln und Tischdecken gleiten. Seine Motivation, die alle übereinanderzustapeln, hielt sich in Grenzen. Dabei waren das noch die leichten Sachen. Deutlich anstrengender sahen die Tische und Bänke aus. Ein zusätzliches Paar Hände (oder mehrere) wären da echt nicht verkehrt.

»Ich hatte ja gehofft, dass Karlo oder der Richter schon da wären«, wagte er einen neuen Gesprächsanlauf. »Hatten die nicht auch gesagt, dass sie kommen wollen?«

»Von Winnie weiß ich es gar nicht. Karlo kommt bestimmt noch später. Er ist bloß dann immer der Erste, wenn es ums Grillen geht. Und um Bier.«

»Wer nicht? Wie findest du die beiden?«

»Ganz okay. Sie gehören noch zu den aktiveren Vereinsmitgliedern. Die sieht man praktisch bei jeder Veranstaltung.«

»Also waren sie bei der Tierzuchtausstellung neulich auch mit dabei?«

»Soweit ich weiß. Da waren viele von uns da. Manche in offizieller Funktion – am Einlass oder so – und andere als Gäste. Die Ausstellung war ja auch *das* Highlight. Der Verein hat die mit organisiert und gesponsert. Steht sogar in unserer Satzung, dass wir uns vorgenommen haben, jedes Jahr mindestens einen solchen Termin zu veranstalten. Und das haben wir bisher auch immer gemacht, egal, wie schwierig es manchmal war.«

»Was meinst du mit schwierig?« Nebenbei stellte er die Plastikkörbe aufeinander, um mehr Beinfreiheit zu bekommen. Horst nutzte den neu gewonnenen Platz sofort, um sich dort auszustrecken.

»Na ja, in manchem Jahr hatten wir Probleme, einen passenden Termin zu finden. Da war die Halle ständig belegt. Und auch vom Geld her war es nicht immer leicht. Wir haben ja bloß Einnahmen durch Spenden und Mitgliedsbeiträge. Mina hätte dir dazu einiges erzählen können.«

»Wie war sie so?«

»Für sie war das Glas immer halb voll. Sie hat das Leben zu genießen versucht. Vielleicht spürte sie ja, dass ihr nicht mehr so viele Jahre bleiben würden.«

»Du meinst, sie hat was von ihrem Tod geahnt?« Schrödinger horchte auf.

Jedenfalls einen Herzschlag lang.

»Keine Ahnung. Ich meinte das eher auf spiritueller Ebene. Manche sind ja mit ihrem Schicksal im Einklang und wissen, wohin die Reise gehen wird. Stichwort Astrologie. Die Wahrheit steht buchstäblich in den Sternen. Wir müssen bloß genau hinschauen.«

»O-kay …« Das war jetzt nicht ganz die Richtung, in die er das Gespräch lenken wollte. Also musste ein neuer Versuch her: »Ich hab Mina ja leider nicht mehr kennengelernt. Nach allem, was ich bisher gehört habe, scheint sie mit den meisten

230

gut klargekommen zu sein. Wenn man von einem gewissen elitären Gehabe einmal absieht.«

»Was ist denn für dich elitäres Gehabe?« Es lag ein Schmunzeln in ihren Worten. Sehen konnte er das allerdings nicht, weil Sylvia gerade mit dem Rücken zu ihm stand und die Sonnenschirme in eine Reihe sortierte.

»Netti meinte neulich, dass sie nicht ganz so gut mit Mina klarkam. Die Vorstandsleute sollen da die Nase etwas höher getragen haben.«

»Das kann man sehen, wie man will. Bei uns hier im Verein gibt es eigentlich keine unterschiedlichen Schichten. Wir sind ja alle wegen derselben Sache hier: Unseren Haustieren. Natürlich könnten die Schatzmeisterin oder irgendein Vorsitzender schon mal denken, sie wären was Besseres. Jojo und Karlo habe ich deswegen schon mal beiseite genommen und ihnen die Meinung gegeigt. Aber das liegt wohl in der Natur der Sache.«

»Was arbeiten die beiden eigentlich?«

»Karlo ist bei der Arbeitsagentur und Jojo arbeitet als Abteilungsleiter im Baumarkt.«

»Abteilungsleiter? Na, immerhin. Gehört der Richter auch mit zum Vorstand?«

»Hat er mal. Ist aber schon Jahre her. Irgendwann wurde ihm das zu stressig. Der gute Winnie ist ja mit seiner Arbeit dermaßen ausgelastet, da kann er nicht nebenbei noch für uns tätig sein.«

»Ach, er zählt gar nicht mehr zur High Society? Das überrascht mich jetzt. Ich hatte bisher den Eindruck, er und die anderen Vorständler wären ein eingeschworenes Team.«

»Das hätten sie gerne. Einmal Upper Class, immer Upper Class. Ich glaube, den anderen gefällt es auch ganz gut, mit einem Richter auf Du und Du zu sein. Das kann ja nicht jeder von sich behaupten.«

Das stimmte zwar, insgeheim dachte er jedoch eher über Karlos Job beim Arbeitsamt nach. Das klang schön unverdächtig. Freilich, auch unter den Beamten gab es eine Menge schwarze Schafe, aber wie die typische Vita eines Kriminellen klang das nicht. Höchstens, wenn Karlo dort vielleicht die Arbeitslosen erpresste und nur denen gute Jobs zuschanzte, die ihm dafür was bezahlten. Wobei: Als Arbeitsloser schwamm man nicht unbedingt im Geld. Nein, diese Theorie taugte auch nichts. Dennoch könnte Erpressung ein guter Ansatz sein. Eventuell hatte er ja Henry Schrägle wegen irgendwas ans Bein gepinkelt und deshalb von dem eins auf die Nase beziehungsweise in dem Fall vielmehr aufs Maul bekommen. Die Idee klang gut. Während er mit Sylvia zwei Klapptische beiseiteschleppte, malte er sich weitere mögliche Details dazu aus, eines fantastischer als das andere. Er war gerade drauf und dran, seine Vereinskollegin auf Minas Ex anzusprechen, da öffnete sich die Tür zum Abstellraum.

Vor ihnen stand kein geringerer als Karl-Heinz Binder. Als hätte er draußen bloß auf sein Stichwort gewartet. Es wäre die ideale Gelegenheit, Karlo geschickt zu der Erpressungstheorie auszuhorchen. Einziges Problem daran: Das Gesicht des ersten Vereinsvorsitzenden zeigte keinerlei Blessuren. Und sein freches Grinsen bewies, dass auch sein Gebiss vollkommen intakt war.

Sämtliche von Schrödinger so wundervoll zurechtgeschusterten Theorien stürzten wie ein Kartenhaus in sich zusammen. Es fühlte sich an wie ein Schlag in die Magengrube.

»Ihr habt mir ja fast gar nichts mehr übrig gelassen«, fand Karlo. »Hier sieht's ja schon richtig gut aus.«

»Da täusch dich mal nicht«, widersprach Sylvia. »Es gibt noch immer ne Menge zu tun. Vor allem für zwei so starke Prachtburschen wie euch. Ich wollte eh mal draußen nach dem Rechten sehen.«

Sprach's und ließ die beiden Männer allein. Die schauten ihr verdutzt hinterher. Neben ihnen hob Horst gelangweilt den Kopf und gähnte herzhaft.

Was folgte, waren zweieinhalb Stunden richtig anstrengendes Rackern. Gleich nachdem sie die Abstellkammer auf Vordermann gebracht hatten, führte Karlo seinen neuen Vereinskollegen hinauf zum Dachboden, wo neben weiterem Krimskrams noch prähistorischer Gastronomiebedarf aus Helmut Kohls Kanzlerjahren lagerte. Horst verzichtete darauf, sie zu begleiten. Die wackelige Holzleiter zum Speicher hinauf war nicht so ganz nach seinem Geschmack. Schrödinger konnte es ihm jedenfalls nicht verdenken.

Wie der Vorsitzende während der Aufräumaktion erzählte, war das Haus bis Anfang der Neunziger ein angesagter Gasthof gewesen, den er gerne und oft besucht hatte. Andere Leute hatten das allerdings leider anders gesehen, sodass das etwas ab vom Schuss befindliche Lokal irgendwann schließen musste. Nachdem das Haus einige Zeit leer stand, war der Verein dann von seinem vorherigen Sitz hierher umgesiedelt. Was laut Karlo eine der besten Entscheidungen überhaupt gewesen war.

Schrödinger tat interessiert, unternahm dazwischen aber immer wieder Versuche, das Gespräch in eine andere Richtung zu lenken. Doch Karlo schien zu glauben, in ihm einen willigen Zuhörer gefunden zu haben, und nahm keinen einzigen Themenwechsel zur Kenntnis. Als er schließlich anfing, von berühmten ehemaligen und bestehenden Mitgliedern zu schwärmen (laut ihm war früher sogar mal jemand aus der Landesregierung im Verein gewesen), gab Schrödinger auf und sprach den Mann ganz direkt auf seine Verbindung zu Henry Schrägle an: »Ich glaube, ich habe dich gestern gesehen. Fährst du einen blauen Fiat?«

»Stimmt genau. Wobei hast du mich denn ertappt?«

Tja, genau das war die Frage. »Kann ich nicht sagen. Du warst gerade in Richtung Fridingen unterwegs.«

»Richtig. Da wollte ich was abholen.«

»Irgendwer saß da, glaube ich, bei dir im Auto.«

»So?« Der Vorsitzende runzelte die Stirn und zögerte kurz. »Ach so, ja, das war Henry. Minas Ex. Der hatte mich gebeten, ein paar Sachen für ihn abzuholen, weil sein Wagen gerade in der Werkstatt ist.«

»Minas Ex? Woher kennst du den denn?«

Karlo zuckte mit den Schultern. »Im Verein sind wir alle eine große Familie. Ich bin zu ihm gefahren, um zu schauen, wie es ihm geht. Er und Mina sind zwar nicht gerade im Guten auseinandergegangen, trotzdem lässt ihn ihr Tod natürlich nicht kalt. Die beiden waren schließlich jahrelang ein Herz und eine Seele.«

»Und wie geht es ihm?«

»Wenn du mich fragst, tut er so, als wäre alles in Ordnung. Aber tief im Inneren dürfte ihr Tod ihn schwer getroffen haben. Geht uns im Verein ja nicht anders. Ich denke immer noch, dass sie jeden Augenblick zur Tür reinkommen könnte. Gestern hätte ich sie beinahe angerufen, weil ich sie was wegen der Vereinsfinanzen fragen wollte. Das ist ein einziges Kuddelmuddel. Du bist nicht zufällig Buchhalter, oder?«

»Nicht direkt. Ich bin schon immer froh, wenn mein Konto keine roten Zahlen schreibt.« Eine Sekunde lang bereute er die Worte. Vielleicht wäre das hier gerade seine Chance auf einen neuen Job gewesen. Dann fiel ihm wieder ein, dass im Verein alle ehrenamtlich tätig werden. Selbst wenn er hier die Finanzen übernehmen würde, würde er dafür keinen müden Cent sehen. Dennoch war er froh, das Gespräch nun endlich in die richtige Richtung gelenkt zu haben. Das musste er ausnutzen. »Aber erzähl ruhig mal. Was denn für ein Kuddelmuddel?«

»Na ja, Mina war mit der Arbeit etwas im Rückstand. Hat zum Beispiel noch keinen Kassenbericht vorgelegt. Bei der letzten Mitgliederversammlung war sie krank, und wir mussten die Entlastung des Vorstands für das vergangene Vereinsjahr verschieben. Ich hab vorgestern schon mal in ihrem Büro gestöbert, aber nicht mal alle Kassenbücher gefunden. Und bei ihr auf dem Tisch liegen die Belege von der Tierschau vom letzten Wochenende. Um die müsste sich auch einer kümmern.«

Das klang in der Tat etwas besorgniserregend. Nicht, dass der Verein durch Minas Ableben jetzt in finanzielle Schieflage oder so geriet. Zwar war Schrödinger noch nicht so lange Mitglied, fühlte sich den *Honberger Hasen* aber durchaus verbunden. »Hmmh … meine Lebensgefährtin arbeitet in der Buchhaltung einer Dachdeckerfirma. Die kennt sich bestimmt mit so was aus. Soll ich sie mal fragen?«

Den Bruchteil einer Sekunde leuchteten Karlos Augen auf. »Das wäre echt super.« Dann verflog die Euphorie wieder. »Ach, ich weiß nicht. Sie ist ja kein Vereinsmitglied. Das könnte einigen Mitgliedern negativ aufstoßen. Manche sind da etwas pingelig.«

Schrödinger schob einen Stapel verbeulter leerer Kaffeedosen beiseite. Weshalb die jemand aufgehoben hatte, entzog sich selbst seiner Phantasie. »Und was ist, wenn ich mir die Unterlagen ausleihe und daheim zufälligerweise auf dem Küchentisch liegen lasse? Wenn meine Freundin da im Vorbeigehen einen Blick draufwirft, kann sich keiner beschweren. Außerdem geht es hier ja nicht um vertrauliche Berichte aus dem Finanzministerium, oder?«

Karlo bewegte den Kopf nach links und rechts, so als würde er das Für und Wider gegeneinander abwägen. »Es wird aber vermutlich mehr als bloß ein Blick notwendig sein.«

»Das wird Marion schon machen, da bin mir sicher. Ist schließlich für einen guten Zweck. Wer kann da Nein sagen?« Zumindest hoffte er, dass es seine Liebste so sehen würde.

»Also gut«, stimmte Karlo zu. »Aber die Sache bleibt unter uns.«

»Na logo.«

Nach getaner Arbeit kehrten sie ins Erdgeschoss zurück. Als Schrödinger den Gemeinschaftsraum betrat, kam Horst schwanzwedelnd auf ihn zugeeilt. In der Schnauze trug er die Reste eines Wiener Würstchens, das er weiß Gott wo gefunden oder abgestaubt hatte. Schrödinger hakte lieber gar nicht erst nach.

Außerdem erblickte er in diesem Moment Richter Frick, der im Garten zusammen mit einem Enddreißiger mit kurzen Stoppelhaaren einen schwarzen Plastiksack von den Ställen wegschleppte. Ihren Gesichtsausdrücken nach zu urteilen, war der Inhalt nicht nur schwer, sondern roch auch nicht besonders angenehm. Schrödingers Mitleid hielt sich in Grenzen. Er hatte in den vergangenen Stunden auch nicht gerade die Füße hochgelegt.

Wichtiger als Winnies angespannte Miene war allerdings, dass er auch bei dem Richter keinerlei Verletzungen bemerkte. Auch bei niemand anderem waren Schrammen oder blaue Flecke zu sehen. Zwei Mitgliedern fehlten zwar Zähne im Gebiss, allerdings schien das bei denen eher eine Frage des Alters als das Ergebnis einer Schlägerei zu sein.

Hinsichtlich dieser Spur hatte sich die Fahrt hierher als kompletter Reinfall entpuppt. Das frustrierte Schrödinger. Irgendwie passte momentan kein Puzzleteil zum anderen.

Auf dem Heimweg telefonierte er mit Verena, die ihm mitteilte, dass sie sämtliche Krankenhäuser im Umkreis von 50 Kilometern hatte überprüfen lassen. Nirgendwo war in den vergangenen vierundzwanzig Stunden jemand aufgetaucht, um irgendwelche infrage kommenden Verletzungen behandeln zu lassen.

Zwar sprach es Verena nicht offen aus, aber Schrödinger kam es so dennoch so vor, als würde sie ihm seine Geschichte von gestern Abend immer weniger glauben. Das ließ seine ohnehin nicht besonders gute Laune weiter schrumpfen.

Verunsichert begann er sich selbst zu fragen, ob er manche Sachen am Bootssteg möglicherweise falsch gedeutet hatte. Oder ob ihm irgendwas Wichtiges entgangen war. Ausschließen wollte er mittlerweile nichts mehr.

Wenigstens zu Hause erwartete ihn ein kleiner Lichtblick: Als er mit einer Kiste voll Akten und Mappen vom Verein die Wohnung betrat, hob Marion zwar irritiert die Brauen, aber nachdem er ihr erklärt hatte, worum es ging, sagte sie zumindest nicht von vornherein Nein. Übermäßig begeistert wirkte sie allerdings nicht. Laut ihrer Aussage würde sie die Unterlagen heute nicht einmal mit dem kleinen Finger anfassen. Das war Schrödinger nur recht.

Hillu war am Abend beste Dinge und präsentierte ihm freudestrahlend ihr verschollenes Kosmetiktäschchen. Obwohl Schrödinger wenig zur Wiederbeschaffung beigetragen hatte, rechnete sie ihm den Verdienst trotzdem irgendwie an. Womit er sehr gut leben konnte. Es hob sogar etwas seine Laune.

Neunter Tag: Samstag

Horst

Normalerweise bedeutet Wochenende ja ausschlafen. Was ich mir nach den ganzen stressigen Tagen mehr als verdient hätte. Aber Pustekuchen!

Ausnahmsweise ist es diesmal gar nicht Schrödingers Schuld. Na ja, jedenfalls nicht direkt. Aus irgendeinem Grund sind Marlene und Max am Samstag in aller Herrgottsfrühe auf die Idee gekommen, dass mein Kumpel Knülle Auslauf benötigt. Pfiffig, wie die Kinder sind, haben sie im Garten auf der Wiese auch sogleich eine Art Gehege konstruiert. Selbstverständlich kein stabiles aus Brettern oder Metallgittern, sondern auf die Art, wie junge Menschen so was machen: Behelfsmäßig und unter Verwendung von allem, was ihnen in die Finger kam. Was bedeutete, dass der Rasenmäher genauso als Absperrung diente wie die Schneeschaufel und die Säcke mit der Blumenerde. Als sie der Meinung waren, damit alles gut abgesperrt zu haben, haben sie Knülle reingesetzt und hoppeln lassen.

Klar, dass das meinem Kumpel gefallen hat. Nachdem die Mauern seines Gefängnisses allerdings bloß zwanzig Zentimeter hoch waren, hat es nicht lang gedauert, bis er den ersten Fluchtversuch unternahm.

Just in der Sekunde erschien Hillu an der Terrassentür und hat einen dermaßen spitzen Schrei ausgestoßen, dass mir noch Minuten später davon die Ohren klingelten. Danach waren vermutlich nicht bloß Marion und Schrödinger, sondern das ganze Viertel hellwach.

Die böse alte Frau hat auch sogleich angedroht, Knülle das Fell über die Ohren zu ziehen und sein Fleisch fürs morgige Mittagessen in Buttermilch einzulegen. Wäre angeblich keine große Sache und hätte ihre Oma früher ständig so gemacht.

Was der Rest der Familie nicht ganz so prickelnd fand.

Das Ende vom Lied war, dass mein Herrchen gleich nach dem Frühstück zum Baumarkt fahren und all die Sachen kaufen durfte, die man zum Konstruieren eines richtigen Gatters braucht. Seine Freude war grenzenlos, ich hingegen freue mich auf die kommenden Stunden. Schrödinger ist der geborene Handwerker. Sie verstehen, was ich meine. Das wird bestimmt spaßig.

Schrödinger

Manche Finger hatten Kratzer und Striemen abbekommen, andere hatten eine besorgniserregende Blaufärbung angenommen. Dennoch ließ Schrödinger zufrieden den Hammer sinken. Seine Stimme war etwas rau vom vielen Fluchen und Aufschreien, doch auch das konnte sein Siegesgefühl nicht schmälern. Es war ein harter Kampf gegen widerspenstige Nägel, nicht halten wollende Scharniere und fiese Astlöcher an unpassenden Stellen gewesen. Aber letztendlich hatte Schrödinger dem Holz gezeigt, wer der Herr im Garten war. Yeah!

Später, wenn sich der Muskelkater meldete, könnte die Euphorie zwar eventuell etwas kippen, doch für den Moment war alles im sprichwörtlichen grünen Bereich. Ihn störte nicht mal, dass es bereits Nachmittag war und ihm nicht mehr viel Zeit blieb, bevor sie zu der Vereinsfeier in dem griechischen Lokal in Nordtuttlingen aufbrechen würden. Erholen konnte er sich auch wann anders.

Zufrieden verzog sich Schrödinger unter die Dusche, verarztete seine Wunden und machte sich ausgehfertig. Was die Klamottenauswahl betraf, vertraten Marion und er etwas unterschiedliche Meinungen. Ein, zwei Diskussionen später trug er allerdings, was ihr zusagte, und bekam ein anerkennendes Daumen-hoch.

Während er überwachte, dass die Kinder in die ihnen zugewiesenen Schuhe und Jacken schlüpften, bekam Schrödinger mit, dass sich auch Hillu dazu entschieden hatte, sie zu begleiten. Am Vormittag war sie aufgrund des Hasentheaters noch unschlüssig gewesen.

Schrödinger sagte nichts dazu. Genauso wenig wie zur Uhrzeit. Es war gerade mal kurz nach fünf, als sie daheim aufbrachen. Mit dem Auto betrug die Fahrzeit schätzungsweise fünf Minuten, maximal zehn. Was bedeutete, dass sie selbst zu Fuß deutlich zu früh beim Lokal angekommen wären. Aber gut, laut Marion waren die besten Plätze immer zuerst weg, weshalb es gut war, ein bisschen eher da zu sein.

Zu seiner Überraschung schienen andere Vereinsmitglieder genauso zu denken. Unter ihnen Netti und Jojo, die Schrödinger bei der Ankunft auf dem Parkplatz fröhlich zuwinkten.

»Mama, wer ist das?«, fragte Max vom Rücksitz, dem die zwei nicht entgangen waren.

»Da musst du Schrödinger fragten«, sagte Mama.

»Das ist das Begrüßungskomitee«, sagte Schrödinger. Er fand das witzig.

Marion verdrehte kurz die Augen und lächelte dann. Von hinten stöhnte Hillu kurz, verkniff sich jedoch ihren Kommentar. Vielleicht vor lauter Vorfreude auf das gleich Folgende. Auf jeden Fall stöhnte sie abermals, als sie gleich darauf ihren nicht so ganz gertenschlanken Körper an den Kindersitzen vorbei aus dem Auto quetschen musste.

Schrödinger wandte sich ab, um sein schadenfrohes Grinsen zu verbergen, und ging auf die zwei Vereinskollegen zu. Der Rest der Familie folgte und wurde der Reihe nach vorgestellt. Wenig später unterhielten sich Marlene und Netti über Knülle und hatten dabei ihren Spaß. Hillu hingegen fing sich einen finsteren Blick ein, als ihre Enkelin die Drohung mit dem Hasenfleisch in Buttermilch erwähnte. Auch hier musste Schrödinger hart gegen ein zu breites Schmunzeln ankämpfen. Ja, manchmal war das Karma echt eine fiese Sache.

Gemeinsam warteten sie vor dem Lokal, bis weitere Vereinsmitglieder samt Familien und/oder Haustieren eingetroffen waren. Dann betraten sie in einer langen Schlange das griechische Restaurant.

Wobei *Restaurant* ein ziemlich hochgestochener Ausdruck für den einstöckigen Plattenbau am grünen Stadtrand war. Schrödinger kam das quaderförmige Gebäude mit der schmutzig grauen Fassade eher wie eine Sportlerkneipe vor, doch auch das war ihm recht. Hauptsache, er würde bald was zum Essen bekommen. Seit dem hastig reingeschlungenen Frühstück hatte er nichts mehr zu sich genommen, und das Vakuum um Unterbauch war entsprechend groß.

Drinnen sah es genauso aus, wie es der erste äußere Eindruck vermuten ließ: In die Jahre gekommenes Mobiliar und die für griechische Lokale typischen Statuen, Motive der Landesflagge und gemalte Bilder von den bekannten weißen Zementhäuschen mit dem strahlend blauen Meer im Hintergrund. Schrödinger glaubte, den Geruch von Gyros und gebratenen Zwiebeln in der Luft wahrzunehmen. Vielleicht war es aber auch bloß der Hunger, der da zu ihm sprach. Bei dem Gedanken an die leckeren Gerichte lief ihm das Wasser im Mund zusammen.

Die Menge bewegte sich zielgerichtet in den nördlich gelegenen Teil des Gebäudes, und Schrödinger folgte, ohne zu zögern. Vor ihm alberten Marlene und Max herum und wären dabei um ein Haar über Horst gestolpert. Der Boxer knurrte unamüsiert.

Ihr Ziel war ein separater Bereich des Gasthofs, wo der Wirt ein knappes Dutzend Tische zu einem breiten U zusammengeschoben hatte. Noch waren die besten Plätze unbesetzt, und Schrödinger lotste seine Familie nach rechts. Hier gab es direkt neben den freien Tischen eine Seitentür, die vermutlich nach draußen führte. Für jemanden mit Hund eine ziemlich praktische Kombination.

Leider sah das eine kugelrunde Frau mit weinroter Dauerwelle und zwei hellbraunen Chihuahuas genauso. Sie versuchte, sich an ihm vorbeizudrängeln, um vor ihm da zu sein. Doch Schrödinger roch den Braten und machte extra ein breites Kreuz, um das zu verhindern. Der Plan ging auf und bescherte ihm lediglich einige dermaßen grimmige Blicke, dass selbst Hillu beeindruckt sein konnte.

Wie die Hühner auf der Stange ließen sie sich nebeneinander an den Tischen nieder. Die Chihuahua-Frau stapfte notgedrungener Weise weiter und platzierte ihre Hündchen so, dass sie sich in unmittelbarer Nähe von Horst befanden. Der beäugte sie skeptisch, hielt sich aber zurück. Vor einem Streit würde er sicherlich nicht kuschen, doch der erste Schritt musste eindeutig von den Gegnern ausgehen.

Kaum hatten sich alle aus ihren Jacken geschält, tauchte eine hübsche Bedienung mit langen dunklen Haaren auf. Schrödinger schätzte ihr Alter auf Ende zwanzig und fand sie sehr attraktiv. Damit ihm das nicht so deutlich ins Gesicht geschrieben stand, schaute er lieber schnell zu den Vierbeinern, die gerade zum vorsichtigen gegenseitigen Beschnuppern übergegangen waren.

Die Kinder versuchten, bei der Bedienung Cola zu bestellen, ließen sich nach Marions Einwand jedoch auf Apfelschorle runterhandeln. Die drei Erwachsenen orderten jeweils ein *Klosterbräu*. Am liebsten hätte Schrödinger bei der Gelegenheit gleich seine Essensbestellung mit aufgegeben, doch darum würde es, so die Bedienung, erst später gehen. Als sie das verkündete, fand er sie auf einmal gar nicht mehr so attraktiv.

Mürrisch sank er auf seinen Stuhl zurück. Von der Außentür wehte ein kühler Lufthauch zu ihm herüber. Auf die Dauer konnte das unangenehm werden. Sollte er daher vielleicht – ganz Gentleman – der Dauerwellenfrau den Platz anbieten? Immerhin hatte sie ihn ja unbedingt haben wollen.

Ein Winken von der anderen Raumseite riss ihn aus seinen Überlegungen. Netti stand dort zusammen mit einem dunkelhaarigen Vereinsmitglied Ende dreißig und wollte offenbar, dass er zu ihnen kam.

»Entschuldige mich kurz«, sagte Schrödinger daher und kam der Bitte nach. Es schien ohnehin ein guter Zeitpunkt zu sein. Marlene stichelte immer wieder gegen Max. Sicher würde es nicht mehr lange dauern, bis es zu einem handfesten Streit kam.

Unterwegs zu den Vereinskollegen gelangte Schrödinger zu dem Schluss, dass er den Mann bei Netti irgendwoher kannte. Er kramte kurz in seinen Erinnerungen und glaubte sich zu entsinnen, dass das der Bursche war, mit dem Richter Frick gestern Nachmittag den übelriechenden Abfall aus dem Stall getragen hatte.

Gleich darauf stellte Netti ihm den Fremden als Mirko Steiner vor. Der Name sagte ihm etwas. Hing der irgendwie mit Henry Schrägle oder der Spedition Schwaighöfer zusammen? Möglicherweise hatte auch Karlo oder Winnie ihn erwähnt. Er kam nicht einfach drauf. Dann erwähnte Netti, dass dies das Vereinsmitglied mit der vielleicht freien Stelle bei sich in der Firma war, und der Groschen fiel. Schrödinger kam sich wie ein kompletter Idiot vor. Da hatte er diesem Treffen tagelang entgegengefiebert, und jetzt war ihm der Name des Betreffenden fast komplett entfallen. Was für ein grandioser Einstand.

Doch Mirko nahm ihm das überhaupt nicht krumm. Im Gegenteil, er schien Schrödingers schusselige Art amüsant zu finden und gestand, ebenfalls ein ziemlich schlechtes Namensgedächtnis zu haben. »Ich begegne ständig irgendwelchen Leuten, deren Gesichter ich irgendwo schon mal gesehen habe. Dann weiß ich immer nicht, ob sie bloß jemand anderem ähnlich sehen oder wir uns tatsächlich schon mal getroffen haben. Das kann echt peinlich werden. Einmal habe ich nicht mal die Klassenlehrerin meines Sohns erkannt. Und das zwei Tage nach dem Elterngespräch.«

Bevor Schrödinger sich versah, schwatzen sie angeregt über die Schule der Kinder, kauzige Vereinsmitglieder und Haustiere im Allgemeinen. Wie sich herausstellte, besaß Mirko ebenfalls einen Hund: eine rötlich-braune Mischung aus Cocker-Spaniel und Pudel. Ein sogenannter Cocker-Pudel. Oder war es ein Pudel-Spaniel? Mirko war unschlüssig, und die Hundedame selbst war heute nicht präsent, um die Frage klären zu können. Als Netti sich zu einem anderen Gespräch verabschiedete, merkten sie es kaum, so sehr waren sie in ihre Unterhaltung vertieft.

Natürlich kamen sie irgendwann auf das Thema Jobs zu sprechen. Mirko erwähnte, dass er im Labor eines hiesigen Medizingeräteherstellers arbeitete und dass dort tatsächlich eine Assistentenstelle zu besetzen war.

»Braucht man dafür nicht eine medizinische Ausbildung?«, fragte Schrödinger. Interessiert war er durchaus, malte sich aber keine allzu großen Chancen aus. Dieser Job klang einfach zu gut für ihn.

»Nicht für den Bereich. Da geht es eher um technisches Verständnis. Und davon hat ja jeder ein bisschen was, oder?«

Schrödinger lächelte dünn.

»Was hast du denn gelernt?«

»Elektriker. Aber das ist schon eine Weile her. Danach habe ich in einem Autohaus und im Vertrieb bei einem … äh … Getränkeunternehmen gearbeitet.« Gelogen war das nicht.

»Na, das ist doch ideal. Ruf mich mal an, dann vereinbaren wir ein Termin.« Mirko zog seine Geldbörse aus der Hosentasche und reichte Schrödinger eine Visitenkarte. Unbeholfen griff Schrödinger danach, weil er nicht wollte, dass sein Gesprächspartner die vielen Pflaster und Kratzer an seinen Händen sah. Gleichzeitig konnte er die Entwicklung des Gesprächs kaum fassen.

»Werd ich machen. Danke«, sagte er.

»Super. Ich freu mich drauf. Könnte lustig werden. Du, ich glaube, da hinten möchte jemand was von dir.«

»Von mir?« Irritiert drehte sich Schrödinger um. Tatsächlich: Marion winkte ihn zu sich. Und da sie dazu die Speisekarte hochhielt, war klar, worum es ging.

Mittlerweile war ein Großteil der freien Plätze in Marions Ecke besetzt. Viele der Gesichter sagten Schrödinger nichts, doch an einem Abend wie diesem hatte das nicht viel zu bedeuten. Solche Veranstaltungen waren ja unter anderem auch dafür gedacht, um neue Leute kennenzulernen. Leute wie die Chihuahua-Frau, die ebenso wie ihre Hunde gerade mit Abwesenheit glänzte. Die Jacke über ihrer Stuhllehne bewies allerdings, dass sie noch nicht gegangen war.

Auf der anderen Seite von Schrödingers Tisch saßen zwei Männer in den Vierzigern, die sich über schnelle Autos und die Vorzüge bestimmter Tuningwerkstätten unterhielten. Nicht ganz seine Kragenweite.

Da stimmte sich Schrödinger lieber mit seiner Familie über die Essensauswahl ab. Ihm blieb gerade noch ein kurzer Moment, bevor die dunkelhaarige Bedienung erschien und wissen wollte, ob sie sich schon entschieden hatten. Schrödinger beschloss, einen Athen-Teller zu nehmen. Damit machte man nie etwas falsch. Marion und ihre Mutter wählten frittierte Meeresfrüchte, und die Kinder bestellten das urtypischste griechische Gericht überhaupt: Schnitzel mit Pommes.

Die Männer gegenüber orderten Hackfleisch und Lammfilets. Kaum war die Bedienung gegangen, stellten sie sich Schrödinger als Harald Schmalfuß und Richard Lauterbach vor. Ersterer war seit fünf Jahren im Verein, zweiterer erst seit sechs Monaten. Beide besaßen Nagetiere als Haustiere und waren heute trotz der Ringe an ihren Fingern ohne Ehefrau erschienen. »Die hatten keinen Bock auf das Gedöns«, erklärte Lauterbach.

Was Schrödinger gut verstehen konnte. Hätte er nicht zur Hälfte aus Ermittlungsgründen kommen müssen und wäre er nicht brandneu im Verein, hätte er vielleicht ebenfalls eine Ausrede gefunden, um nicht herkommen zu müssen. Veranstaltungen wie diese zogen sich manchmal unangenehm in die Länge und zählten außerdem nicht unbedingt zu dem, was er unter spannender Abendgestaltung verstand.

Richard Lauterbach hob den Zeigefinger, um eine angeblich lustige Anekdote zum Besten zu geben, wurde aber in dem Moment wie alle anderen von Karlo um Ruhe gebeten. Der erste Vorsitzender stand auf, und einen Atemzug später folgte Jojo als stellvertretender Vorsitzender seinem Beispiel. Nicht weit von ihnen entfernt saß Winnie, der ebenfalls kurz zu überlegen schien, ob er aufstehen sollte. Er blieb sitzen, und Karlo begann seine Ansprache: »Liebe Vereinsmitglieder, liebe Angehörigen, vielen Dank, dass ihr heute so zahlreich hier erschienen seid. Manche mit ihren tierischen Familienmitgliedern, was auch immer wieder schön ist. Wie ihr wisst, gibt es diesmal nicht nur einen freudigen Anlass für unser Vereinstreffen. Aus dem Grund möchte ich alle Anwesenden bitten, eine Gedenkminute für unsere verstorbene Schatzmeisterin Mina Schrägle einzulegen.«

Karlo senkte den Blick und verschränkte die Arme in stiller Andacht vor seinem gewaltigen Bauch. Viele andere Anwesende taten es ihm gleich. Dennoch dauerte es nicht mal dreißig Sekunden, bis sich eine gewisse Unruhe im Saal ausbreitete. Nicht ganz unschuldig daran waren die Kinder, für die eine halbe Minute eine halbe Ewigkeit darstellte und die daraufhin anfingen, mit den Tieren oder dem Besteck herumzualbern. Mehrere Eltern ermahnten ihren Nachwuchs mit aufgebrachten Zischlauten. Was nicht immer zum gewünschten Erfolg führte.

Als die Gedenkminute vorüber war, ging ein Raunen durch die Menge, das erst verebbte, als Karlo zum zweiten Teil seiner Rede ansetzte. Diesmal ging es um verschiedene

Vereinsaktivitäten und was für dieses Jahr noch für weitere Veranstaltungen geplant waren. Karlo geizte nicht mit Details, und es dauerte nicht lange, bis Schrödingers Gedanken zu interessanteren Themen abschweiften. Den Mienen der anderen Gäste nach zu urteilen, stand er damit nicht alleine da. Auch die Kinder langweilten sich ziemlich bald wieder. Ein lautes Kläffen zweier sich duellierender Hunde drüben aus Mirkos Ecke sorgte ebenfalls für Ablenkung. Das und das Geklapper eines aufgebrachten Wellensittichs in seinem Käfig irgendwo im Südteil des Lokals.

Schließlich wurde Karlos Rede dadurch abgekürzt, dass die Bedienung damit begann, die ersten Essensbestellungen zu verteilen. Selbstverständlich begann sie nicht an Schrödingers Tischseite, sondern an der anderen Seite der U-Schenkels. Alles andere wäre ja auch zu schön gewesen.

Als die ersten Gerichte in seiner Nähe serviert wurden, schöpfte er Hoffnung. Die Chihuahua-Frau bekam ihr Essen, dann kamen die Schnitzel der Kinder und die Meeresfrüchte für Marion und Hillu. Schrödinger rutschte unruhig auf seinem Stuhl hin und her. Horst schlich ebenfalls auffällig oft um ihn herum und leckte sich dabei jedes Mal auffordernd über die Schnauze.

Das Essen von Harald und Richard folgte als nächstes, und es roch unheimlich gut. Am liebsten hätte er sie um ein Stück von ihrem Hackbraten gebeten. Selbst das Lamm wäre ihm recht gewesen, obwohl das eigentlich nicht seine Geschmacksrichtung war. Um seinen inzwischen schmerzhaft knurrenden Magen abzulenken, stibitzte er Pommes von Marlenes Teller. Was mit einem schrillen Aufschrei und einem äußerst wütenden Blick zuerst von ihr und anschließend von ihrer

Oma quittiert wurde. Diese Quelle war damit ebenfalls versiegt.

Missmutig schaute er zu Richard, der sein Fleisch irgendwie komisch zum Mund führte. Stets langsam mit der Gabel und immer bloß auf die rechte Backenseite. Schrödinger beobachtete ihn einige Momente dabei. Ihm fiel auf, dass Richards Wange ein bisschen angeschwollen zu sein schien.

Es dauerte nicht lange, dann fielen seinem Gegenüber die neugierigen Blicke auf. »Ich hatte heute einen Zahnarzttermin. Der Kiefer und die Zunge sind noch etwas taub.«

»Am Samstag zum Zahnarzt? Haben die da überhaupt offen?«

»Der Notfalldienst schon. Mir ist am Morgen ne Krone rausgefallen. Mitten beim Frühstück. Hat das danach gezogen! War echt nicht lustig.«

Schrödinger nickte mitfühlend. Zahnschmerzen waren nie angenehm. Beim Thema Zahn allerdings musste er gleich noch an etwas anderes denken. An ein gewisses Treffen an einem Bootssteg vorgestern Nacht. Konnte es sein, dass …

Er musterte Richard erneut und diesmal genauer. Die Wange war tatsächlich ziemlich dick. Blau war sie allerdings nicht. Und Schrammen gab es auch keine. Also alles bloß ein dummer Zufall? Und wie frisch gemacht sahen seine Schneidezähne auch nicht aus. Fand Schrödinger als Laie.

Im gleichen Augenblick spürte er, wie ihm von links jemand am Ärmel zupfte: Max. Als er sich zu ihm umdrehte, schob ihm der Kleine seinen Teller über den Tisch. Hatte der Junge seine Not bemerkt und wollte deshalb sein Mahl mit ihm teilen? Schrödinger war gerührt vor Freude. Jedenfalls eine Sekunde lang.

»Bitte schneiden«, verlangte der Kleine. »Das ist mir zu schwer.«

Na toll. Trotzdem übernahm er die Aufgabe gerne und schob sich jedes Mal, wenn der Bub nicht hinschaute, ein kleines Stück in den Mund. Leider sah Max nicht besonders häufig weg. Nach erledigter Arbeit nahm er sich zwei Pommes als Belohnung und schob den Teller zurück.

Inzwischen hatte so ziemlich jeder im Raum sein Abendessen erhalten. Jeder außer Schrödinger. Er hielt Ausschau nach der Bedienung. Die offenbar ausgerechnet jetzt eine Pause eingelegt hatte. Minutenlang passierte gar nichts.

Erst als bereits die ersten Gäste mit ihrem Essen fertig waren und wieder zu Unterhaltungen übergegangen waren, erschien die Kellnerin wieder. Schrödingers erste winkende Handbewegungen ignorierte sie komplett. Es war zum Aus-der-Haut-Fahren! Er stand kurz davor, laut nach ihr zu rufen, als sie ihn endlich bemerkte und zu ihm kam.

»Hat es Ihnen geschmeckt?«, fragte sie mit aufgesetztem Lächeln.

»Ich habe noch nicht mal was gekriegt!«

»Aber … das kann nicht sein. Wir haben alle Bestellungen ausgeliefert.« Sie zog ihren Notizblock hervor und zeigte ihm die Seite mit all den durchgestrichenen Gerichten.

»Anscheinend nicht. Oder sehen Sie hier einen Teller stehen?«

»Die Krümel da sehen ganz nach einem Schnitzel aus.«

»Ja, aber das war nicht mein Schnitzel. Ich wollte den Athen-Teller. Gyros und Souflaki.« Er hatte Mühe, ruhig zu bleiben. Der Hunger hatte längst unerträgliche Maße angenommen. Irgendwo war bestimmt schon mal ein Krieg wegen so was ausgebrochen.

In aller Seelenruhe kontrollierte die Bedienung ihre Aufzeichnungen. Schließlich nickte sie.

»Stimmt. Dann ist das wohl irgendwie durchgerutscht. Ich frage gleich mal in der Küche nach. Entschuldigen Sie bitte.«

Schrödinger wollte aber nichts entschuldigen, sondern etwas essen. Mit brennenden Blicken verfolgte er jeden Schritt der Frau. Entgegen ihrem Versprechen kehrte sie nämlich gar nicht gleich in die Küche zurück, sondern belud erst noch in gemächlichem Tempo ihr Tablett. Weiter vorne blieb sie sogar kurz stehen, um mit einem der anderen Gäste zu reden. Eine Frechheit war das!

Weitere Minuten verstrichen. Die Kellnerin kam nicht zurück. Dafür spürte Schrödinger den kühlen Luftzug von hinten immer unangenehmer. Genau das Richtige für seinen ohnehin leidgeplagten Rücken. Bei seinem Glück riskierte er damit den nächsten Bandscheibenvorfall.

Um sein Glück perfekt zu machen, begann die Chihuahua-Frau neben ihm damit, ihr Essen zu verdauen und in gasförmigem Zustand an die Umwelt zurückzugeben. Es roch, als hätte sie einen Teller ausschließlich mit Zwiebeln und Knoblauch gegessen, und war so widerlich, dass Harald, Richard und mehrere andere Gäste der Reihe nach die Flucht ergriffen. Schrödinger versuchte, das Problem durch das Öffnen der Seitentür zu lösen, aber sofort schrien mehrere Rentner auf: »Mach das wieder zu, hier zieht's!«

So viel zu der Idee.

Weitere leere Teller wurden abgeräumt, ohne dass sein voller kam. Aus Verzweiflung stopfte sich Schrödinger die inzwischen gummiartigen Pommes von Marlenes Teller in den Mund. Das Mädchen war satt und ließ ihn daher gewähren. Mittlerweile hatte der Gestank aus der Chihuahua-Ecke solch extreme Züge angenommen, dass auch Hillu, Marion und die Kinder beschlossen, sich die Beine zu vertreten und die anderen mitgebrachten Haustiere zu begutachten. Die einzige, die nichts von alledem mitzubekommen schien, war die Dauerwellenfrau. Nicht mal, als Horst und ihre Schoßhündchen zu röcheln begannen.

Dann endlich kehrte die Bedienung an den Tisch zurück. Mit einem frischen Teller, auf dem jede Menge Fleisch lag. Lächelnd stellte sie es vor ihm ab.

»Bitte entschuldigen Sie nochmals.«

Schrödinger nickte zustimmend und begann, das Essen in sich hineinzuschlingen. Zumindest die ersten Bissen. Dann hielt er enttäuscht inne. Das Gyros war fettig und die Spießchen bestenfalls lauwarm. Das lange Warten hat sich eindeutig nicht gelohnt. Von wegen, das Beste kommt immer erst zum Schluss.

Eine Redensart besagt, dass der Hunger das Essen reintreiben, der Ekel es runterwürgen und der Geiz es drinnen behalten würde. Genauso kam es Schrödinger vor. Sein Gericht war nicht besonders lecker, aber das Loch in seinem Magen trieb ihn dazu, den Teller trotzdem vollständig zu leeren.

Danach war ihm speiübel, doch das war ihm egal. Schenken würde er dem Wirt und der Kellnerin sicher nichts. Der Einzige, der etwas abbekommen hatte, war Horst, aber selbst der wirkte von der Mahlzeit nicht sonderlich angetan. Vielleicht lag es aber auch an den Giftwolken um ihn herum.

Während Schrödinger die letzten Bissen mit dem Rest *Klosterbräu* hinabspülte, begann eine Handvoll sichtlich angetrunkener Mitglieder damit, alte Vereinshymnen anzustimmen.

Das war eindeutig zu viel des Guten. Er musste raus. Frische Luft schnappen. Sich die Beine vertreten. Bloß weg von hier!

Er gab Horst ein Zeichen, und der Hund war sofort auf den Beinen. Mit schnellen Schritten verließen sie das Lokal durch die Seitentür. Draußen war er erstaunt, wie dunkel es bereits geworden war. Wenig später wurde es noch finsterer. Und das auf ziemlich üble Weise.

Horst hatte gerade damit begonnen, die Büsche neben dem Parkplatz zu bewässern, als sie einen Aufschrei hörten. Er klang hoch, gellend und voller Panik.

Sie zuckten beide zusammen. Hielten inne. Schauten sich um.

Außer ihnen standen ein paar Leute auf dem gepflasterten Hof, vorwiegend mit ihren Zigaretten beschäftigt. Ihre bestürzten Blicke bewiesen, dass sie die Laute ebenfalls nicht zuordnen konnten. Irgendwas war passiert, aber keiner wusste, was oder wo.

Hund und Herrchen ging vorsichtig einige Meter und schaute sich weiter um. Von der Rückseite des Lokals her schienen sich Schritte zu nähern. Schrödinger kniff die Augen zusammen, um mehr zu erkennen. Vergebens. Die Nacht hatte ihr schwarzes Gewand bereits sehr weit ausgebreitet. Die vereinzelten Sterne am Firmament spendeten nur ungenügend Licht.

Da er sich keinen anderen Rat wusste, lief Schrödinger auf die Bewegung zu. Fünf Sekunden später machte er sie als eine herannahende Gestalt aus. Es war Sylvia, die er heute hier noch gar nicht bemerkt hatte.

»Bitte, komm mit«, rief sie, sobald sie Schrödinger erkannt hatte. Tränen rannen über ihr bleiches Gesicht. »Es ist was passiert. Da drüben liegt ein Toter.«

Die Worte genügten, dass ihm das Blut in den Adern gefror. Eine Gänsehaut jagte über Schrödingers Arme und Rücken. Er schluckte hart und folgte gemeinsam mit Horst Sylvia in die Richtung, aus der sie gekommen war. Hinter ihnen liefen weitere Vereinsmitglieder los.

Sie verließen den Parkplatz und zwängten sich zwischen Sträuchern und Bäumen hindurch. Um nicht hinzufallen, knipste Schrödinger die Taschenlampen-App seines Handys an. Was eine sehr gute Idee war. Nur einen Herzschlag später sah er, was Sylvia ihnen zeigen wollte.

Hinter den Büschen lag eine regungslose Gestalt in dunkler Hose und hellem Oberteil. Instinktiv richtete Schrödinger das Licht darauf. Er brauchte nur eine Sekunde, um zu erkennen, um wen es sich handelte.

»O nein!«, entfuhr es ihm.

Zwei Minuten später war der Schreck noch längst nicht überwunden. Seine Hände zitterten, und seine Atmung ging schwer. Schrödingers Gedanken überschlugen sich. Immer mehr Leute umkreisten den Fundort. Einer besaß die Geistesgegenwart, bei der Person am Boden nach dem Puls zu suchen. Gleich darauf schüttelte er beklommen den Kopf.

Schrödinger ging langsam rückwärts und zog Horst mit sich. Es gab nichts mehr, was sie hier tun konnten. Er spürte einen gewaltigen Kloß im Hals. Außerdem musste er unbedingt die Polizei verständigen.

Zurück auf dem Parkplatz wollte er die Taschenlampenfunktion abschalten und sah, wie verkratzt seine Hände von der heutigen Heimwerkerarbeit waren. Wenn er die Leiche gefunden hätte, wäre der Verdacht wahrscheinlich augenblicklich auf ihn gefallen. Immerhin kannte er den Toten.

Zitternd wählte er Nummer der Kommissarin. Während die Verbindung zustande kam, atmete er tief durch.

»Hallo, Verena«, sagte er gleich darauf, »ich fürchte, ich habe schlechte Nachrichten. Jemand hat Richter Frick umgebracht.«

»Wie bitte?« Sie keuchte erschrocken auf. »Was ist passiert?«

Schrödinger schilderte ihr das Wenige, was er wusste. Er konnte das Kopfschütteln der Ermittlerin förmlich durchs Telefon hören. Ihre Reaktion fiel allerdings völlig anders aus als erwartet. Verena schien zu schmunzeln, als sie sagte: »Du hast aber auch ein Pech! Immer zur falschen Zeit am falschen Ort. Du erinnerst mich glatt an einen befreundeten Pater. Der gerät auch ständig von einem Schlamassel in den nächsten.«

Er wusste nicht, was daran so amüsant sein sollte. Im Moment verstand er überhaupt nichts. »Kannst du herkommen?«

»Natürlich. Bin schon unterwegs. Gib mir zehn Minuten.«

Horst

»Ja, heilige Möhre!« Das hätte Knülle wohl gesagt, wenn er mit in der Gaststätte gewesen wäre. War er aber nicht, ich musste mich ganz allein mit Schrödinger und – mal wieder – einem final kaputten Menschen rumschlagen.

Immerhin war es diesmal nicht meine sensationelle Plattnase, die den Toten gefunden hat. Die hätte aber ohnehin nicht so wie sonst funktioniert. Erstens wegen der menschlichen Flatulenzen, die mich beinahe ausgeknockt hätten. Und zweitens wegen des Knoblauchs, in dem das Lammkotelett eingelegt war, das mir der Kerl mit der dicken Backe zugesteckt hat. Oder vielleicht auch nicht direkt zugesteckt, er hat das Fleisch samt Knochen unter dem Tisch entsorgt. Natürlich habe ich mich sofort darum gekümmert. Sieht ja auch nach nichts aus, wenn Essensreste einfach so rumliegen.

Die beiden Minihunde waren sichtlich neidisch. Aber die hätten sowieso keine Chance gehabt mit dem Knochen. Für mich waren das zwei Bissen.

Leider macht der Knoblauch Durst. Großen Durst. Vom nächsten Wasserloch bin ich allerdings meilenweit entfernt. Ich bin mit Schrödinger in der Polizeistation, und im Büro von dieser Kommissarin ist nichts, aber auch gar nichts, was einen Hund glücklich machen könnte. Kein Körbchen, keine Leckerlis, kein Trinknapf. Nur Schrödingers ausgelatschte Schuhe. Die sind immerhin gut genug, um mein müdes Haupt darauf zu betten. Ich döse weg. Versuche ich zumindest. Aber die zwei Menschen reden und reden und reden, als gäbe es keinen Punkt. Kein Komma. Und kein Morgen.

Schrödinger

»Machst du das eigentlich mit Absicht?«, zischte Marion so leise und bissig, dass Schrödinger Gänsehaut bekam.

»Was?«, fragte er, obwohl er ahnte, was sie meinte.

»Den Kindern Leichen vorzusetzen.«

»Moment mal. *Ich* hab den doch nicht umgebracht!« Er hatte ein Alibi. Ein vor Fett triefendes. Beim Gedanken an das halbgare Mahl wurde ihm erneut flau, und er hätte viel um einen Verdauungs-Ouzo gegeben.

»Das habe ich auch nicht gesagt. Aber erst im Urlaub, dann bei der Ausstellung und jetzt schon wieder.« Marion ließ resigniert die Schultern sinken. Schrödinger legte ihr die Hand auf den Arm. Sie senkte den Kopf und zwinkerte mit den Augen. Eine einsame kleine Träne machte sich selbstständig und rollte über ihre rosige Wange.

»Es tut mir leid«, sagte Schrödinger. Obwohl er nun wirklich nichts dafür konnte, dass Leichen seinen Weg pflasterten. Oder wie der Kinostreifen noch mal hieß.

Schrödinger warf einen fragenden Blick in Richtung der Kommissarin. Diese hatte der versammelten Mannschaft mitgeteilt, dass niemand das Gelände verlassen durfte, ehe er oder sie nicht sämtliche Personalien an die Kollegen weitergegeben hätte. Verena stand halb im eilig aufgestellten Scheinwerferlicht, und er hatte Glück, dass sie just in diesem Moment in seine Richtung sah. Sie nickte und reckte den Daumen.

»Ich glaube, ihr könnt nach Hause«, sagte er zu Marion.

»Na, hoffentlich. Ich hab das Gefühl, dass uns hier alle anstarren. Sogar die Polizisten.«

Max und Marlene hockten mit Hillu auf einer kleinen Steinmauer, die den Parkplatz abgrenzte. Ausnahmsweise hatte die Oma ihr Handy zur Verfügung gestellt, und die Kinder starrten auf das Display. Was immer sie ansahen, es schien sie zu fesseln. Hillu auch – das fahle blaugrün des Bildschirms tauchte ihr faltiges Gesicht in ein beinahe gespenstisches Licht, und Schrödinger hätte laut gelacht, wenn die Situation nicht so ernst gewesen wäre.

»Unsinn. Die haben jetzt genug anderes zu tun.«

»Das hätten wir auch. Ich hab echt gedacht, dass wir uns nach dem Debakel letztes Wochenende heute mal einen schönen Abend machen würden.«

Marion bedachte zuerst ihn und anschließend Horst mit ernster Miene. Der Boxer hockte sich zu Füßen seines Herrchens und wartete. Worauf auch immer.

»Das wollten wir alle. Denkst du, ich hatte das so geplant?«

»Nicht direkt geplant, aber das ist genau das, worüber wir letztes Wochenende gesprochen haben! Dass du dich – bewusst oder unbewusst – in Gefahr bringst.«

Er schüttelte den Kopf. »Ich war nicht mal zur falschen Zeit am falschen Ort. Ich kam bloß zufällig dazu.«

»Ja, genau. Schon wieder!« Marion schüttelte, halb beleidigt, halb belustigt und zu einem guten Teil wütend und verständnislos, den Kopf. »War das in Friedrichshafen nicht genug? Sind wir in Bad Mergentheim nicht ausreichend in Gefahr geraten?« Besorgt legte sie die rechte Hand auf Schrödingers Wange. In ihrem Blick lag Kummer. Aber auch ganz viel Liebe.

»Ich passe auf, versprochen.« Er zog seine Liebste an sich und drückte ihr einen langen, innigen Kuss auf die Lippen.

»Ich bring dich um, wenn dir was passiert. Aber ich weiß ja, dass du ein verkappter Sherlock bist.« Gespielt zog sie Schrödinger am Ohr.

Dann wandte sie sich abrupt um, hastete zu ihrer Mutter und den Kindern und verschwand mit den dreien in der Nacht.

Nachts um zwei saß Schrödinger vor einer Tasse Kamillentee in Verena Hälbles Büro in der Tuttlinger Polizeistation. Wie sie ihm erzählte, hatte sie früher mal auf dem Revier in Balingen gearbeitet, wohin sie im Zuge einer Polizeireform nach einigem Hin und Her versetzt worden war. Im Moment trank die Kommissarin gerade tiefschwarzen Kaffee. Den hätte er auch lieber gehabt, aber sein mit Fett gefüllter Magen rebellierte. Koffein würde vermutlich eine sofortige und infernalische Diarrhöe auslösen. Und auf die konnte und wollte er verzichten. Zu spannend war für den Hobbyermittler, was die Beamtin tat und erzählte.

Er hatte ohnehin schon ganz genau aufgepasst – soweit ihm das von seinem Platz im Streifenwagen möglich gewesen war –, was sich am Tatort abspielte. Die *SOKO Rammler* arbeitete effizient, hoch konzentriert, riegelte den Tatort ab. Nahm die Personalien der Anwesenden auf und befragte zunächst Sylvia, die den unglücklichen Frick gefunden hatte.

Schrödinger horchte auf, als Verena den Flachbildschirm in seine Richtung drehte.

»Das hab ich in all den Jahren noch nie gehabt.« Hälble nippte an ihrer großen Tasse, die mit einem abblätternden

Herz bedruckt war. Besser als die Tasse, in der sein Kamillentee zog. Dort wartete ein pausbackiges Teddybärchen auf ein
Bussi.

Verena tippte mit dem Kugelschreiber gegen den Bildschirm. Schrödinger erkannte einen dünnen, metallischen Gegenstand mit zwei spitzen Enden. Das eine war rot gefärbt.

»Was ist das denn?« Er beugte sich näher heran.

»Zum einen Fricks Blut.«

Schrödinger schluckte trocken. Sollte er sie fragen, ob sie
vielleicht einen Flachmann in der Schublade hatte? Mit
Wodka, Whisky, irgendwas? Er schluckte gegen die Übelkeit
an.

»Zum anderen eine Kürette.«

»Bitte was?«

»Gehst du nie zum Zahnarzt?«

Zahnarzt. Allein das Wort sorgte dafür, dass sich bei
Schrödinger sämtliche Körperhaare aufstellten. Und dass
ihm noch ein bisschen übler wurde als ohnehin schon. Automatisch kniff er die Lippen zusammen. Sein inneres Orches-
ter intonierte das symphonische Kreischen eines Bohrers.

»Solche Dinger benutzen Zahnärzte, um Zahnstein zu entfernen.«

Zahnstein. Schrödinger wettete, dass er in dieser Hinsicht buchstäblich steinreich war. Sein letzter Besuch bei einem Dentisten lag vier, fünf oder vielleicht noch mehr Jahre
zurück. Einen Weisheitszahn, drei Stunden, eine geschwollene Wange und sieben Tage Schmerzen später war er mit
sich einig gewesen, dass Karies, Wurzelbehandlungen oder
Parodontose sehr lange zu ignorieren waren. Dass er neulich
die Hälfte einer Amalgamfüllung beim Biss in ein Körner-

brötchen eingebüßt hatte, ignorierte er. Die andere Hälfte steckte schließlich noch im Zahn, nichts schmerzte, und das bisschen Einsatz von Zahnstochern war schließlich nichts.

»Zahnarzt«, sagte er lahm.

»Zahnarzt.« Die Kommissarin drehte den Bildschirm zurück und klickte auf der Maus. Beim Lesen kniff sie die Augen zusammen. Schrödinger gähnte leise und beneidete Horst, der, den Kopf auf seinen Schuhen, vor sich hindöste. Und ganz offensichtlich keine Verdauungsprobleme hatte. Er rülpste leise. Und schämte sich, als der Geruch von Knoblauch aus seinem Mund entwich. Aber Verena schien das nicht zu bemerken. Sie war hoch konzentriert und klickte sich weiter durch was auch immer. Dann und wann machte sie »Ah« und »Hm«. Schrödinger fielen die Augen zu. Sofort tauchte vor seiner internen Leinwand ein übergroßer Gyrosteller auf. Sein Magen grummelte, und er zwang seine Lider in Offenstellung. Schielte unter den Schreibtisch. Entdeckte zwar einen moosgrünen Mülleimer, der zur Not die schlabbrigen Pommes aufnehmen könnte – aber das Teil hatte Ritzen.

Das Schrillen des Telefons auf Verenas Schreibtisch riss ihn aus dem Verdauungskoma. Die Kommissarin nahm ab und knarzte ein unwirsches »Ja?« in den Hörer.

Sie hörte kurz zu und sagte dann: »Moment, Dr. Wurst, ich stelle auf Lautsprecher.«

Bei dem Stichwort »Wurst« hob Horst den Kopf und leckte sich über die Plattschnauze. Schrödinger hingegen verspürte ein Drücken in der Magengegend.

»Der Rechtsmediziner«, flüsterte Verena, ehe sie die Mithörtaste an dem seit den Achtzigern aus der Mode gekommenen Telefon drückte. Schrödinger nickte und fragte sich, warum der Pathologe nicht Magenbitter oder Kümmel heißen konnte. Die Stimme des Professors machte es auch nicht besser. Er sprach langsam, sehr langsam, mit einem Unterton, der für Schrödinger irgendwie … fettig wirkte. Er trank einen Schluck Tee und versuchte, sich auf das Telefonat zu konzentrieren und die Gedanken an Salami, Lyoner und Bierschinken aus seinen grauen Zellen zu vertreiben. Mit mäßigem Erfolg.

Horst schnaubte beleidigt, als er bemerkte, dass kein Fressen in Sicht war.

Schrödinger hätte eigentlich erwartet, dass sich der Rechtsmediziner per Mail melden würde, und das auch frühestens in ein paar Tagen. Aber wie er nach dem Telefonat von Verena erfahren würde, war Professor Wurst eigentlich längst in Pension und sprang immer dann ein, wenn die jungen Kollegen längst im Tübinger Fachwerk-Gewühle mit den Studenten das Wochenende feierten. Oder die Kinder bespaßten. Und dass der Pathologe aus einer Zeit stammte, in der das Wort *Computer* noch gar nicht erfunden worden war.

»Dass Sie so spät noch arbeiten?«, fragte Verena leicht verwundert.

»Sie ja auch«, konterte Wurst. »Eigentlich wollte ich nur per Anrufbeantworter um Rückruf bitten.«

Immerhin, dachte Schrödinger, dieses technische Gerät war dem Mann bekannt. Fast erwartete er, dass gleich ein Fax oder besser noch: ein Telex losrattern würde. Aber derlei Gerätschaften gab es in Verenas Büro gar nicht, und so schilderte Wurst fernmündlich seine bisherigen Ergebnisse.

»Ein spannender Fall. Das kann ich schon nach den ersten Untersuchungen sagen«, legte er los. Schrödinger hoffte, dass der Professor sich auf die wesentlichen, also unblutigen Dinge beschränken würde. Und er wurde nicht enttäuscht.

»Ich breche das mal für Laien wie Sie herunter, weitere Fotos kommen später, mein Assistent ist im Feierabend«, kam es oberlehrerhaft aus dem Lautsprecher. Verena rollte mit den Augen. Schrödinger hätte den Prof am liebsten geküsst. Hörte dann aber genauso aufmerksam zu wie die Kommissarin, die sich eifrige Notizen machte.

Zwar war die Obduktion noch längst nicht abgeschlossen, aber einige grundlegende Details standen schon einmal fest. Die Kürette spielte demnach durchaus eine gewaltige Rolle, war jedoch nicht todesursächlich. »Damit kann man höchstens ein paar kleine Läsionen verursachen, wenn man nicht gerade exakt die Aorta trifft.« Was bei Frick wohl nicht der Fall gewesen war.

Am liebsten hätte Schrödinger Koffein durch die Leitung geschickt. Wurst sprach zum Aus-der-Haut-Fahren langsam. Auch Verena wurde nervös. Was aber auch am vielen Kaffee liegen mochte, den die Kommissarin sich einverleibte. Wenn er richtig gezählt hatte, war sie bei der fünften Tasse angelangt.

Gut, soviel hatte er nun verstanden. Das Instrument aus der Zahnarzt-Szene hatte dem Richter nicht das Leben gekostet. Horst gähnte unter dem Tisch und schloss die braunen Knopfaugen. Gerne hätte Schrödinger es seinem tierischen Kumpel gleichgetan und zur Not auch unter dem Schreibtisch gepennt. Hauptsache, der Pathologe käme endlich zum Punkt und sein Magen zur Ruhe. Er unterdrückte ein Rülpsen und lauschte weiter den Erklärungen aus Tübingen.

Den sehr, sehr langsamen Erklärungen. Fast fühlte Schrödinger sich wie damals als kleiner Junge, wenn sein Großvater ihm vorgelesen hatte. In Ermangelung passender kindgerechter Bücher im elterlichen Haushalt aus den *Hannoverschen Neuesten Nachrichten*. Sporttabellen. Schrödinger gähnte hinter vorgehaltener Hand.

Kurz war er wohl weggenickt, denn als Verena laut »Danke, Dr. Wurst!« rief, zuckte Schrödinger zusammen. Ein Blick auf die Wanduhr zeigte ihm, dass es kurz vor drei Uhr war. In der Nacht. Horst schnarchte hingebungsvoll. Trotz des seiner bleiernen Müdigkeit gelang es ihm, die wesentlichen Aussagen des Pathologen abzuspeichern.

Die durchgegebenen Blutwerte hätten genauso gut die Packungsbeilage eines hochdosierten Schmerzmittels sein können. Nur, dass Frick 1,2 Promille intus gehabt hatte, verstand Schrödinger bei diesem Teil. Interessant wurde es, als der Doktor die verschiedenen blauen Flecken erwähnte, die Frick hatte. Alle waren annähernd gleich groß. Allerdings waren sie unterschiedlichen Datums und reichten von blau über violett bis grün. Und alle waren im Gesäßbereich.

»So oft haut es keinen auf den Hintern«, grinste Schrödinger amüsiert. »Und beim Frühjahrsputz passiert so was auch nicht. Da muss schon jemand richtig draufhauen.« Verena schien einen ähnlichen Gedanken zu haben und grinste ihn an, ehe sie wieder ernst wurde.

Woher die Blutergüsse stammten, würde sie später klären, wenn die *SOKO Rammler* zusammenkam. Die Kollegen schlummerten vermutlich selig, worum Schrödinger die

Beamten glühend beneidete. Einerseits. Andererseits war er neben Verena einer der ersten, die erfuhren, dass der Richter nicht durch den Stich mit der Kürette ins Jenseits befördert worden war und auch nicht durch den Sturz zu Boden. Der Schädelknochen des Juristen war komplett intakt. Nein: Frick war simpel und einfach an einem Herzinfarkt gestorben.

»Infarkt?« Verena hakte nach.

»Sein Herz war nicht das Beste. Auch die Leber hat schon bessere Zeiten gesehen«, erklärte der Pathologe. »Vermutlich durch die Aufregung oder einen gewaltigen Schreck haben die Herzklappen zum Abschied gewinkt.« Wurst lachte scheppernd. Vermutlich fand so was nur jemand witzig, der Tag für Tag tote Menschen in ihre Einzelteile zerlegte. Schrödinger jedenfalls konnte nicht lachen und war froh, als die Kommissarin das Gespräch beendete. Eine Weile schwiegen beide, und außer der Lüftung des Computers und dem leisen Schnarchen des Boxers war nichts zu hören.

»Dann fasse ich mal zusammen«, sagte Schrödinger schließlich. »Der Richter war gut angetrunken. Jemand hat ihm mit einem Instrument aus dem Zahnarztbereich zugesetzt. Woraufhin Frick einen Herzkasper bekam.«

Verena nickte. »Und außerdem scheint er eine masochistische Ader gehabt zu haben.«

»Ein und derselbe … Verursacher?« Von Täter wollte Schrödinger nicht sprechen.

»Möglich. Aber das klären wir heute nicht mehr.« Zu Schrödingers Erleichterung schaltete Verena den PC aus. »Feierabend.«

268

Zehnter Tag: Sonntag

Horst

Max und Marlene, wir müssen reden. Ich bin Horst. Ich bin ein Hund. Und es ist nicht okay, wenn in meinem Napf zu Pellets gepresstes Heu liegt. Ich mag auch keine Möhrchen. Auch nicht, wenn das Grüne noch dran ist. Dann erst recht nicht! Ja, okay, war lieb gemeint von den Kindern, mich zu füttern, solange Herrchen noch pennt.

Aber ich bin ein Hund. Ich bleibe ein Hund. Und ich will Fleisch. Daran ändert auch die Tatsache nichts, dass ich gelegentlich neben Knülle schlafe. Ganz und gar nichts ändert das daran.

Wobei ich sagen muss, so ein Co-Schläfer hat was. Das Kaninchen ist schön warm, kuschelig und schnarcht nicht. Allerdings ist er, glaube ich, gewachsen, seit er hier eingezogen ist. Vielleicht kommt es mir auch nur so vor, aber der Platz im Körbchen war schon mehr. Wie schnell nimmt so ein Rammler an Umfang zu?

Ich brauche schließlich meinen Schlaf. Um fit zu sein, für die Ermittlungen. Die dürften heute allerdings eher gemächlich ausfallen. Es ist schon nach eins. Am Mittag, wohlgemerkt. Hillu ist mit Max und Marlene unterwegs nach Spaichingen, wo ein Minizirkus gastiert. Marion hat das Radio voll aufgedreht und die Küche in ein Schlachtfeld verwandelt. Rührschüssel, Mehltüte, aufgeschlagene Eier. Wenn Hillu das sehen würde!

Aber es ist ja nett, dass sie einen Kuchen bäckt. Oder was auch immer das mal werden soll.

Vielleicht auch meine Rettung vor dem Hungertod. Alles, wirklich alles ist besser als Gemüse.

Schrödinger

»Dra di ned um, schau, schau, der Kommissar geht um!«
Schrödinger blieb im Türrahmen zur Küche stehen. Marion
wiegte sich im Takt zu Falcos Song und bestäubte einen
Rührkuchen mit Puderzucker. Der warme Duft empfing
Schrödinger wie eine liebevolle Umarmung, und beinahe
hätte er sich einen warmen Kakao gewünscht. Marion trat
einen Schritt zurück und betrachtete zufrieden ihr Werk. Der
Küchentisch war übersät mit Papieren. Eindeutig den Unterlagen aus dem Vereinsheim.

»Du warst ja schon fleißig.« Schrödinger umfing seine
Liebste von hinten und drückte sie an sich. Als er die kleine
Kuhle an ihrem Nacken küsste und den für ihn schönsten
Geruch der Welt einatmete, fühlte er sich so warm und fluf-
fig, wie der Kuchen aussah. Irgendwo hatte er mal gelesen,
dass amerikanische Makler in den zu verkaufenden Objekten
Cookie-Duft versprühten, was die potenziellen Kunden in
einen wahren Kaufrausch versetzen würde angesichts der
scheinbaren Heimeligkeit. In Kaufrausch geriet Schrödinger
zwar nicht, seine Gefühle allerdings rauschten nur so mit den
Hormonen um die Wette. Kein Gedanke mehr an kaltes
Fettfleisch und labbrige Pommes.

»Na?« Marion drehte sich zu ihm um und strich ihm zärtlich
über die stoppelige Wange. Dann küsste sie ihn. Zärtlich zuerst, dann fordernder. Horst, der die beiden beobachtete, gab
ein Grunzen von sich, das wie das Stöhnen eines Kindes klang,
dessen Eltern sich umarmen. Ob der Hund eifersüchtig war?

»Wir haben sturmfrei«, flüsterte Verena und ließ ihre Hand unter Schrödingers Shirt gleiten. »Magst du dich noch mal hinlegen?«

Und ob er mochte. Nur zu gern ließ er sich von ihr zurück ins Schlafzimmer führen. An Schlafen dachten allerdings beide nicht. Lange nicht. Sehr lange nicht.

Als Schrödinger sich schließlich von der erhitzten Marion löste und unter der Decke hervorkroch, um ins Badezimmer zu gehen, hörte er von unten leises Wuffen, gefolgt von einem dumpfen Poltern. Wahrscheinlich spielten Horst und Knülle eines dieser sinnfreien Fangspiele, an denen nur Tiere und Kinder unter drei Jahren Spaß haben. Marion seufzte wohlig und wickelte sich so fest in die Decke ein, dass nur noch ihre zerzausten Haare und die Nasenspitze zu sehen waren.

»Ich bin mal kurz im Bad«, sagte er.

»Aber bitte nur kurz.« Marion gähnte. »Und lass die Finger von meiner Schminke.«

»Hä?« Schrödinger verstand kein Wort.

»Na, nicht dass das noch abfärbt.«

Jetzt stand er endgültig auf der Leitung. Erstens hatte er noch nie Marions Cremes oder irgendetwas von den anderen magischen und ihm unverständlichen Dingen benutzt, die auf der Ablage über dem Waschbecken in Reih und Glied standen. Einmal abgesehen von ihrem Rasierer, als er mal übers Wochenende zu Besuch gewesen war und seinen eigenen in Hannover vergessen hatte. Aber das hatte sie hoffentlich nie erfahren.

Seine Liebste kicherte. »Der eine Typ gestern. Der mit dem Make-up im Gesicht. Ich glaub, der ist schwul.«

Schrödinger kapierte nichts. Er hatte keine Dragqueen bemerkt. »Also, schwul bin ich nicht«, sagte er mit Nachdruck.

»Ganz und gar nicht. Das hast du eben zu deiner vollsten Entlastung sehr gut bewiesen.« Marion warf ihm ein Küsschen zu.

Gut riechend, mit Wangen so glatt wie ein Babypopo und noch feuchten Haaren ging Schrödinger zehn Minuten später nach unten. Und erstarrte.

»Horst!«, brüllte er. »HORST!«

Der Hund erschien in der Küchentür, senkte den Kopf und sah sein Herrchen aus schuldbewussten Kulleraugen an. Schrödinger unterdrückte ein Lachen. Auf der Plattschnauze klebte Puderzucker. Vom Kuchen. Oder dem, was davon noch übrig war. Im Hintergrund sauste Knülle vorbei und verzog sich ins Wohnzimmer. Horst legte den Kopf schief. Seine vier Pfoten standen inmitten von Krümeln. Von wegen lustiges Fangspiel.

»Mannomann.« Schrödinger wusste, dass er als verantwortungsbewusster Hundehalter schimpfen musste. Konnte er aber nicht, denn hinter ihm erschien Marion. Die besah sich die Bescherung und lachte laut los. Sie lachte und lachte und lachte, bis sie sich die Seiten halten musste und Schluckauf bekam. Da konnte auch Schrödinger nicht anders, als die ganze Szene mehr als witzig zu finden. Und während der sichtlich satte und etwas bedröppelte Horst – immerhin hatte er fast einen ganzen Eierlikörkuchen intus – zu Knülle ins Körbchen schwankte, machten sich die beiden Zweibeiner mit dem Staubsauger daran, die Bescherung zu beseitigen. Marion brühte danach zwei Tassen starken Kaffee, und gemeinsam machten sie sich an die Durchsicht der Finanzunterlagen der *Honberger Hasen.* Das hieß: Marion erklärte. Schrödinger hörte zu und verstand so ziemlich nur Hauptbahnhof. Soll. Haben. Einnahmen aus Mitgliedsbeiträgen. Einnahmen aus Eintrittsgeldern für die Kaninchenschau. Ausgaben für den Betrieb des Vereinsheims.

»Ich habe mir nur die letzten beiden Jahre angesehen. Also die beiden, in denen Mina Schrägle nicht entlastet wurde.«

»Entlastet?«

»Ach, Schrödinger.« Marion warf ihm einen halb belustigten, halb liebevollen Blick zu. »Leute im Verein arbeiten ehrenamtlich. Und damit die nicht mit dem privaten Vermögen haften müssen, falls irgendwas nicht stimmt, wird bei den Mitgliederversammlungen über deren Integrität und ordentliche, also korrekte Arbeit abgestimmt. Danach sind sie aus dem Schneider.«

»Ach, so meinst du das mit entlastet.«

»Genau. Und die Schrägle ist vor einem Jahr nicht zur Versammlung erschienen, wie es im Protokoll vermerkt ist, und hatte keinen Kassenbericht vorgelegt. Und in diesem Jahr ebenfalls nicht.«

»Okay.«

»Spaßeshalber bin ich noch ein paar Jahre zurückgegangen, aber da hat die Kassenprüfung immer alles für gut befunden und die Mitglieder haben …«

»… Mina Schrägle entlastet.«

»Ganz genau. Und dann …« Verena blätterte durch die Seiten. »Dann habe ich einen bislang unbekannten Zahlungsempfänger entdeckt.«

Schrödinger horchte auf.

Nicht zuletzt, weil hinter ihm ein leises Wuffen und ein hasenartiges Schnauben zu hören war. Aber von den Fellnasen war im Moment keine Gefahr zu erwarten. Sein Einlauf schien gewirkt zu haben, Horst benahm sich wie ein handzahmes Kätzchen. Selbst der Deutsche Riese schien geschrumpft zu sein, obwohl Schrödinger befürchtete, dass der Rammler seine endgültige Größe noch lange nicht erreicht hatte.

Marion tippte mit dem kurz geschnittenen Fingernagel des rechten Zeigefingers auf eine Seite. Auch dafür liebte er sie: Sie war keine Frau für Schnickschnack und besuchte, anders als seine Ex, nicht alle zwei Wochen ein überteuertes Nagelstudio, um sich die Nägel wahlweise in pinkfarbene, silbern glitzernde oder, am schlimmsten, weihnachtlich in Sternen glänzende Gelkrallen verwandeln zu lassen.

»Hier.« Marion schlug die Seite ganz auf. Außer einer Menge Zahlen erkannte Schrödinger nichts. Genauso gut hätte Marion ihm das Telefonbuch von Bielefeld oder Bad Mergentheim unter die Nase halten und ihm die Frage stellen können, wie viel eine Palme wiegt, wenn in Uruguay ein Huhn zwei Eier legt. Ein gewaltiges Rätsel. Er war ja schon froh, wenn er beim Schlussdienst im Getränkemarkt im zweiten Anlauf auf den richtigen Kassenstand kam.

»Jaaaa?«, fragte er denn auch lahm.

»Sieht gar nicht spektakulär aus, ich weiß.« Im Gegensatz zu Schrödinger war Marion in ihrem Element und erzählte mit fast schon erschreckender Begeisterung von Einbuchungen, Ausbuchungen, Überträgen und Bilanzen.

»Stopp!«, rief Schrödinger nach wenigen Minuten. Marion sah irritiert auf.

»Bitte erklär mir das so, wie du es Max erklären würdest.«

Marion lachte. »Also gut, spielen wir ein bisschen Sendung mit der Maus.«

Marion fuhr mit dem Finger die Zahlenkolonnen entlang und blieb bei einer Spalte hängen. Sie tippte darauf.

»Iepure Ajutor«, las Schrödinger.

»Wer ist das?«

»Das musst du mich nicht fragen. Ich bin nur für die Zahlen zuständig, mein Sherlock.«

»Ist das ein Name?« Schrödinger kratzte sich am frisch rasierten Kinn.

»Ja, ich denke schon. Aber nicht für eine Person. Eher für eine Firma oder eine Hilfsorganisation. Letzteres wohl eher. Immerhin wurden die Beträge, die vom Vereinskonto abgingen, stets als Spenden tituliert.

»Spenden?« Schrödinger sah genauer hin. Und schluckte trocken, als er die Summen überschlug, die Marion mit kleinen Haftnotizzetteln markiert hatte.

»Das sind über zweiundvierzigtausend Euro!«

»Zweiundvierzigtausend einhundertneunzehn Euro und neunzehn Cent, um genau zu sein.«

Für eine solch horrende Summe konnte wer oder was auch immer jede Menge Gutes tun. Oder auch weniger Gutes. Schrödingers Bauchgefühl meldete sich. Unmissverständlich. Da war was faul. Da musste was faul sein.

»Wie kommt ein so kleiner Verein eigentlich zu so viel Geld?« Marion zeigte auf die letzte Seite. Der Kontostand betrug demnach noch immer satte 267.000 Euro.

»Keine Ahnung.« Schrödinger schüttelte den Kopf. Mit so viel Asche könnte man sämtliche Käfige vergolden und die in die Jahre gekommenen Terrassenmöbel locker gegen edle Loungesessel aus Tropenholz ersetzen.

»Warte mal.« Ihm fiel etwas ein. Bei der Aufräumaktion hatte er einen kleinen Anpfiff von Sylvia kassiert, als er mit der stoffbespannten Seite eines kaputten Sonnenschirms aus Versehen beinahe ein golden gerahmtes Porträt von der Wand im Flur des Clubheims gefegt hätte. Darauf war ein bärtiger, kauzig wirkender älterer Herr zu sehen.

»Pass bitte auf unseren Gönner auf«, hatte Sylvia ihm gesagt. Dunkel erinnerte er sich, dass sie ihm erzählt hatte, der Mann, an dessen Namen Schrödinger sich nicht erinnerte, habe vor zwei oder drei Jahren sein gesamtes Vermögen dem Verein vermacht. Da er alleinstehender Unternehmer ohne jegliche Bindungen war, bedeuteten die *Honberger Hasen* wohl so etwas wie seine zweite Familie. Aber, so Sylvia mit bedauerndem Blick auf die maroden Gartenmöbel, angekommen sei das Geld noch nicht in der Vereinskasse. Scheinbar mahlten die Mühlen der Erbjustiz extremst langsam. Er hätte gerne nachgehakt, wurde aber von einem anderen Putzteufel unterbrochen, der sich mit tosendem Kärcher näherte.

Hatte der edle Gönner Iepure Ajutor geheißen? Ganz sicher nicht, ein so kurioser Name wäre ihm aufgefallen.

Marion fuhr fort. »Nicht alle Gelder sind als Spende geflossen, manchmal auch als purer Übertrag auf dieses Konto. Übrigens, ehe du fragst, eine Onlinebank. Da kann der Inhaber auf den Fidschis sitzen oder im Kaukasus.«

»Okay. Mit der Kasse stimmt also was nicht.« Schrödinger begriff, warum Mina die Mitgliederversammlung geschwänzt hatte. Sonst wäre vermutlich aufgeflogen, dass das Erbe längst ausbezahlt worden war, jedoch nicht alle Ausgaben auch im Vereinssinne getätigt worden waren.

»Alter Schwede!« Schrödinger staunte und war beinahe froh, als Max und Marlene hereinstürmten und sich laut lärmend an den Tisch klemmten, wo sie frenetisch von Horst begrüßt wurden. Schrödinger gelang es, den letzten Rest Puderzucker unbemerkt von dessen Schnauze zu wischen. Dann erschien eine sichtlich geschaffte Hillu mit zwei halbvollen Tüten Popcorn in der Hand.

»Also wirklich, nicht mal Elefanten haben die dort«, mokierte sie sich und stellte fast angewidert die Tüten auf den Tisch. »Und dann verlangen die dermaßen viel Geld.« Sie schüttelte den Kopf und bemerkte mit hochgezogener Augenbraue das Chaos aus Rührschüsseln und leerer Backform.

»Du hast Kuchen gebacken? Wunderbar, ich habe Hunger«, teilte sie mit und ließ sich ebenfalls nieder. Während die Kinder fröhlich schnatterten, vom Clown und einer Nummer auf dem Drahtseil berichteten, sammelte Schrödinger hastig die Papiere ein.

»Das mit dem Kuchen …« Marion wurde rot, und Hillu sah sie misstrauisch an.

»Ja, der Kuchen …« Schrödinger überlegte, wie er Horst aus der Schusslinie bringen konnte.

»Den musste ich wegschmeißen«, sprang Marion in die Bresche. »Ich habe das Salz mit dem Zucker verwechselt.«

»Iiiiih!«, kreischten die Kinder gleichzeitig. Hillu seufzte theatralisch.

Jetzt war es an Schrödinger, seiner Liebsten beizuspringen. »Das war meine Schuld. Ich habe sie abgelenkt.«

Hillu rollte mit den Augen. »Ich sag nichts. Nicht vor den Kindern. Aber eigentlich müsstet ihr alt genug sein.«

Irrte Schrödinger sich oder lag da ein Funken Eifersucht in Hillus Stimme?

Zum Nachdenken blieb ihm keine Zeit; sein Handy bimmelte. Eine hörbar gestresste Kommissarin war in der Leitung.

»Komm bitte. Jetzt. Zur Polizeistation. Und nimm den Hintereingang«, rief sie fast flehentlich.

»Hau schon ab.« Marion knuffte ihn liebevoll in die Seite. »Wir werden uns jetzt eine Folge Netflix anschauen. Oder auch zwei.« Marlene und Max sausten begeistert voraus ins Wohnzimmer, und Schrödinger grinste, als er im Weggehen mit dem immer noch etwas torkelnden Horst sah, wie Hillu sich sitzend unter den Küchentisch beugte, einen Krümel aufhob, daran leckte und fragend darauf starrte. Vermutlich war der Gebäckrest zuckersüß.

An Kuchen war in den nächsten Stunden allerdings nicht zu denken. Vor lauter glücklicher Gedanken an sein Schäferstündchen mit Marion und angesichts der neuen Erkenntnisse in Sachen Vereinskonto hatte Schrödinger vergessen, dass er mit Horst nicht zur Hauptpforte des Reviers kommen sollte. Doch als er die Bescherung sah, war es längst zu spät: Vor dem Betonbau standen zwei Übertragungswagen von SWR und NTV. Ein halbes Dutzend Journalisten mit Kameras, Mikrofonen an langen Stangen und Fotoapparaten wartete vor dem Eingang. Sie wirkten etwas ratlos, aber auch entschlossen. Im Vorbeihuschen gelang es Schrödinger, sich so unsichtbar zu machen, dass ihm selbst keine Fragen gestellt wurden. Er hätte ohnehin keine beantworten können oder wollen. Den Rest hätte notfalls ein zähnefletschender Boxer erledigen können. Doch so weit kam es nicht.

Dafür bekam Schrödinger beim missglückten Versuch der blutjungen Reporterin eines Privatsenders für ein Statement vor der Kamera mit, warum die Meute angerauscht war: »Bluttat in Tuttlingen. Gestern wurde der beliebte, jedoch auch strenge Richter Werner Frick heimtückisch ermordet. Der Getötete war Gast einer Feier und wurde dort vermutlich erschossen. Wir warten auf ein State... ein Statement ... der Poli.... Scheiße, das drehen wir noch mal!«

Schrödinger beeilte sich, dass Horst und er ins Gebäude kamen. Und er war froh, als er außer Verena niemanden in deren Büro antraf.

»Schöne Scheiße«, begrüßte sie ihn. »Die Staatsanwaltschaft hat eine Presseinfo rausgejagt. Nur drei Zeilen, vermutlich um die SOKO unter Druck zu setzen. Aber nur weil da draußen Reporter rumlungern, finden wir den Täter auch nicht schneller.«

Verena war wütend. Da half auch nicht, dass Horst sich aufmunternd an ihrer Wade schubberte.

»Wie kann ich dir denn weiterhelfen?«, erkundigte sich Schrödinger.

Verena seufzte tief und sah einen Moment lang zehn Jahre älter aus. »Ich brauche noch ein paar Infos über die Gäste und Angestellten. Du hast ja gestern sicherlich mitgekriegt, dass meine Kollegen von der Streife rumgegangen sind, um die Daten aller Anwesenden aufzunehmen. Das war ein ganz schönes Stück Arbeit. Jetzt sind wir gerade dabei, die ganzen Personalien auszuwerten und am Computer durchzusehen.

Was natürlich wieder zig Stunden dauern wird. Selbst bei einer SOKO. Deshalb hatte ich gehofft, dass dir noch was eingefallen ist, was unsere Suche weiter einschränkt oder worauf wir bei den Überprüfungen zusätzlich achten sollten. War der Richter bei der Reinemachaktion vom Freitag irgendwie komisch drauf? Oder hat dort jemand was getan, das dir spanisch vorkam?«

»Puh … so direkt nicht.«

Diese Antwort schien Verena befürchtet zu haben. Ihr Blick sank erschöpft zu Boden. Und hob sich sogleich wieder, als Schrödinger das Wort »Allerdings« sagte.

»Allerdings?«, wiederholte sie. Es schwang einiges an Hoffnung in ihrer Stimme mit.

Schrödinger hingegen zögerte und überlegte, wie er anfangen sollte. Schließlich entschied er sich für den direkten Weg und legte die Kassenbücher auf den Schreibtisch. »Marion war fleißig.«

Verenas Miene hellte sich ein bisschen auf, gleichzeitig wirkte sie verdutzt. »Was hat denn deine Liebste damit zu tun?«

Mit einem breiten Lächeln begann er zu berichten, was sie in den vergangenen Stunden herausgefunden hatten. Er gab sich Mühe, sämtliche aufgeschnappten Fakten so exakt wie möglich wiederzugeben, und tat dabei so, als hätte er mächtig Ahnung von der Materie. Der Plan ging auf, die Kommissarin wirkte sichtlich beeindruckt.

»Na, das ist doch mal was. Gute Arbeit, mein Lieber. Dann werden wir den Fokus verstärkt mit auf diese Sache lenken. Ich hoffe, du bist nicht eingeschnappt, wenn ich die Unterlagen noch mal den Kollegen für Wirtschaftsdelikte vorlege.«

»Ach, i-wo. Vielleicht finden die ja sogar noch mehr. Wir

konnten anhand der Spendenbescheinigungen und Überweisungen ja eh nicht prüfen, ob die Daten alle so stimmen. Also Namen und Adressen und so. Vor allem, wenn es um eine Onlinebank geht. Du weißt ja, da kann der Inhaber auf den Fidschis oder im Riesengebirge sitzen. So weit reichen unsere Verbindungen nicht.«

»Mal schauen, wie weit unsere reichen. Das ist manchmal ein ziemlicher Hickhack mit den Behörden.«

»Ja, wem sagst du das?«

Sie schmunzelten beide, und Verena wirkte nicht mehr halb so niedergeschlagen wie bei seiner Ankunft.

Lang hielt die Behaglichkeit nicht. Schrödinger schaffte es noch, sich eine Tasse vom bestimmt schon seit Stunden vor sich hin köchelnden Kaffee einzuschenken, bevor es unangenehm wurde. Verena hatte seine kurze Abwesenheit nämlich genutzt, um ihr E-Mail-Postfach auf neue Nachrichten zu überprüfen. Als er an den Schreibtisch zurückkehrte, stand sie gerade über die Tastatur zu ihrem Monitor gebeugt. Schrödinger machte den Fehler, neben sie zu treten, und ebenfalls genau hinzuschauen. Er bereute es in derselben Sekunde.

Die Kommissarin betrachtete gerade das Bild eines nackten Männeroberkörpers. Eines toten Oberkörpers. Mit mehreren Kratzern und blauen Flecken darauf. Schlimmer als das war allerdings der Y-förmige Schnitt auf der Brust, der von den Schultern bis zum Bauch reichte. Offenbar hatte Dr. Wurst die gestern versprochenen Autopsie-Fotos geschickt.

Schrödingers Inneren verkrampfte sich. Besonders seine Lungen und seine Luftröhre, die auf einmal deutlich weniger Sauerstoff zu bekommen schienen. Obwohl er selbst schon mehrere gesehen – und gefunden – hatte: An den Anblick von Leichen würde er sich niemals gewöhnen. Im lebenden Zustand waren ihm Menschen weitaus lieber.

Als Verena Schrödingers Anwesenheit bemerkte, klickte sie schnell weiter. Das Bild wechselte vom toten Oberkörper zum toten Hintern des Richters. Was die Sache nur geringfügig besser machte. Zahlreiche blaue Flecke gab es hier ebenso. Dazu auch einige grüne und violette. Das waren die Hämatome, die der Rechtsmediziner gestern am Telefon erwähnt hatte. Es sah tatsächlich so aus, als hätte jemand dem Richter mächtig den Arsch versohlt.

»Scheint so, als wäre er ein ziemlich böser Junge gewesen. Oder hat die … äh … der Wurst eine andere Erklärung gefunden?«

»Nicht wirklich. Ich werde deswegen nachher mal zwei Kollegen losschicken, die ein Foto vom Richter in den hiesigen Rotlichtbezirken rumzeigen. Man weiß ja nie …«

Schrödinger nickte. »Könnte interessant werden.« Kurz überlegte er, welche hiesigen Rotlichtbezirke Verena überhaupt meinte. Noch wohnte er nicht lang genug in Tuttlingen, um sich mit derartigen Dingen auszukennen. Selbst im Getränkemarkt war so etwas bisher kein Thema gewesen. Natürlich war sein Interesse daran rein beruflicher Natur. Trotzdem verzichtete er darauf, bei Verena nachhaken. Er hatte ohnehin das Gefühl, dass er hier im Moment nicht viel tun konnte und die Polizistin nur von ihrer weiteren Arbeit abhielt.

Aus dem Grund verabschiedete er sich bald darauf und gab Horst ein Zeichen, ihm nach draußen zu folgen. Diesmal dachte er ohne weitere Ermahnung daran, den Hinterausgang zu nehmen. Der Plan ging auf, und er konnte die Wache hinter sich lassen, ohne irgendeinem der sensationshungrigen Reporter in die Arme zu laufen.

Zufrieden stieg er in seinen Kombi, ließ den Boxer auf dem Beifahrersitz Platz nehmen und startete den Motor, ohne recht zu wissen, wohin er überhaupt fahren sollte. Zum Vereinshaus wollte er nicht, weil er keine Lust auf eine weitere gemeinschaftliche Trauerrunde verspürte. Zu Henry Schrägle brauchte er ebenso wenig zu fahren, da dieser ja bis morgen mit seinem Truck unterwegs war.

Nein, er wollte irgendwas unternehmen, das sie voranbrachte. Das diesen Fall aufklärte, bevor noch weitere Menschen zu Schaden kamen. Zwei waren bereits zu viel. Um keinen Preis wollte er, dass daraus drei oder gar noch mehr wurden.

Auf dem bisherigen Wege kamen sie nicht weiter. Was hatten sie übersehen? Welche Dinge lagen noch im Dunkeln? Manchmal war es gut, in solchen Fällen zum Anfang zurückzukehren und noch einmal alles neu und neutral zu betrachten. Allerdings waren in den vergangenen acht Tagen so viele Dinge geschehen, dass es ihm schwerfiel, da den Überblick zu behalten. Außerdem fühlte sich Schrödinger im Moment zu aufgekratzt für solche Sisyphusarbeiten.

Nein, er musste irgendwo ansetzen, wo er schon gewesen und nicht weitergekommen war. Verena hatte ihn ja auch nach Dingen gefragt, die ihm zunächst unwichtig erschienen waren. Dinge wie dem Besuch in der Spedition Schwaighöfer. Oder dem beim Amtsgericht.

Bei letzterem klingelte etwas in seinem Hinterkopf. Also nicht direkt wegen des Gerichts, sondern wegen der Sache danach: Er war dem Richter in eine Pizzeria gefolgt und hatte dort auf dem Klo ein Gespräch belauscht hat. Tja, und dann?

Mit der linken Hand steuerte Schrödinger das Lenkrad, mit der rechten knetete er nachdenklich seine Unterlippe. Was auf der Straße vor ihm geschah, wurde zur Nebensache. Schrödinger hatte für den Moment komplett auf Autopilot geschaltet.

Worum genau hatte sich die Unterhaltung gedreht? War es nicht um eine Erpressung oder so was in der Art gegangen? Vielleicht ein alter Kommilitone, der Geld von dem Richter wollte? Oder keines hatte? Die Worte *Tübingen* und *Studenten* waren gefallen. Hatte der Anrufer nicht sogar gewollt, dass der Richter in die Universitätsstadt kam?

Das alles musste nichts zu bedeuten haben. Unter normalen Umständen hätte Schrödinger dem Ganzen wahrscheinlich wenig Beachtung geschenkt. Jetzt allerdings war Winnie tot, und alles aus seinen letzten Lebenstagen konnte von Bedeutung sein.

Eine Sekunde lang überlegte er deshalb sogar, die hundert Kilometer bis rauf nach Tübingen zu fahren. Er wusste zwar nicht genau, was er dort machen sollte, aber besser als Däumchendrehen wäre es allemal. Dann warf er einen Blick aus dem Fenster und bemerkte, dass sein Gehirn offenbar längst eine andere Entscheidung getroffen hatte.

Ohne dass es ihm bewusst gewesen war, hatte er vom Amtsgericht aus bereits die Strecke an den CHIRON-Werken und der Arbeitsagentur vorbei genommen. Gerade steuerte er auf den Aesculap-Platz zu, und von da aus war es bloß noch ein Katzensprung zum Amtsgericht. Respektive zur Pizzeria *Dal Venezia*. Es war Sonntagnachmittag, und auf einmal verspürte er große Lust auf einen frischen Espresso.

Er parkte unweit des drögen Betonbaus und nahm mit Horst zusammen genau die gleiche Strecke, die er neulich gegangen war, als er Frick und der rothaarigen Gerichtsschreiberin gefolgt war. Von dem kleinen Park aus erblickte er die Festhalle, in der mit Mina Schrägles Tod das ganze Unheil seinen Anfang genommen hatte. Ein kalter Schauer jagte über Schrödingers Rücken. Er sah zu, dass rasch das italienische Lokal betrat.

Drinnen hoffte er auf denselben Platz wie beim letzten Mal, um so seine grauen Zellen in Wallung zu bringen. Und sollte der Tisch besetzt sein, dann den, an dem Winnie mit seiner Kollegin gesessen hatte. Er hatte Pech, beide Tische waren besetzt. Offenbar war Sonntagnachmittag in Tuttlingen eine beliebte Zeit, um sich einen italienischen Kaffee zu gönnen.

Beim genaueren Hinschauen wurde ihm bewusst, dass er die Person am Richtertisch sogar kannte. Sobald diese Erkenntnis sein Großhirn erreichte, begann er zu lächeln. Da drüben saß niemand Geringeres als Netti Koberle, die korpulente Pressesprecherin des Vereins. Bei ihrem letzten Treffen hatte sie ihm gut gelaunt die Freikarten für das Tuttlinger Spaßbad in die Hand gedrückt. Von gut gelaunt war sie mittlerweile aber meilenweit entfernt. Blass und mit dunklen Ringen unter den geröteten Augen saß sie am Tisch, den Blick starr auf den halbvollen Kaffeepott vor ihr gerichtet.

Schrödinger ging auf sie zu und fragte: »Ist hier noch frei?«

In einer unendlich langsamen Bewegung hob sie den Kopf. Ein weiterer langer Moment verstrich, bis sie ihn erkannte und ein schmales Lächeln in ihrem Gesicht erschien.

»Ach, Schrödinger, du bist es. Und deinen Hund hast du auch dabei! Du darfst dich gerne zu mir setzen. Ich befürchte allerdings, dass ich heute keine gute Gesprächspartnerin sein werde.«

»Wegen Winnie?«, fragte er, nachdem er sich gesetzt hatte. Horst machte es sich zu seinen Füßen bequem.

Nettie nickte traurig. »Das hier war sein Lieblingslokal. Wir haben uns hier bestimmt hundert Mal auf einen Kaffee oder eine Pizza getroffen. Und nun ist er fort, und auch der gute Cappuccino schmeckt mir nicht mehr. Was führt dich hierher?«

»Ungefähr das Gleiche. Ich war ich neulich mit Winnie nach einer Gerichtsverhandlung hier und hatte irgendwie das Gefühl, dass ich seiner hier besser gedenken könnte als im Vereinsheim.« Gelogen war das nicht.

»Ja, auf dieses Gruppentrauern hatte ich auch keine Lust. Das war letzten Sonntag schon kaum auszuhalten. Und jetzt das Ganze noch mal?« Sie schüttelte den Kopf und kämpfte sichtlich gegen die Tränen.

Schrödinger legte tröstend seine Hand auf ihre. »Ist ja auch echt heftig und schwer zu verdauen. Denkst du, Frick und Mina standen sich irgendwie nahe?«

»Wie kommst du darauf?«

»Na ja, beide wurden sie innerhalb einer Woche ermordet. Vielleicht gibt es da ja irgendwelche Gemeinsamkeiten.«

Netti runzelte die Stirn. »Bist du ein Bulle oder so?«

»Ich? Sehe ich so aus?« Er versuchte, es so lächerlich wie möglich zu betonen.

»Eigentlich nicht. Aber bei *21 Jump Street* waren die auch immer undercover unterwegs.«

»Für die *Jump Street* dürfte ich ein bisschen zu alt sein. Das waren doch alles Teenies und Leute Anfang zwanzig. Außerdem bin ich nicht ganz wie Johnny Depp, oder?«

Unfreiwillig musste sie schmunzeln. »Na ja, ein bisschen was von Captain Sparrow hast du schon.«

»Na, vielen Dank auch. In den Filmen habe ich mich immer eher als Will Turner gesehen. Du glaubst nicht, wie geschickt ich mit einem Degen umgehen kann.« Er fuchtelte einige Male hastig durch die Luft, als würde er tatsächlich eine solche Waffe in der Hand hatten. Selbst das sah irgendwie unprofessionell aus. »Aber mal ernsthaft. Es fällt mir schwer, zu glauben, dass es bloß Zufall war, dass gleich zwei aus dem Verein in so kurzer Zeit umgekommen sind.«

»Ein Zufall war das sicher nicht. Immerhin sind die Leute nicht einfach so gestorben, sondern wurden ermordet. Das passiert nicht mal eben so. Dahinter steckt ne Absicht. Aber wer und warum, da fragst du am besten die Polente. Ich bin weit davon entfernt, das auch nur ansatzweise zu verstehen.«

Mit einem tiefen Seufzer nippte Netti an ihrer Kaffeetasse. Schrödinger sah ein, dass er an dieser Stelle nicht weiterkam. Vielleicht, weil es nicht der richtige Zeitpunkt war. Eventuell, weil Netti tatsächlich nichts aufgefallen war, was die zwei gemeinsam hatten. Aus dem Grund machte es vermutlich auch wenig Sinn, sie auf die Unregelmäßigkeiten bei den Finanzunterlagen anzusprechen.

Einige Momente lang herrschte bedrücktes Schweigen. Dann zückte die Vereinspressesprecherin ihr Smartphone und unternahm einige hastige Tipp- und Wischbewegungen auf dem Bildschirm. Da sie nebenbei immer wieder seufzte und gegen die Tränen kämpfte, überlegte Schrödinger, sie allein zu lassen. Ganz offensichtlich wollte sie im Augenblick keine Gesellschaft haben. Dann jedoch drehte sie das Mobiltelefon herum und rückte einige Zentimeter auf, damit auch Schrödinger etwas auf dem Display erkennen konnte.

Das Handy zeigte ein Foto von einem Fest im Verein. Netti und Jojo standen mit Winnie zusammen. Alle drei schienen schon mächtig einen im Tee zu haben. Trotzdem oder gerade deswegen schien die Stimmung ziemlich ausgelassen zu sein.

»Das war bei der letzten Weihnachtsfeier«, erklärte Netti und wischte zum nächsten Bild, auf dem Karlo passend zum Fest eine rot-weiße Zipfelmütze trug. Seinen halb geschlossenen Augen nach zu urteilen war er ebenfalls nicht mehr ganz nüchtern. »Damals war die Welt noch in Ordnung.«

Weil er darauf nichts zu erwidern wusste, nickte Schrödinger lediglich und betrachtete schweigend die nachfolgenden Schnappschüsse. Er sah Sylvia in einem Kleid mit Leopardenmuster, im Duett singend mit Mina und Jojo. Auf einem Bild reckten acht Vereinsmitglieder ihre Weingläser in die Höhe. Ihren Mündern nach zu urteilen, trällerten sie dabei ein Lied, möglicherweise die Vereinshymne.

Die Fotos mit den ihm bekannten Gesichtern fand Schrödinger noch interessant. Immer wieder folgten aber auch Aufnahmen, auf denen er keine einzige Person kannte. Als die Zahl dieser Bilder zunahm, fing er an, mehr auf die Hintergründe als auf die Ereignisse im Vordergrund zu achten. Was sich in manchen Fällen als recht lohnend entpuppte. Auf einem Bild grabschte Karlo einer Frau mit schwarzer Dauerwelle ungeniert an den Po, auf einem anderen sah man Winnie und Mina herumturteln. Einen Schnappschuss später standen die zwei am Fenster zum Garten, und nur wenige Zentimeter trennten ihre Gesichter voneinander. Hier lag die Romantik nicht nur in der Luft, sondern war auch ein halbes Jahr später auf dem Fotobeweis noch deutlich spürbar. Am liebsten hätte Schrödinger Netti gebeten, die entsprechende

Stelle näher heranzuzoomen, aber bevor er den Mund aufmachen konnte, hatte sie schon zur nächsten Aufnahme gewechselt, auf der zwei Hasen – Deutsche Riesen, wie Fachmann Schrödinger auf Anhieb erkannte – wie beim Gewichtheben in die Höhe gehalten wurden.

Wenig später erreichten sie das Ende des Weihnachtsfeier-Ordners. Allerdings nicht das Ende der Fotosession. Ohne zu zögern oder nachzufragen, wechselte Netti zum nächsten Verzeichnis. Gefühlte hundert Bilder der letztjährigen Tierschau folgten. Abermals mit etlichen kuriosen Schnappschüssen, hier aber vorwiegend von den ausgestellten Tierchen. Auf einem davon erkannte Schrödinger Nettis Kaninchen Cornetto. Was so ziemlich das Highlight der ansonsten recht unspektakulären Fotosession darstellte.

Nach der Ausstellung in der Stadthalle folgten weitere Feste. Schrödingers Stimmung sank, die von Netti stieg. Ihr schienen die vielen positiven Erinnerungen gutzutun. Und sie machten sie durstig. Sie orderte einen weiteren Kaffee und auch gleich noch ein stilles Mineralwasser. Schrödinger zog gleich, obwohl er eigentlich keinen Durst hatte.

Nach einer gefühlten Ewigkeit ließ die Natur ihren Ruf hören. Schrödinger überlegte, seine volle Blase für eine Ausrede und Verabschiedung zu nutzen, entschied sich dann jedoch dagegen. Wenn er pinkeln musste, würde es Netti auf kurz oder lang ebenfalls müssen.

Und wirklich: Nur wenige Minuten darauf legte sie ihr Smartphone vor ihm auf den Tisch und entschuldigte sich zur Toilette. Vielleicht wollte sie ja, dass er sich ohne sie schon ein paar weitere Schnappschüsse anschaute. Doch Schrödinger hatte andere Pläne.

Kaum war Netti außer Sicht, wechselte er zum Verzeichnis mit den Weihnachtsbildern und suchte sich das Beinahe-Knutschfoto heraus. Er zoomte sich den entsprechenden Ausschnitt heran und fühlte seine vorherige Überlegung bestätigt. Die Frage war nur, was er mit dieser Erkenntnis anstellte. Und was er mit diesem Quasi-Beweis tun sollte. Nach kurzem Abwägen der Möglichkeiten entschied er sich dazu, das Bild auf sein Smartphone weiterzuleiten. Was auch für einen Technik-Laien wie Schrödinger kein großes Problem darstellte. Er schaffte es sogar, sämtliche Hinweis auf die Weiterleitung auf Nettis Telefon zu löschen, da er nicht genau wusste, ob ihr dieses Kopieren überhaupt recht gewesen wäre. Besser war es, diesen schlafenden Hund gar nicht erst zu wecken.

Apropos … Schrödinger linste unter den Tisch und vergewisserte sich, dass es Horst gut ging. Was der Fall war. Der Boxer lag mit geschlossenen Augen noch immer zu seinen Füßen. Einige Sekunden lang glaubte er sogar, ein leises Schnarchen aus dieser Richtung zu vernehmen. Offenbar schlief der Hund seinen Eierlikörrausch aus. So rührend der Anblick auch war, Schrödinger widmete sich wieder dem Handy und schaffte es gerade noch, zurück zum ursprünglichen Ordner zu wechseln, bevor Netti an ihren Platz zurückkehrte.

»Ich finde es schön, dass du da bist«, gestand sie ihm beim Hinsetzen. »Ohne dich wäre ich jetzt wahrscheinlich bloß noch ein Häufchen Elend.«

»Kein Thema. Ich bin gerne hier. Mir geht das mit den zwei Todesfällen ebenfalls nahe – auch wenn ich erst seit Kurzem im Verein bin. Ich hab Winnie immer als akkuraten

Menschen erlebt. Anfangs etwas streng, aber wenn man erst mal mit ihm warm geworden ist, ist er echt ein dufter Typ.«

Einen Atemzug lang fühlte sich Schrödinger mies, seiner Vereinskollegin diese Dinge zu erzählen. In der kurzen Zeit hatte er den Richter einfach nicht gut genug kennengelernt, um von ihm als einem *duften Typ* zu sprechen. Aber wenn es half, Netti noch ein paar eventuell relevante Details heraus-zukitzeln, war er gerne bereit, über diesen Schatten zu sprin-gen. Davon abgesehen hieß es ja immer, dass man nicht schlecht über Tote reden sollte. Im Umkehrschluss bedeutete es, dass man wertschätzend von ihnen reden sollte. Genau das hatte er getan.

Zu seinem Leidwesen bedeutete sein Lob nicht, dass sie jetzt doch mit pikanten Einzelheiten herausrückte. Stattdes-sen verstand Netti es als Anlass, erneut in ihrem Smartphone nach Bildern zu kramen. Es dauerte auch nicht lange, dann hatte sie ein paar ungesehene aufgestöbert und präsentierte ihm Aufnahmen von Winnies letztem Geburtstag. In seinem Büro. Zur Mittagszeit. Mit gelieferter Pizza, selbst zubereitet aussehendem Rucola-Salat, Cola und Sekt. Dass es das Rich-terzimmer war, erkannte Schrödinger an den gerahmten Zer-tifikaten von der Uni Tübingen, die an der Wand hingen. Und selbstverständlich an der umfangreichen Bibliothek mit Jura-Büchern, die er schon aus vielen Gerichtsthrillern kannte. Spannend war das alles nicht. Also achtete er auch hier nicht weiter auf den Vordergrund, sondern nahm alles unter die Lupe, was weiter hinten noch auf den Bildern zu se-hen war. Gardinen, Regale, Schreibutensilien und Ablagefä-cher auf dem breiten Holztisch. Viel Aufschlussreiches war das nicht. Und das, obwohl sich Schrödinger wirklich größte

Mühe gab. Was genau auf den Diplomen stand, war ohne Heranzoomen nicht zu erkennen. Darum wollte er Netti aber nicht bitten, weil es zu viele falsche Fragen aufgeworfen hätte. Allerdings erinnerten Schrödinger die vielen gerahmten Zertifikate an das belauschte Klogespräch mit dem Kommilitonen.

»Hat Winnie eigentlich viel von seiner Unizeit erzählt?«, erkundigte er sich behutsam.

»Viel ist gar kein Ausdruck. Praktisch jede zweite Unterhaltung hat sich darum gedreht! Was er mit seinen Jungs alles für Streiche ausgeheckt hat, wie da angeblich nichts und niemand vor ihnen sicher war. Im spaßigen Sinne.«

»Seinen Jungs?«

»Na, er war da in so einer Studentenverbindung. *Niceria* oder so. Wie in den Filmen. Mit verrückten Aufnahmeregularien wie nackt über den Campus rennen oder sich nur in der Unterhose abends im Mädchenwohnheim einschließen lassen. Der ganze Kram. Darauf war er immer mächtig stolz. Meinte, das wäre die beste Zeit seines Lebens gewesen.«

»Das hört man über solche Verbindungen öfters. Trotzdem glaube ich, wenn ich auf der Uni gewesen wäre, wäre das nix für mich gewesen. Also nichts gegen ein paar deftige Streiche und dergleichen, aber in so einem elitären Club? Dieser Herdentrieb ist nichts für mich. Wahrscheinlich bin ich einfach nicht massenkompatibel genug.«

»Sagt einer, der sich gerade frisch im Verein angemeldet hat.«

»Das ist ja was anderes. Da geht es ja um die lieben Vierbeiner und nicht irgendwelche studentische Subkulturen, wo man obskure Aufnahmerituale erdulden muss. So was wie

Degen und Fechtereien im Morgengrauen. Oder irgendwelche Erstsemester quälen.«

»Davon weiß ich nichts. Ich muss bei Studentenverbindungen und Ritualen immer an *Skull & Bones* und dergleichen denken. Gab es darüber nicht mal einen Dan-Brown-Roman? Das mit diesen ganzen Verschwörungen ist nicht so ganz meine Baustelle. Davon hat Frickie auch nie was erwähnt. Dem ging es, glaube ich, bloß ums Partymachen.«

»Glaubt man gar nicht, dass der ehrenwerte Richter so ein wilder Hengst war.«

»Och … wenn er wollte, konnte der Winnie auch später noch richtig aufdrehen. Ich kann mich da an einige Vereinsfeiern erinnern, da hat er es mächtig krachen lassen. Saufgelage bis zum frühen Morgen mit Karlo, Jojo und was weiß ich noch alles. Schade, dass du ihn da nicht erlebt hast.«

Die Stimmung kippte abermals; Netti begann zu schluchzen. Schrödinger tastete hastig seine Taschen ab und fand schließlich eine Packung Papiertaschentücher, die er ihr reichte. Netti dankte ihm und schnäuzte sich dermaßen lautstark, dass Horst unten am Boden erschrocken zusammenzuckte. Danach ging es ihr halbwegs besser und sie kämpften sich durch einen weiteren Schwall Erinnerungsschnappschüsse. Leider erneut ohne irgendwelche hilfreichen Aufnahmen.

Eine reichliche Stunde später verabschiedeten sie sich vor der Pizzeria. Das Angebot, sich von Schrödinger heimfahren zu lassen, lehnte Netti dankend ab und meinte, dass ihr ein kleiner Fußmarsch nach dem vielen Sitzen guttun würde. »Sonst setze ich noch mehr Hüftgold an«, schob sie als Erklärung hinterher.

Schrödinger verkniff sich einen Kommentar dazu. In solchen Fällen konnte Mann eh bloß verlieren. Hatte er neulich erst wieder gemerkt, als ihn Marion gefragt hatte, ob sie in der blaugrünen Bluse fett aussehen würde, und er spontan »Nicht so sehr« geantwortet hatte. Schwuppdiwupp hatte er sich auf *sehr* dünnen Eis bewegt, und seine Liebste hatte ihn das noch Stunden danach deutlich spüren lassen.

Unterwegs zu seinem Kombi machte Schrödinger ein, zwei Umwege, damit Horst die Büsche und Bäume an Straßenrand gebührend markieren konnte. Er schien seinen Spaß damit zu haben. Sein Herrchen nutzte die Gelegenheit, das zu tun, was er die letzten Stunden bis zur Perfektion geübt hatte: sich umzuschauen, ob er in einiger Entfernung etwas Relevantes oder Interessantes entdeckte.

Was auch diesmal nicht der Fall war. Eine Handvoll Spaziergänger war unterwegs, von denen jedoch keiner groß darauf achtete, wie der Hund die Umgebung wässerte. Hinter zwei pummeligen Rentnern fiel Schrödingers Blick auf zwei Männer, die Hand in Hand die Straße überquerten. Sie wirkten vergnügt und ganz mit sich selbst beschäftigt. Auf der anderen Straßenseite blieben sie stehen und küssten sich innig. Junge Liebe offenbar.

Schrödinger hatte nichts gegen Homosexuelle. Seiner Meinung nach sollte jeder ganz nach seiner Fasson leben und glücklich werden. Die rundlichen Rentner hingegen schnauften brüskiert und schüttelten den Kopf. »Also wirklich«, entrüstete sich die Frau, bevor sie sich demonstrativ abwandte.

Was habt ihr denn, die tun euch doch nichts, lag es Schrödinger auf der Zunge. Er behielt die Worte für sich. Weil sie erstens eh nichts geändert hätten. Und weil sie ihn zweitens an das vorhin mit Marion geführte Gespräch erinnerten. Sie hatte vermutet, dass beim Vereinstreffen gestern Abend ein Gast bestimmt ebenfalls schwul gewesen war. Aufgefallen war ihm zwar niemand, aber so viele Geschminkte dürfte es bei ihm in der Nähe nicht gegeben haben. Abgesehen davon bedeutete geschminkt ja nicht, wie eine Bahnhofsdirne kurz vor der Sperrstunde auszusehen. Viele Frauen – und manche Männer – verwendeten gerne mal ein leichtes Make-up, um Fältchen oder dunkle Augenringe zu kaschieren. Oder eine geschwollene Wange.

Die Erkenntnis durchzuckte ihn wie einen Stromstoß. Der Zahnarzttyp ihm gegenüber hatte eine dicke Backe gehabt. Die unter anderen Umständen rot, grün oder blau gewesen wäre. Mit Schminke ließ sich das gut verbergen. Sprich: Der Bursche könnte tatsächlich derjenige sein, der am Steg 85 vermöbelt worden war. Wie hieß er gleich noch mal?

Leisenbuck? Nein, irgendwas mit A. Lausenbuck? Nein … Lauterbach. Genau so hatte er geheißen. Richard Lauterbach, seit sechs Monaten im Verein.

Eine bizarre Gefühlsmixtur durchströmte Schrödinger. Einerseits ärgerte er sich, so lange auf der Leitung gestanden und nicht begriffen zu haben, was Marion ihm damit sagen wollte. Andererseits war er aufgekratzt und trat nervös von einem Fuß auf den anderen. Er hatte ein fehlendes Puzzleteil entdeckt. Etwas, was sie weiterbringen konnte. Er musste Verena davon erzählen. Sie beide sollten unbedingt herausfinden, was der Kerl am Flussufer zu suchen hatte. Dass ein weiteres Vereinsmitglied irgendwie in ihren Fall verwickelt war, klang spannend. Möglicherweise war Lauterbach sogar das fehlende Bindeglied.

Schrödinger zog sein Mobiltelefon aus der Tasche. Bevor er auch nur eine Taste drücken konnte, begann es zu vibrieren. Es musste Gedankenübertragung sein. Auf dem Display stand ein eingehender Anruf von Verena.

Einen Atemzug lang war er verblüfft, dann nahm er das Gespräch an und wollte der Kommissarin von seinen Erkenntnissen berichten. Doch seine Gesprächspartnerin ließ ihn gar nicht erst zu Wort kommen und würgte seinen Redefluss ab, bevor er richtig begonnen hatte. Es ging ganz einfach und brauchte nur fünf Wörter: »Wir haben eine heiße Spur.«

Schrödinger schnappte nach Luft. »Wie denn? Was denn? Wo denn?«

»Meine Kollegen sind mit der Überprüfung der Gäste fertig. Ich hole mal kurz etwas aus, damit du es besser verstehst: Viele Leute haben durch andere Anwesende im Lokal ein Alibi, eine Handvoll allerdings nicht. Einige haben Vorstrafen, jedoch keine fallrelevanten.«

Was für Vorstrafen?, lag es Schrödinger auf der Zunge. Hier hätte er gerne nachgehakt, aber vermutlich hätte ihm Verena dazu aus Datenschutzgründen eh keine Auskunft geben dürfen. Nicht mal als inoffiziellem verdecktem Ermittler.

»Alles in allem waren die Überprüfungen recht schnell abgefrühstückt«, fuhr Verena fort. Entgegen ihren Worte klang sie recht euphorisch. »Die meisten Leute waren relativ unverdächtig. Eine Person allerdings … die gibt es gar nicht.«

Schrödinger ahnte, was gleich kommen würde, und sprach den ersten Namen aus, der ihm in den Sinn kam: »Richard Lauterbach.«

Verena grunzte verärgert. »Jetzt hast du mir die Pointe versaut!« Und eine Sekunde später: »Wie zum Geier kommst du ausgerechnet auf den?«

Er erzählte ihr von der Schminke und dem angeblichen Zahnarztbesuch. Das stimmte die Kommissarin offenbar wieder milde. »Hervorragend. Das ist genau die Info, die uns noch gefehlt hat. Einen Mann namens Richard Lauterbach gibt es nämlich gar nicht. Also, es gibt ihn schon, aber er ist mit großer Wahrscheinlich nicht derjenige, der gestern Abend beim Griechen war. Vor Jahren gab es mal einen berühmten amerikanischen Journalisten, der für die *Times* geschrieben hat. Der ist aber schon seit neunzehnhundertfünfzig tot. In unserer Datenbank sind zwei Leute mit diesem Namen gelistet. Der eine ist achtundachtzig Jahre alt und senil, der andere passt zwar vom Alter her und wohnt in Mössingen – das liegt bei Tübingen –, allerdings ist er Bewohner einer Behinderteneinrichtung für Menschen mit geistigen Beeinträchtigungen. Wir haben das überprüft. Es stimmt hundertpro. Diese beiden können wir definitiv ausschließen.«

»Also ist der Name ausgedacht?«

»Genau. Und so was macht niemand mal eben so, sondern immer mit einer bestimmten Absicht. Zum Beispiel, weil er ein Verbrechen begehen will. Oder schon begangen hat.«

»Es gibt da nur ein Problem: Ich habe mich mit Lauterbach unterhalten. Er ist schon seit sechs Monaten im Verein. Andere Mitglieder kennen ihn ebenfalls. Er hat sich an dem Abend nicht einfach so ins Haus geschmuggelt.«

»Du meinst also, der Mann ist schon seit einer halben Ewigkeit unter falschem Namen in dem Karnickelverein unterwegs?«

Diese Schlussfolgerung war Schrödinger noch gar nicht gekommen. Als er darüber nachdachte, erschien es ihm jedoch nur logisch. »Exakt. Das wiederum würde bedeuten, dass hier jemand etwas von langer Hand geplant hat.«

»Aber warum?«

»Genau diese Frage müssen wir klären. Wenn wir das wissen, lösen wir auch unseren Fall. Also: Wie schnell kannst du zur Polizeistation kommen?«

»Zur Polizeistation? Jetzt? Wieso denn?«

»Na, wieso wohl? Wir müssen ein Phantombild erstellen und mit unserer Kartei abgleichen. Du hast mit Lauterbach gesprochen und weißt, wie er aussieht. Noch besser geht's nicht.«

Da war sich Schrödinger nicht so sicher. Er hegte starke Bedenken, dass er einem Polizeizeichner eine so detaillierte Beschreibung liefern konnte, dass der daraus ein zutreffendes Bild erstellen konnte. So auf Anhieb fiel ihm nicht mal ein, was für eine Augenfarbe der Mann gehabt hatte. Trotzdem sagte er nach kurzem Zögern zu. Welche Wahl blieb ihm denn?

Horst

Menschen sind solche Labertaschen. Ein Albtraum ist das!
Erst quasselt Schrödinger ewig mit der Kommissarin, dann
lässt er sich von der netten Netti in der Pizzeria ein Ohr ab-
kauen, nur um danach wieder zur Kommissarin zu fahren.
Haufenweise Stunden, gefüllt mit heißer Luft. Obendrein
ohne dass ich auch nur ein einziges gescheites Leckerli ab-
stauben konnte. Und das, obwohl wir zwischendrin in einer
Piz-Zer-Ia gewesen sind. Italienisches Lokal. Salami. Schinken! Muss ich noch mehr erklären?

Das Ganze ist und bleibt einfach unfassbar!

Vor allem, da der komische Kuchen, den Marion gebacken
hat, irgendwie schlecht war. Danach war mir dermaßen übel,
dass ich in einer unbeobachteten Sekunde bei der Polizeistation hinter eine Hecke gereihert habe. Hat zum Glück keiner
gemerkt, weil Herrchen neugierig nach der jungen Reporterin geglotzt hat. Danach hatte es in der Pizzeria bloß noch ein
kleines Schläfchen gebraucht und ich war wieder topfit. Und
hungrig. Hat bloß keinen interessiert.

Darüber tröstet auch nicht hinweg, dass es beim zweiten
Besuch auf der Polizeiwache richtig lustig zuging. Erst rennt
Schrödinger die eine Reporterin vor dem Gebäude fast über
den Haufen, dann stellt er sich drinnen so typisch Schrödinger
an, dass mir echt ein Rätsel ist, wie der Mann am Computer
ruhig bleiben konnte. Mal meinte Herrchen, dass die Augen
von der gesuchten Person näher zusammenstehen, dann wieder nicht. Mal sollte das Gesicht auf dem Monitor ernst,

dann wieder fröhlich gucken. Nicht mal bei der Haarlänge war er sich sicher. Es hat mich echt gewundert, dass der PC-Fuzzi nicht irgendwann die Fassung verlor. Verdenken hätte ich es ihm nicht können.

Selbst Verena hat irgendwann das Handtuch geworfen und ist sich entnervt einen Kaffee holen gegangen. Hat bei ihr ne geschlagene halbe Stunde gedauert, obwohl sich der Raum mit der Brühmaschine gleich nebenan befindet.

Nach einer Weile hatten die anderen Beamten mit mir Erbarmen. Eine nette Lady, die irgendwie nach Wurstbroten roch, hatte zwar nix zum Essen dabei, kam aber wenigstens, um mir den Rücken zu kraulen. Später wollte mir so ein glatzköpfiger Streifenbulle was Gutes tun und hat mir ein Stück von seinem Schokoriegel angeboten. Nette Geste, aber wir Hunde vertragen ja bekanntermaßen keine Schokolade. Okay, woher soll er das auch wissen? Polizisten sind schließlich auch nur Menschen.

Beim Thema Menschen fällt mir ein, dass später noch Marion bei Schrödinger auf dem Handy angerufen hat, um zu fragen, wo er denn so lange steckt. Klang fast so, als würde sie ihm ne Affäre mit Verena unterstellen. Was natürlich Quatsch ist.

Besser hat es das mit Herrchens Konzentration nicht gemacht. Es war draußen stockdunkel, als endlich ein brauchbares Phantombild fertig war und wir die Wache verlassen konnten. Draußen dann das gleiche Spiel wie bei der Ankunft: Schrödinger mit zu viel Schwung, Reporterin im Weg. Beinahe-Unfall. Herrlich. Ich hätte drauf wetten sollen.

Als Dank für die ganzen Strapazen gab es dann daheim kaltes Essen. Sowohl für Herrchen als auch für mich. Die

Stimmung war ebenfalls etwas angespannt. Da hab ich mich lieber raus in den Garten verzogen und mal bei meinem Kumpel Knülle nach dem Rechten gesehen. Dem ging es offenbar gut. Der nagte voller Inbrunst an seinem Möhrchen. Manchmal kann das Leben eben auch so einfach sein. In diesem Sinne: Gute Nacht.

Elfter Tag: Montag

Schrödinger

Er erwachte viel zu früh, weil er dachte, er müsste aufstehen und zur Arbeit gehen. Dann erinnerte er sich an seine Krankschreibung und hätte gerne weitergeschlafen. In der Theorie ein super Plan, in der Praxis scheiterte er an den bald darauf aufstehenden Kindern und dem damit einhergehenden Lärm bei allem, was sie taten.

Also stand er auf und schmierte die Schulbrote. Das sorgte zwar nicht für mehr Ruhe, stimmte aber zumindest Marion milder, die immer noch etwas angesäuert war. Wieso, verstand er nicht so recht. Okay, es war Sonntag gewesen und das war sonst immer der Familientag, aber erstens war er ja polizeilich unterwegs und zweitens hatte er auch den Sonntag davor mit Ermittlungen verbracht.

Schrödinger kam ins Zögern. War das vielleicht das Problem? Zugegeben, in der letzten Zeit war er mehr weg als daheim gewesen. Dennoch war er unschlüssig. Er nahm sich vor, nach Abschluss dieses Falls mehr Zeit mit der Familie zu verbringen. Eventuell gleich mit einem weiteren Ausflug. Allerdings nicht auf der Donau. Davon hatte er noch immer mehr als genug.

Nachdem Marion und die Kinder gegangen waren und sich auch Hillu irgendwohin verdrückt hatte, beschloss Schrödinger, das Beste aus dem angefangenen Montagmorgen zu machen. Wenn er schon nicht mehr schlafen konnte,

konnte er auch ein paar Nachforschungen anstellen, um den Fall voranzutreiben.

Zuerst recherchierte er im Internet nach dem Namen Richard Lauterbach. Viele Suchmaschinentreffer beschäftigten sich mit dem gleichnamigen US-Journalisten, die anderen verwiesen auf den ähnlich heißenden deutschen Schauspieler Heiner Lauterbach. Den kannte Schrödinger aus zig Neunzigerjahre-Komödien und ja, auch aus der einen oder anderen Siebzigerjahre-Schmuddelklamotte, die früher im Nachtprogramm der TV-Sender gelaufen war.

Über die von Verena erwähnten zwei Personentreffer hingegen fand er im weltweiten Netz keinerlei Vermerke. Dabei hätte ihn vor allem der gleichnamige Mann in der Mössinger Behinderteneinrichtung interessiert. In Schrödingers Augen konnte es kein Zufall sein, dass der geheimnisvolle Vereinsmörder ausgerechnet den Namen von jemandem verwendet hatte, der in der Nähe von Tübingen wohnte. Tübingen, immer wieder Tübingen. Möglicherweise liefen dort ja sämtliche Fäden zusammen.

Je länger er über diese Idee nachdachte, desto besser gefiel sie ihm. Also fing er als nächstes an, im Web nach Burschenschaften im Allgemeinen und Niceria im Speziellen herumzustöbern.

Wie Wikipedia ihn informierte, hatten sich Studentenverbindungen an deutschsprachigen Universitäten etwa seit dem Jahr 1800 entwickelt. Später wurden daraus dann Fechten und ähnliche Rituale übernommen. Eine halbe Stunde lang studierte er den ellenlangen Artikel. Einmal schlug sein Alarmsinn kurz an, als er las, dass Tübingen sogar für seine Studentenverbindungen berühmt war. Seit 1816 gab es dort die Burschenschaft *Germania Tübingen*, die eine schlagende und farbentragende Studentenverbindung darstellte und als eine der ältesten Burschenschaften überhaupt gilt. Ihre Mitglieder wurden interessanterweise als *Bixiers* oder *Eckgermanen* bezeichnet. Letzteres brachte Schrödinger ein wenig zum Schmunzeln, wirklich weiter kam er mit diesen Erkenntnissen allerdings nicht.

Nicht viel anders sah es bei *Niceria* aus. Hier erwarteten ihn ebenfalls zahlreiche Einträge. Allerdings ging es darin nicht um eine Studentenverbindung (egal, ob in Tübingen oder anderswo), sondern um einen Stabmixer und um eine Episode der Mystery-Serie *Akte X*. Die Folge stammte aus den frühen Neunzigern und drehte sich um unheimliche Geschehnisse in einem Altenheim. Schrödinger hatte die Serie als Jugendlicher ganz gerne geschaut, bezweifelte jedoch, dass sie mit den von ihm gesuchten Sachen in Verbindung stand. Geschweige denn dafür in irgendeiner Weise als Inspiration gedient hatte.

Andere Suchmaschinenergebnisse beschäftigten sich mit Übersetzungsversuchen und informierten ihn darüber, dass die Namen der Burschenschaften samt und sonders Regionen benannten. Danubia. Niceria. Donau. Neckar. So oder so war es eine Sackgasse.

Möglicherweise handelte es sich bei *Niceria* ja wirklich um eine jener Geheimgesellschaften, die Netti erwähnt und mit den Thrillern von Dan Brown in Verbindung brachte. Schrödinger beschloss, dass dies eine der Rätselnüsse war, die liebend gern Verena und ihr Spezialisten-Team knacken durften. Irgendwas brauchten die ja schließlich auch zu tun.

Beim Stichwort Verena warf er einen Blick auf seine Armbanduhr und erinnerte sich daran, dass er um elf mit ihr für eine Lagebesprechung in der Polizeistation verabredet war. Inzwischen war es kurz nach zehn und er musste langsam in die Gänge kommen.

Er versorgte Knülle noch mit einem Satz frischer Möhren (solange Schrödinger die nicht selbst essen musste, war alles im grünen Bereich) und gab dann Horst ein Zeichen, ihm zum Wagen zu folgen.

Wie schon an den vergangenen zwei Tagen parkte er lieber mit ein wenig Abstand zur Polizeistation. Auch heute wurde das Gebäude von Journalisten belagert, mittlerweile jedoch deutlich weniger als am Sonntag. Die junge Reporterin, mit der er gestern einige Male unfreiwillig zusammengestoßen war, entdeckte er nirgends. Wahrscheinlich hatte sie genau wie viele ihrer Kollegen eingesehen, dass sie von der Polizei so schnell keine brandheißen weiteren Neuigkeiten erfahren würden. Entweder waren sie daher zu ihren Redaktionen zurückgekehrt oder schnüffelten auf eigene Faust herum. Schrödinger nahm sich fest vor, auf der Hut zu bleiben. Nicht, dass er sich morgen unfreiwillig auf der Titelseite irgendeiner Gazette wiederfand.

Der Beamte an der Eingangspforte griff bei seinem Anblick sofort zum Telefon. Keine zwei Minuten später saßen Horst und Schrödinger in Verenas Büro, in dem sich auch heute niemand sonst aufhielt. Dafür flitzten auf dem Korridor davor immer wieder einige Leute von einem Zimmer zum anderen.

»Na, hast du endlich ausgeschlafen?«, sagte Verena, während sie an ihrer Kaffeetasse nippte.

Schrödinger lachte auf. »Ausgeschlafen? Ich bin schon seit Stunden wach und derweil ein paar Spuren nachgegangen.«

»Aha, welchen denn, wenn man fragen darf?«

»Es ist eigentlich noch nicht so ganz spruchreif. Nur so viel: Es hat mit der Uni und Studentenverbindungen zu tun.«

Diese Aussage bewirkte den gegenteiligen Effekt: Verena wirkte gleich noch viel interessierter. »Geht es um die Seite der Doktorarbeit, die wir im Handschuhfach des Smart gefunden haben?«

»Nein«, antwortete Schrödinger kurzangebunden, wusste aber selbst nicht so genau, ob das eine Feststellung oder eine Frage war. Einen Moment lang dachte er über diesen Punkt nach und erkundigte sich dann: »Habt ihr über die Seite was rausgekriegt?«

Verena gönnte sich einen weiteren Schluck Kaffee, bevor sie antwortete. »Wie man's nimmt. Wir wissen mittlerweile, dass es sich um eine juristische Doktorarbeit handelt. Von wem genau, ist noch nicht verifiziert. Ich habe da allerdings so eine Ahnung.«

»Werner Frick.«

»Wäre zumindest naheliegend. Ein Kollege fährt deswegen heute zur Uni und überprüft das. Aber selbst wenn sie sich als die vom Richter herausstellt, erklärt das noch immer nicht, was die Seite in Henry Schrägles Handschuhfach zu suchen hat. Unser Brummifahrer meinte jedenfalls, dass er den Richter schon länger nicht mehr gesehen hat. Über seinen Tod wirkte er auch nicht sonderlich betrübt. Ich glaube, die zwei mochten sich nicht so.«

»Wie, er wirkte nicht sonderlich betrübt? Wann hast du denn mit ihm gesprochen?«

»Heute Morgen.«

»Hä? Ich dachte, Henry Schrägle ist mit seinem Sattel-schlepper im Ausland unterwegs.«

»War er auch. Als ich vorhin bei ihm war, ist er gerade zu-rückgekommen. Sah richtig, richtig fertig aus. Meinte auch, er ist mitten in der Nacht losgefahren, gleich nachdem das Sonntagsfahrverbot nicht mehr galt.«

Nachdenklich strich Schrödinger über Horsts Fell. Auf der Tafel in der Spedition hatte er zwar gelesen, dass Henry heute wiederkommen würde, dennoch hatte er den Brummifahrer für den Moment gar nicht auf dem Schirm gehabt. Einen Herzschlag lang ärgerte er sich, dann bohrte er noch einmal wegen Verenas Besuch nach. »Bist du nur wegen des toten Richters zu Schrägle gefahren?«

»Natürlich nicht. Das war nur das Sahnehäubchen, weil ich schauen wollte, wie er auf die Nachricht reagiert. Über-rascht wirkte er durchaus. Er scheint das tatsächlich nicht ge-wusst zu haben.«

»Wie auch? Er war ja im Ausland.«

»Was wir ebenfalls erst noch überprüfen. Doch auch im Ausland gibt es Telefon und SMS, das allein wäre also kein Ar-gument. Gehen wir mal davon aus, das mit seiner Truckfahrt stimmt. Dann besitzt er für Samstagabend ein Eins-A-Alibi.«

»Stand er denn unter Verdacht?«

»Nicht direkt, aber zumindest kannte er das Opfer. Des-halb muss der Punkt abgeklärt werden. Der Hauptgrund für meinen Besuch bei ihm war allerdings das Phantombild, das wir gestern erstellt haben. Ich hatte gehofft, auf dem kurzen Dienstweg rauszukriegen, wer unser Freund Lauterbach ist. Unsere Datenbank hat dazu ja leider keinen eindeutigen Tref-fer ausgespuckt.«

»Und was meinte Schrägle dazu?«

»Der hat behauptet, den Mann noch nie gesehen zu haben. Selbst als ich meinte, dass ein Zeuge was anderes aussagt, hat ihn das wenig beeindruckt.«

»Der lügt!«

»Wem sagst du das? Doch solange wir das nicht beweisen können …«

»Ich wollte zwar eigentlich noch warten, bis ich mehr Fakten zusammen habe, aber eventuell wüsste ich noch einen anderen Weg, wie wir Lauterbachs wahre Identität aufdecken können.« Er erzählte ihr von seinen Überlegungen und Nachforschungen heute Morgen. Die Kommissarin nickte immer wieder anerkennend.

»Gut kombiniert, Sherlock. Auf den Trichter sind wir noch gar nicht gekommen. Dann lass uns mal unsere Sachen packen und losfahren.«

»Losfahren? Wir beide? Wohin denn?«

Verena lächelte nur.

»Aufwachen!« Verena schlug Schrödinger mit der flachen Hand auf den Oberschenkel. Der zuckte zusammen und riss die Augen auf.

»Was? Wie?« Er hatte komplett die Orientierung verloren und rieb sich über das Gesicht.

»Wir sind da.« Verena zog die Handbremse an und den Autoschlüssel ab.

»Ah. Jetzt. Ja.« Schrödinger schluckte gegen den toten Hamster in seinem Mund an. Dann löste er den Sicherheitsgurt und stieg ebenfalls aus. Er streckte sich, während Verena Horst aus dem Kofferraum befreite. Der Hund gähnte ebenfalls. Sie hat-

309

ten vor einem Gebäude Halt gemacht, das Schrödinger entfernt an die Rehaklinik in Bad Mergentheim erinnerte. Verena steuerte mit Horst an der Leine gezielt auf den Eingang zu. Schrödinger folgte ihr, immer noch gähnend. Horst markierte den Buchsbaum vor dem Eingang, schnupperte intensiv und folgte dann, wie sein Herrchen, der Kommissarin durch die Eingangstür.

Im Foyer wurde sein Blick magisch von einem überdimensional großen Aquarium angezogen. Gerne hätte er es den beiden Rollstuhlfahrern gleichgetan und sich die bunten Fische angeschaut, die in aller Seelenruhe durch die Wasserpflanzen schwammen. Aber die Kommissarin bog nach links ab und betrat nach einem kurzen Klopfen einen kleinen Besprechungsraum. Zumindest deutete die Anordnung der Stühle um den runden Tisch an, dass hier Besprechungen abgehalten wurden. Ansonsten kam Schrödinger sich beim Betreten des Zimmers selbst vor wie ein Guppy im Aquarium. Horst ließ ein überrrrraschtes Wuffen hören. Verena machte »Oh«.

Von der Decke baumelten aus grünem Filz geschnittene Algen in allen nur denkbaren Formen. Die Wände waren über und über mit Wellen in Hellblau, Dunkelblau und Türkis beklebt. Alle möglichen und unmöglichen Fische baumelten wie ein Mobile von der Decke. Aus den versteckten Lautsprechern erklang Meeresrauschen, unterlegt mit dem Gesang von Walen. Auf dem sandfarbenen Sofa saßen zwei Personen. Ein junges blondes Mädchen, nach Schrödingers Schätzung keine 20 Jahre alt. Und ein altersmäßig nicht zu schätzender Mann mit Down-Syndrom, der bei jedem Laut der Meeressäuger selig lächelte.

»Richard? Richard Lauterbach?« Verena steuerte auf die Couch zu und ging vor dem ungleichen Paar in die Knie.

Die Blondine nickte. Im Lichtkegel der in seemännischem Blau angeleuchteten Discokugel blitzte das Piercing an ihrer Unterlippe auf. Der Angesprochene grinste breit, nahm Verenas Hände in seine breiten Pranken und strahlte die Kommissarin mit feuchten Lippen an. Dass er dabei eine Reihe schiefer Zähne sehen ließ, war ihm offenbar egal.

Schrödinger und Horst hielten sich im Hintergrund. Was dem Hund wohl nicht ganz recht war, denn er zerrte vehement an seiner Leine.

»Ich bin Verena«, sagte Verena. Horst wuffte.

»Hund!« Lauterbach grinste nun noch breiter. Horst bellte erneut, und Schrödinger ließ die Leine los. Keine Sekunde später schmiegte der Boxer seinen Kopf an die Schenkel des behinderten Mannes. Lauterbach gluckste vor Vergnügen.

»Darf ich Ihnen ein Foto zeigen?« Die Frage war eigentlich an die Betreuerin gerichtet, die auch brav nickte. Lauterbach selbst hätte wohl keine Zeit gehabt, zu antworten. Er versank quasi im weichen Fell von Horst und presste seine Nase gegen die Schnauze des Hundes. Die Blondine zuckte mit den Schultern. Verena nestelte das Phantombild aus der Hintertasche ihrer Jeans, und Schrödinger staunte, dass der Computerausdruck quasi ohne große Knicke zum Vorschein kam. Die Kommissarin wedelte mit dem Foto durch die Luft.

»Richard? Herr Lauterbach? Können Sie mal schauen?«

Der Angesprochene reagierte kaum. Er steckte seine Nase in die Halsfalte des Hundes und lächelte beglückt.

»Er liebt Tiere«, sagte die Betreuerin und zuckte wieder mit den Schultern.

»Und Horst liebt Menschen«, sagte Schrödinger und stellte sich auf eine längere Wartezeit ein. Er nahm ebenfalls am Tisch Platz. Verena, der die Staatsanwaltschaft im Nacken saß, war trotz des Wellness-Ambientes in dem kleinen Raum sichtlich angespannt. Sie hielt der jungen Frau das Foto hin.

»Haben Sie diesen Mann schon mal gesehen?«

Die Blondine lachte kurz auf, ehe sie nach dem Ausdruck mit dem Phantombild griff. »Das ist ja echt wie im Fernsehen!«

»Nur dass es hier keine Werbepause gibt«, knarzte Schrödinger. Die Luft im Aquarium war stickig. Dass es penetrant nach einer Mischung aus Zitronenreiniger und Kantinenmief roch, machte die Sache auch nicht besser. Die Betreuerin starrte auf das Bild.

»Das ist … der …«, sagte sie und kniff die Augen zusammen.

»Ja?« Verena horchte auf. Auch Schrödinger spitzte die Ohren. Wusste die Betreuerin, wie der falsche Lauterbach im echten Leben hieß?

»Tut mir leid.« Sie reichte das Foto zurück. »Der sieht zwar ein bisschen aus wie jemand, den ich kenne. Aber das ist er nicht.«

»Und wie wer, den Sie kennen?« Verena gab so schnell nicht auf.

»Mein Vater in jungen Jahren.«

»Vielleicht hat er sich gut gehalten?«

»Kaum. Er ist gestorben, als ich zwölf war.«

»Das tut mir leid«, sagte Schrödinger und meinte damit erstens den Todesfall und zweitens, dass sie noch keinen Schritt weitergekommen waren.

»Vielleicht kennt Richard ihn? Ich meine, der Mann be-nutzt ja schließlich seinen Namen.«

Die Betreuerin riss die Augen auf. »Es ist tatsächlich wie im Fernsehen!«

»Könnten Sie ihm das Bild zeigen?« Verena reichte den Ausdruck zurück.

»Sobald er fertig ist. Wie gesagt, Richard liebt Tiere.« Wie zur Bestätigung gab der Mann ein Glucksen von sich. Horst brummelte wohlig und schmiegte sich noch enger an seinen neuen Kumpel. So wie es aussah, konnte die Schmusestunde sich wirklich zu einer Stunde ausdehnen. Schrödinger hatte keinen Bock, so lange im Haifischbecken zu hocken, ob-gleich er Horst die Streicheleinheiten gönnte. Irgendwie war der Hund in den letzten Tagen zu kurz gekommen.

Also beschloss Schrödinger, die Sache abzukürzen. Er stand auf, postierte sich neben Richard Lauterbach und klopfte ihm kumpelhaft auf die Schulter. Die Betreuerin wollte eingreifen, aber Verenas strenger Blick hielt sie davon ab.

»Ich bin Schrödinger«, sagte Schrödinger.

»Schrödinger«, erwiderte Richard und hob tatsächlich den Kopf. Er grinste breit.

»Horst ist mein Hund«, erklärte Schrödinger. Richard nickte.

»Horst. Hund. Deiner.«

»Und Horst hat eine Frage.«

»Frage.«

»Eine wichtige Frage.«

»Klar.«

Schrödinger gab Verena ein Handzeichen. Sie reichte ihm das Phantombild des angeblichen Richard Lauterbach.

»Das ist ein Phantombild«, wollte Schrödinger sagen, ließ es dann aber sein, sondern hielt das Papier wortlos vor Richards Gesicht. Wenn er den Mann erkannte, ließ er es sich jedenfalls nicht anmerken. Seine Gesichtszüge blieben verzückt, seine Hände wühlten weiterhin im kurzen Fell des Boxers.

»Mann«, sagte er schließlich.

»Genau. Das ist ein Mann.« Schrödinger reckte den Daumen hoch zum Zeichen, dass Richard eine gute Antwort gegeben hatte.

»Weißt du auch, wie der Mann heißt?«

»Mann.«

»Ja, das ist ein Mann. Aber der hat doch einen Namen.«

»Name. Mann.« Richard schien das Interesse verloren zu haben und wandte sich wieder dem Hund zu.

»Ich glaube«, mischte die Betreuerin sich ein, »Richard will sagen, dass der Herr auf dem Phantombild Mann heißt.«

»Mann? Und hat er auch einen Vornamen?« Verena wurde ungeduldig, das hörte Schrödinger ganz genau. »Und woher kennt Ihr Schützling ihn?«

»Das müssen Sie ihn schon selbst fragen.« Die Betreuerin klang nun ein wenig schnippisch. »Wir legen hier großen Wert auf eigene Entscheidungen der Bewohner.« In diesem Fall hatte Richard sich zu einer erneuten Kuschelrunde mit Horst entschieden.

»Und wir legen Wert auf die Aufklärung zweier Morde«, platzte es aus der Kommissarin heraus. Die Betreuerin zuckte zusammen.

»Nein, es ist nicht wie im Fernsehen«, kam Schrödinger ihr zuvor. »Das ist das verdammt echte Leben, da kann man nicht umschalten.« Erneut klopfte er dem Behinderten auf die Schulter.

»Horst muss unbedingt wissen, wie Herr Mann mit Vornamen heißt.« Der etwas oberlehrerhafte Ton in Schrödingers Stimme verfehlte seine Wirkung nicht.

»Frank. Das ist der Frank.«

»Super«, lobte Schrödinger. »Und woher kennst du den Frank?«

»Zähne putzen.«

»Nein, wir putzen jetzt nicht die Zähne.« Schrödinger hätte gelacht, wenn es im Zimmer nicht merklich stickiger geworden wäre.

»Moment!« Die Betreuerin mischte sich ein. »Ich weiß, was Richard meint, natürlich!« Sie schlug sich fast schon theatralisch mit der flachen Hand gegen die Stirn.

»Raus mit der Sprache«, sagte Verena.

»Der kommt alle paar Monate ins Josefstal, klar, daher kenne ich ihn auch. Also vom Sehen.«

»Ja?«, drängte Verena.

»Er ist Prophylaxehelfer.«

»Wie bitte?« Schrödinger verstand nur Bahnhof.

»Zahnfee, wenn Sie so wollen. Die Heimleitung legt großen Wert auf Selbstständigkeit der Bewohner.«

Schon wieder großer Wert. Schrödinger legte nur noch Wert darauf, das Aquarium zu verlassen. Vom Glitzern der Discokugel wurde ihm allmählich schwummerig.

»Und das heißt was?«, blaffte er.

»Auch die Körperhygiene soll möglichst selbstständig erledigt werden«, dozierte die junge Frau und klang nun ihrerseits etwas genervt.

315

»Auf Deutsch?« Verena trommelte mit den Fingern auf die Tischplatte.

»Die Behinderten werden in regelmäßigen Abständen unter anderem in Zahnpflege geschult.«

»Das heißt also, Frank Mann kommt ins Josefstal, um den Leuten das Zähneputzen beizubringen?«, hakte Schrödinger nach.

»Ganz genau. Bei den meisten Bewohnern müssen solche Schulungen regelmäßig wiederholt werden. Da ist es mit einem Mal nicht getan.«

»Wo ist denn diese Zahnfee angestellt?« Verena wurde nervös. Sie dachte vermutlich dasselbe wie Schrödinger. Zahn. Kürette. Ein toter Richter.

»Das weiß ich leider nicht«, musste die Blondine zugeben. »Die Heimleitung arbeitet mit verschiedenen Praxen zusammen.«

Kaum hatte sie das gesagt, rief Verena die Kollegen der *SOKO Rammler* an. Es wäre sicher ein ziemlich leichtes, die Dentisten einzugrenzen, bei denen ein Frank Mann alias Richard Lauterbach angestellt war. Zumal in Zeiten des Internets, wo alle und jeder sich, seine Praxis und sein schickes Team mit einem eigenen Auftritt den Patienten schmackhaft machen wollte.

Horst hatte sich nicht gerne von Richard verabschiedet. Der wiederum hatte sich nur vom Hund lösen mögen, nachdem die Betreuerin ihm einen eigentlich streng verbotenen Schokoriegel vor die Nase gehalten hatte. Von der Heimleitung war das sicher nicht genehmigt. Für den selbstbestimmten Lebensansatz war es aber vermutlich genau das Richtige.

»Und jetzt?«, fragte Schrödinger, als er neben Verena im Auto Platz genommen hatte.

»Moment.« Die Polizistin wischte auf dem Display ihres Handys herum. So schnell würden die Kollegen kaum etwas über Manns Arbeitgeber herausfinden, mutmaßte Schrödinger und schielte auf den kleinen Bildschirm. Verena scrollte sich durch ihre Fotosammlung. Kurz erhaschte er einen Blick auf einen halbnackten blonden Mann. Vermutlich Thorben, ihr Lebensgefährte. Er sah das Foto eines Weinglases. Einen Teller mit Nudeln. Dann machte Verena »Ah« und zoomte das Bild heran. Wortlos reichte sie Schrödinger das Telefon.

»Ah!«, sagte nun auch er. Während Schrödinger das Bild musterte, startete die Beamtin den Motor. »Tübingen ist laut Index die Stadt mit der höchsten Lebensqualität«, lachte sie. »Mal sehen, ob wir da dem einen oder anderen in der Hölderlinstadt am Neckar ein bisschen in die Suppe spucken können.«

»Die können wir komplett versalzen, die Suppe.« Schrödinger grinste. Und sah sich wieder einmal darin bestätigt, dass es oft nur eines zweiten Blickes bedurfte, um weiter zu kommen. So auch bei dem Foto, das er mit einem Schmunzeln musterte. Es stammte aus der Kamera der Spurensicherung und zeigte die Wand hinter Fricks Richterschreibtisch. Respektive in der Großaufnahme die Abbildung der Urkunde von dessen juristischem Staatsexamen, seinerzeit abgelegt an der altehrwürdigen Eberhard-Karls-Universität zu Tübingen. Von Mössingen und dem Josefstal nur einen Steinwurf entfernt. Und außerdem entdeckte Schrödinger, als er das Foto noch einmal musterte, ein etwas verschwommenes Bild. Im schwarzen Rahmen. Die Schrift

317

war in weiten Teilen sehr klein und nicht zu entziffern. Lediglich *Niceria* war zu lesen. Er grinste.

Verena schaltete das Radio ein und lenkte den Wagen auf die B27. Die kannte Schrödinger aus den Verkehrsmeldungen, wenn es in Stuttgart mal wieder knubbelte. So weit allerdings mussten sie nicht fahren. Und ganz nebenbei bekam er von seiner Fahrerin noch einen kleinen Exkurs über die Geschichte der Fachwerkstadt, der schon weit vor den Toren der Universitätsstadt begann. Rechter Hand passierten sie das alte Sudhaus, zu Verenas Jugendzeiten noch ein legendärer Treffpunkt für Studenten und Garant für einen dreidimensionalen Absturz. Kurz nach dem Ortsschild bog die Kommissarin links ab. Sie fuhren an schicken Wohnblocks vorbei die, so Verena, exakt dort standen, wo in Zeiten des kalten Krieges die Franzosen ihre Kasernen hatten.

Richtung Bahnhof wurde es, wie wohl überall, etwas schmuddeliger. Die sogenannte blaue Brücke, die sie passierten, zählte zu den Wahrzeichen Tübingens, und kurz danach erhaschte Schrödinger einen schnellen Blick auf den Neckar. Dass sich dort Studenten mit Stocherkähnen wilde Wettbewerbe lieferten, kurbelte zwar seine Phantasie an, er wurde aber von den Flüchen der Kommissarin unterbrochen, die immer wieder hart in die Bremsen steigen musste, um nicht einen der gefühlten tausend Radfahrer vom Drahtesel zu schießen. Irgendwie gelang es ihr, den Wagen durch die Altstadt den Berg hinauf zu chauffieren, nicht mit einem Linienbus zu kollidieren und das Auto nach ein paar Minuten auf einem Parkplatz abzustellen, der hinter einem immens großen grauen Gebäude lag.

»Hier sind die Paragraphenhengste zu Hause«, verkündete Verena und stellte ihr Auto genauso unorthodox, sprich ungeordnet ab wie die vielen anderen, die scheinbar wahllos platziert worden waren. Aber von Juristen verlangte schließlich niemand, dass sie einparken konnten, sondern eher, dass sie ihre Mandanten vorm Einbuchten beschützten. Schrödinger grinste und folgte, Horst an der Leine, Verena rund um das Gebäude zum säulenbewehrten Haupteingang.

»Hast du Jura studiert?«, erkundigte er sich. Verena lachte.

»Um Himmels willen! Nein, aber in der Theoriephase gehören manche Vorlesungen eben zur Ausbildung.« Sie stieß die schwere Tür auf und ging nach rechts. Schrödinger, der noch nie im Leben eine Universität betreten hatte, staunte. Schauderte. Und zog Horst hinter sich her. Mit jedem Schritt über den ausgetretenen Steinboden fühlte er sich kleiner. Fast wie ein Kirchgänger, der nur einmal im Jahr zu Weihnachten ein Gotteshaus betritt.

Verena allerdings schien wenig beeindruckt von den altehrwürdigen Hallen.

»Die Hörsäle sind oben«, erklärte sie ihrem verdeckten Ermittler. »Aber da ist um die Zeit längst keiner mehr.« Schrödinger sah auf die Uhr. Es war nicht mal drei.

»Student müsste man sein«, seufzte er. Verena lachte und blieb vor einer unscheinbaren Tür stehen. Ohne anzuklopfen trat sie ein.

»Ja, jetzt Grüß Gott, Frau Schrägle!« Hinter einer Art Tresen erhob sich eine alterslose grauhaarige Dame, deren kinnlange Frisur vermutlich in den frühen Achtzigern entworfen worden war und der sie bis heute treu geblieben war. Ebenso wie dem an den Schultern extrem wattierten Blazer mit goldenen Knöpfen.

»Hey, Frau Kächele! Alles schick?« Innerlich verdrehte Schrödinger die Augen. Ahnte aber gleichzeitig, dass Verenas Auftritt einzig und allein der Aufklärung des Falles diente. Er hielt Horst ganz kurz und war froh, dass Frau Kächele den Hund von ihrem Platz aus offensichtlich nicht sehen konnte.

»Ach, ach«, sagte die Sekretärin – als solche hatte sie jedenfalls das Schild an der Tür ausgewiesen – und stöhnte theatralisch. So theatralisch, dass sie glatt einen Stammplatz im Landestheater Tübingen, dem LTT, hätte ergattern können. Für dessen Aufführung als Gastspiel in der Stadthalle Tuttlingen namens *Gruppe 27* hatte Schrödinger längst Karten reserviert, für sich und Marion. Zweite Reihe Mitte und damit mitten im Geschehen um Amy Winehouse, Jim Morrison und Kurt Cobain und deren allzu frühem Tod mit eben siebenundzwanzig Jahren. Der Termin bis zur Aufführung war allerdings noch ein paar Wochen hin und Frau Kächeles Rheuma offensichtlich aktueller. In schillernden Farben, die sogar das Aquarium toppten, schilderte sie das Knirschen und Knarzen ihrer Knochen. Verena nickte verständnisvoll. Horst seufzte schnaubend und schnupperte mit der Plattschnauze ziemlich desinteressiert am Holz des Tresens. Schrödinger seufzte auch, wenn auch nur innerlich, und straffte die Schultern. Vielleicht konnte er von Verena noch etwas in Sachen Verhörtaktik lernen? Er mahnte sich selbst, daran zu denken, dass er im Moment ein verdeckter Ermittler war und nicht ein winziger Angestellter in einem Getränkemarkt. Das innere Mantra funktionierte. Hellwach verfolgte Schrödinger das Gespräch der beiden Frauen. Dass es dabei um Gebärmütter, Eierstöcke, Hormone und Wechseljahre ging, versuchte er auszublenden und stieg erst wieder aktiv ins Zuhö-

320

ren ein, als Verena den Namen »Werner Frick« fallen ließ. Gefolgt vom Wort »Niceria«.

Eine sichtbare Reaktion war Kächele nicht zu entlocken. Wohl aber traktierte sie mit den spitz gefeilten und in lachsfarbenem Rosa lackierten Nägeln die beige Tastatur ihres PCs.

Hinter der Sekretärin ratterte ein altersschwacher Drucker, der irgendwie rheumatisch klang. Ob die beiden sich angesteckt hatten? Schrödinger grinste innerlich und wurde dann hellhörig. Verena überflog den Ausdruck und reichte ihn an ihn weiter. Er las, sog die Luft geräuschvoll zwischen den Zähnen ein und bekam Gänsehaut. So also sah die Arbeit der Kripo aus?

So ... profan?

Oder lag es am Elefantengedächtnis der Sekretärin, die zielgenau Fricks Examensjahrgang aus den Tiefen des Fakultätsarchivs gefischt hatte?

Wie auch immer: Die Namensliste, die Schrödinger in den Händen hielt, war Gold wert. Auf den ersten Blick erkannte er den Namen *Frick, Werner*. Und musste nicht einmal lange suchen, bis er auf *Mann, Frank* stieß. Hinter beiden Namen – und etlichen anderen – war die Verbindung *Niceria* vermerkt.

»Die Zahnfee hat mal Jura studiert?« Schrödinger war baff. »Wie kommt man denn als Paragraphenreiter in eine Zahnarztpraxis?«

»Entweder als Patient, oder man hat das zweite juristische Staatsexamen versemmelt und hängt ein zweites Studium dran.« Frau Kächele kannte sich eben aus. »Manche versuchen es dann noch als Notar. Oder als Taxifahrer.« Sie lachte.

»So ein Studium ist aber nicht ganz billig.« Schrödinger hätte selbst gern die Uni besucht. Nicht, weil er besonders wissbegierig gewesen wäre oder für eine bestimmte Fachrichtung gebrannt hätte. Er konnte weder etwas mit Sprachen anfangen, noch mit Naturwissenschaften. Nein, ihm hätte das Studentenleben gefallen. Feiern bis zum Umfallen, pennen, bis der Arzt kommt, ab und zu mal an die Uni latschen und den hübschen Studentinnen hinterherschauen – so stellte er sich das vor. Das wäre sein Ding gewesen. Seine Eltern allerdings hatte er nicht überzeugen können. Aus monetären Gründen. Vater Schrödinger konnte es sich mit seinem Gehalt als Gipser schlicht und einfach nicht leisten, den Filius zum Studieren zu schicken.

»Es gibt BAföG«, gab Verena zu bedenken und erzählte ihrerseits, wie sie sich die Fortbildung zur Kriminalkommissarin an der Hochschule der Polizei in Villingen-Schwenningen, gemeinhin bekannt als Tor zum Schwarzwald, hatte finanzieren können. Die Tatsache, dass sie bis vor gut fünf Jahren den Bildungskredit hatte abstottern müssen, bestätigte Schrödinger dann doch in der Entscheidung seines Erzeugers, ihm eine kaufmännische Ausbildung ans Herz zu legen.

»Oder man geht kellnern.« Kächele grinste. »Das machen die meisten Studenten ohne stinkreiche Eltern.«

»Gibt es denn so viele Jobs in der Gastronomie?« Schrödinger staunte. In seiner Jugend waren die Nebenbeschäftigungen für ungelernte Kräfte zumindest in Niedersachsen eher rar gesät gewesen.

»Nicht wirklich«, musste die Kächele zugeben.

»Und sonst? Wie kann man sich ein Leben in Tübingen finanzieren?«, hakte Schrödinger nach. Ohne genaue Zahlen zu kennen, war es auch ihm klar, dass das Leben, die Miete, die Verpflegung in einer der laut mehreren Umfragen beliebtesten Städte Deutschlands nicht für lau zu haben war. Sondern ganz im Gegenteil.

»Manche Studentin jobbt im Dreifarbenhaus.« Frau Kächele wurde rot. Und noch röter, als Schrödinger wissen wollte, ob es sich dabei um einen Baumarkt oder einen Malerbedarf handelte. Verena sprang der Sekretärin zur Seite, und er erfuhr, dass es sich bei diesem Haus um den wohl bekanntesten Puff in Schwaben handelte. Benannt nach dem dreifarbigen Anstrich der Außenfassade des quasi mitten in der Landeshauptstadt gelegenen Etablissements.

»Ich sag jetzt mal nichts«, wisperte die Kächele und beugte sich verschwörerisch nach vorne. Um dann eben doch ganz viel zu sagen.

Das »ganz viel« lag zwar einige – viele – Jahre zurück und hatte nichts mit dem aktuellen Fall zu tun, erheiterte aber Schrödinger und Verena gleichermaßen.

Vor vielen, vielen Jahren hatte Sekretärin Kächele ein Zimmer in einer WG in Stuttgart gemietet. Das ziemlich günstigste, das sie bekommen konnte. Gelegen in der Olgastraße. Was Schrödinger nichts sagte, Verena aber schon. »Oha, bei den Bordsteinschwalben?« Kächele war nicht mal rot geworden. Sie hatte nur genickt.

Zimmer und Mitbewohner waren wohl in Ordnung gewesen, jedenfalls ließ sie sich nicht weiter darüber aus. Horst hätte das auch nicht interessiert. Der Hund gähnte herzhaft und ließ sich auf den abgetretenen Vinylboden fallen. Während Horst schlief, erzählte die Fakultätssekretärin, wie sie eines sonnigen Frühlingstages zum Shoppen – »Einkaufen und ein bisschen Bummeln auf der Königstraße«, wie sie es nannte – in Richtung Innenstadt unterwegs war. Ihr Weg führte sie am verruchten Häusle vorbei. Im Kopf hatte sie einen knallroten Mantel (bis heute in ihrem Besitz!), den sie in einem Kaufhaus an der Stuttgarter Einkaufsmeile unweit des Schlossplatzes im Schaufenster entdeckt hatte. Und der, so Kächele, für ihr damaliges Budget exorbitant teuer gewesen war.

Ob es die Aussicht auf den Wollfetzen war, die Sonne oder die Jugend – als Frau Kächele einen jungen Mann auf dem Trottoir stehen sah, der hingebungsvoll zwei Kinderwagen hin und her schob, füllte ihr Herz sich mit Freude. Einen Moment lang sah sie dem scheinbaren Doppelvater zu. Dann öffnete sich die Tür des Puffs, ein etwa gleichaltriger Mann trat grinsend hinaus, reckte beide Daumen in die Höhe und übernahm die beiden Buggys. Dann sandte er seinem liebeshungrigen Kumpel ein Siegeszeichen hinterher.

»Und da haben Sie den Glauben an die Männer verloren!«, rutschte es Schrödinger heraus.

»Ach was, nein!« Frau Kächele kniepte irritiert die Augen zusammen und strich sich mit der rechten Hand eine Strähne aus der Stirn. Schrödinger bemerkte den Ehering an ihrem Finger.

Verena spürte Kächeles Verlegenheit und lenkte ab. »Die aktuellen Adressen haben Sie nicht im System?«

»Leider nein. Nach der Exmatrikulation sind wir ja nicht mehr zuständig.«

»Und über irgendwelche Ehemaligen-Verbindungen?« Verena war, wie sie nebenbei erwähnte, schließlich selbst in einem Verteiler der Polizei-Hochschule, wurde regelmäßig zu

Treffen des ehemaligen Jahrgangs eingeladen und vom Vorstand des Fördervereins um Spenden gebeten.

»Tut mir leid, auch da sind wir nicht mehr zuständig.«

Verena sah Schrödinger etwas ratlos an. Tauschte noch ein paar lockere Floskeln mit der Sekretärin und nickte Hund und Herrchen schließlich zu. Dann verließen sie die altehrwürdigen Hallen. Ein bisschen zu Schrödingers Bedauern, der, wo er schon einmal vor Ort war, gerne noch einen Blick in einen Hörsaal geworfen hätte. Zu gern hätte er sich einmal hingesetzt und sich für ein paar Minuten wie ein Student gefühlt. Aber die Kommissarin war schließlich im Dienst, hatte zwei Mordfälle zu klären und die Staatsanwaltschaft im Nacken.

Vor der Fakultät blieb sie stehen und holte tief Luft. Horst nutzte die Gelegenheit und zog Schrödinger zu dem schmalen Grünstreifen, der das altehrwürdige Gebäude von der Straße trennte. Der Hund schnupperte an jedem einzelnen Grashalm und war offensichtlich im Modus *Finde den goldenen Halm, denn nur dort kannst du pieseln.* Schrödinger stellte sich auf eine längere Suche ein, als sich die Tür der Fakultät öffnete und zwei Blondinen in hochhackigen Tretern herauskamen, gefolgt von zwei gegelten jungen Männern, die identische Klamotten trugen: schwarze Bundfaltenhose, weißes Hemd, schmale Krawatte und eine schwarze Kappe mit schwarzrotgoldenem Band samt lackschwarzem Schirm. Die Kleidung wies die Studenten als Mitglied einer Burschenschaft aus. Die beiden wirkten irgendwie aus der Zeit gefallen.

»Unsere Zielgruppe«, formte Verena lautlos mit den Lippen. Schrödinger verstand und machte sich im selben Mo-

325

ment bei Horst unbeliebt, indem er den Hund unsanft an der Leine in Richtung des blutjungen Quartetts zog. Quasi direkt vor die gepuderten Nasen der beiden Mädchen. Mit dem gewünschten Effekt. Kaum hatten die Grazien den Hund entdeckt, gab es ein großes »Oh« und »Ach« und »Ist der süß«. Beide gingen, soweit es die hautengen Miniröcke zuließen, in die Knie, um den Boxer zu streicheln. Für einen kurzen Moment meinte Schrödinger zu sehen, wie der Hund die braunen Kulleraugen verdrehte. Dann aber gab Horst sich den Streicheleinheiten hin, und Verena nutzte die Zeit, um mit den Studis ins Gespräch zu kommen.

Horst

Das muss man der Kommissarin lassen: Sie ist mit allen Wassern gewaschen. Ich hätte ja laut gelacht, wenn ich es könnte. Oder geklatscht. Denn das hätte sie verdient gehabt, als sie sich und Schrödinger als Eltern eines künftigen Erstsemesters vorstellte. »Fabian-Lucas will sich hier für Jura einschreiben«, hatte sie behauptet. Schrödinger stand zuerst auf der Leitung und hätte beinahe gefragt, wer Fabian-Lucas sei. Aber Verena hat ihn mit einem wahrscheinlich polizeibekannten Blick zum Schweigen gebracht.

Ich glaube, Herrchen war ein bisschen beleidigt. Dann aber doch ziemlich beeindruckt, was die Kriminalerin in den paar Minuten in Sachen Burschenschaften recherchiert hatte. Dass die eine Blondine herrlich spitzgefeilte Gelnägel hatte, mit der sie mir den Nacken massiert hat, lenkte mich ein bisschen ab. Aber das Wesentliche habe ich mitbekommen. Und ich muss mich wieder mal wundern, auf welche kruden Ideen die Zweibeiner kommen.

Die beiden Schnösel, die mich keines Blickes gewürdigt haben, gehörten leider nicht zu Verenas Zielgruppe, der Burschenschaft Niceria. Hätte ich ihr gleich sagen können, denn die beiden jungen Männer hatten dieselbe merkwürdige Narbe auf der linken Wange. Wie ich kurz darauf erfuhr, gehörten sie also einer schlagenden Verbindung an und haben sich freiwillig bei einem Fechtkampf (Echt! Menschen! Die spinnen!) eine Wunde ins Gesicht hauen lassen, die sie stolz *Mensur* nennen.

Überhaupt haben diese Burschen eine merkwürdige Sprache. Die jeweilige Burschenschaft ist immer nach dem Ort, der Region oder dem Fluss der Gründung benannt, allerdings auf Latein. Das spricht doch kein Mensch mehr! Zu ihrer affig aussehenden Mütze sagen sie *Couleur.* Und sie haben Verena erklärt, dass Fabian-Lucas nur dann in eine Verbindung aufgenommen werden kann, wenn seine Eltern über das entsprechende Kleingeld verfügen. Oder wenn sich der Filius bei einem älteren Semester verdingt. Wofür? Ich will es mir nicht mal vorstellen. Schuhe putzen und dessen Hausarbeiten schreiben wird wohl noch die einfachste Übung sein.

Im Gegenzug bekomme Fabian-Lucas dann die lebenslange Männerfreundschaft der Burschen. Und die schönsten Studentinnen obendrauf. Da wurde Herrchen natürlich hellhörig. Und ich glaube, auch ein bisschen neidisch, denn gekrault haben die Blondinen nur mich.

Schrödinger

Zurück im Wagen checkte Verena ihre Nachrichten auf dem Mobiltelefon. Schrödinger wäre gerne noch ein bisschen durch die verwinkelten Gassen der Tübinger Altstadt mit all den Fachwerkhäusern geschlendert, doch die Pflicht rief. In Verenas Fall mit Recherche-Ergebnissen der *SOKO Rammler,* die sie ihrem verdeckten Ermittler mitteilte, während die beiden durch den Feierabend-Stau auf der Bundesstraße im Schritttempo Richtung Autobahnzubringer rollten.

Sie arbeitete die Mitteilungen und Erkenntnisse wie eine Tabelle ab. Was Schrödinger nur recht war. Er war hundemüde und froh, als Verena mit den Aufzählungen durch war, er den aus dem Handschuhfach auf Geheiß der Kommissarin genommenen Notizblock zuklappen und auf Höhe von Hechingen auch die Augen schließen konnte. Dass er dabei den wunderbaren Blick auf die Burg Hohenzollern verpennte, war ihm egal.

Schrödingers Notizen:

Die blauen Flecken auf Richter Fricks Allerwertestem stammen entweder von einem Reit- oder einem Fahrradsattel. Die Testikel jedenfalls sind an den empfindlichsten Stellen gequetscht, und die Haut zwischen den Oberschenkeln weist Abrasionen auf. Das hat der Gerichtsmediziner herausgefunden. Ob nun Pferd oder Drahtesel, vielleicht auch Heimtrainer, mit dem Besuch bei einer professionellen Domina haben diese Verletzungen nichts zu tun. Die Spur ins Rotlichtmilieu kann also abgehakt werden. (Schrödingers Memo an sich selbst: auf die Kronjuwelen aufpassen!)

Der falsche Lauterbach hat laut SOKO Rammler unter seinem Realnamen Frank Mann zunächst Jura, dann Zahnmedizin in den Sand gesetzt (Notiz von Schrödinger: Depp!). *Nach einer Ausbildung zum Zahntechniker* (nicht bestanden – Doppeldepp!) *hat er eine Umschulung zum Prophylaxehelfer gemacht und arbeitet in der Praxis von Dr. Mundsinger* (hahaha) *in Möhringen.*

Ein Dr. med. dent. Mundsinger, Vorname Friedrich, war ebenfalls in Tübingen immatrikuliert und (Überraschung! Hahaha!) *Mitglied bei der Niceria. (*Notiz von Schrödinger: Der wird seinem Angestellten ja allein aus Werbegründen das vielleicht demolierte Gebiss renoviert haben) (Notiz 2 von Schrödinger: Bonusheft suchen!!! Termin vereinbaren!!!)

Werner Frick wurde bereits vor neun Jahren geschieden. Seine Ex-Frau erlag vor drei Jahren dem Charme eines amerikanischen Einkäufers für High-End-Medizinprodukte und folgte diesem nach Chicago. Das Essen, das Winnie sich gelegentlich beim Mittagstisch einpacken ließ, aß er vermutlich abends selbst (einen Hund, der das kalte Schnitzel fressen könnte, hatte er nicht).

In den Unterlagen in der Wohnung der ermordeten Mina Schrägle fand sich das Exposé einer Zwei-Zimmer-Wohnung in der Zeughausstraße, dritter Stock, Altbau, Balkon, Kaufpreis 242.000. Euro (Anmerkung von Schrödinger UND Verena: Woher hat eine geschiedene Gerichtsschreiberin so viel Geld?) – (Zweite Anmerkung von Schrödinger an Verena: die Ungereimtheiten, die Marion in den Kassenunterlagen gefunden hat … herrjeh, bin ich der Ermittler oder Sie?)

»Aufwachen!« Verena zog mit Schmackes die Handbremse an. Schrödinger schreckte auf. Eben noch hatte er in einem süßen Traum Marions Nacken mit Küssen bearbeitet, da schlug ihm schon wieder die kalte Realität entgegen. Dieses Mal in Form von Hillu, die mit in die Hüften gestemmten Händen vor dem Familienvan stand und ungeduldig mit der flachen Hand auf ihre unechte goldene Uhr am linken Handgelenk klopfte.

»Ich warte schon seit fünf Minuten!«, bellte sie, kaum dass Schrödinger sich abgeschnallt hatte.

»Das sieht ja nach einem entspannten Feierabend aus.« Verena grinste und ließ im selben Moment den Motor wieder an. »Ich fahre doch gleich wieder. Eine Hillu in der Laune brauche ich jetzt nicht.« Sie legte den Rückwärtsgang ein, und Schrödinger gelang es gerade noch so, sich und seinem Hund aus dem Dienstwagen zu schälen, ehe die Kommissarin die Straße hinunterstob. Schrödinger gähnte.

»Ja, ja. Blaumachen und sich dann rumtreiben.« Hillu keifte und zeigte auf die beiden leeren Klappkisten, die sie neben dem Van platziert hatte.

»Ach du Scheiße!« Jetzt fiel es Schrödinger wieder ein: Am Morgen hatte Verena eine lange, lange Liste auf dem Frühstückstisch hinterlassen. Der Wocheneinkauf stand an. Und da sie im Büro war, musste nun er, Schrödinger, seine Schwiegermutter in spe zum Supermarkt karren.

»Ich müsste erst mal kurz zur Toilette«, wollte er sagen, doch da hatte sich Hillus Blick schon dermaßen verfinstert, dass sich der Urin freiwillig in die Nieren zurückzog. Seufzend kramte er den Schlüssel des Vans aus der Hosentasche und ließ die Fernbedienung knacken.

»Jetzt aber zackig!«, kommandierte Hillu und erklomm erstaunlich behände den Beifahrersitz. »So ein Kindergeburtstag feiert sich nicht von allein.« Die treusorgende Großmutter wedelte mit der Einkaufsliste vor Schrödingers Nase herum. »Und Marlene wird nur einmal acht Jahre alt!«

Kindergeburtstag. Nichts war Schrödinger im Moment lieber als das – ein paar topfschlagende Blagen, ein bisschen Kuchen, fertig. Aber als er sich an Marions ellenlange Liste erinnerte, wurde ihm schwummerig. Dann doch lieber ein zwei Mordermittlungen gleichzeitig. Das hätte er Hillu auch am liebsten gesagt. Traute er sich aber nicht, und so folgte er dem Schwiegermonster samt übergroßem Einkaufswagen in den wahrscheinlich größten Supermarkt der Region und sah Hillu dabei zu, wie sie Unmengen von Chips, Luftschlangen, Einhorn-Dekoration, Eiscreme, blubbernden Kindersekt und anderen Kokolores in den Wagen schaufelte, von dem er bis dato nicht mal geahnt hatte, dass so etwas existierte. Dazu packte sie Familienpackungen Klopapier, Nudeln, Kilos von Wurst, unzählige Liter Milch, Joghurt und Dosen, Dosen und nochmals Dosen. Am Ende des Einkaufs war der Wagen rappelvoll und sein Konto um einige Euros leerer, denn Hillu hatte sich kurz vor dem Bezahlprozess bereits auf den Weg zum Ausgang gemacht.

»Leck mich am Arsch!«, sagte er zu sich selbst beim Blick auf den Kassenzettel und dann noch einmal zu Verena, als diese anrief und ihm ausgerechnet jetzt das weitere Vorgehen via Handy erklären wollte: Vom Vorsitzenden der *Honberger Hasen* höchstpersönlich hatte sie nämlich erfahren, dass die gesamte Vereinsmeierei am kommenden Nachmittag zu einer Trauerfeier im Vereinsheim erwartet wurde. Mit den Vertretern der seriösen und weniger seriösen Presse. Und samt Kaninchen. Solch eine Werbung, hatte Winnie der Kommissarin mitgeteilt, würde der Verein so bald garantiert nicht wieder bekommen. Die *Landesschau*, *RTL Explosiv* und *Brisant*, alle hatte er eingeladen.

»Da ist Marlenes Kindergeburtstag«, wollte er protestieren. Doch die Kommissarin hatte schon aufgelegt. Seufzend fügte Schrödinger sich in sein Schicksal, schob den schweren Wagen zum Van und schaffte es trotz aller Ereignisse, das hämische Grinsen von Hillu so lange zu ignorieren, bis er eine völlig überteuerte Tankstelle ansteuerte. Ansteuern musste. Denn die Nadel auf der Anzeige meldete allerhöchsten Alarm, und der Sprit würde das Duo samt Horst und ein Meter großem Plüscheinhorn nicht mal ansatzweise in die Nähe der Wohnung bringen. Er wettete Stein und Bein und sonst noch was, dass er es sein würde, der die Spritrechnung löhnen müsste – und so war es dann auch.

Ebenso wie er es war, der die Einkäufe zu verstauen hatte, denn Hillu hatte einen dringenden Termin mit ihrer Arztserie. Womöglich würde der aktuelle Patient ohne ihr Zusehen an einer irreversiblen Darmverschlingung oder einem nicht erkannten unbekannten Virus elendig dahinsiechen. Schrödinger müsse dies verstehen, teilte sie ihm mit. Tat er aber nicht, sondern wünschte Hillu jede Menge illuster serientauglicher Maläsen an den faltigen Hals. Dann verstaute und versteckte er die Geburtstagsdeko nebst Einhorn in der ohnehin vollgestellten Garage und schleppte die vielen Dosen in die Küche. Als er eben die letzte eingeräumt hatte, stürmten Max und Marlene herein, gefolgt von Marion. Sie warf die Handtasche auf den nächstbesten Stuhl und die Jacke gleich darüber.

»Joghurt! Ich will Joghurt!« Kaum hatte Schrödinger den Kühlschrank befüllt, wurde der auch schon wieder geplündert. Marlene schnappte sich einen Mini-Tetrapack Saft und leerte ihn in Sekundenschnelle.

»Wie lieb, du hast eingekauft«, sagte Marion.

»Sehr gerne«, wollte Schrödinger sagen. Bis er bemerkte, dass seine Liebste mit ihrer Mutter sprach und sich im selben Atemzug neben Hillu auf die Couch fläzte, um ebenso grenzdebil wie diese in den Bildschirm zu glotzen, wo soeben ein gelackter Arzt eine Spritze aufzog.

»Gern geschehen, Liebes«, sagte Hillu generös.

Das war einer jener Momente, in denen Schrödinger verstand, warum Menschen andere Menschen so absolut nicht leiden konnten, dass sie zu Messern oder Pistolen griffen. Oder zu Küretten.

Schrödinger zögerte einen Moment. Dann holte statt einer Mordwaffe die Leine und machte sich samt Horst vom familiären Acker. Es war besser, jetzt zu gehen, um nicht etwas zu sagen, was ihm später vielleicht leidtat. Nicht wegen Hillu, eher wegen Marion. Dass er den Löwenanteil des Einkaufs erledigt und obendrein alles bezahlt hatte, schien sie nicht mal bemerkt zu haben. Normalerweise war er ja nicht sonderlich nachtragend, aber *das* musste er erst mal verdauen.

Es war ja nicht so, als hätte er nicht noch tausend andere Sache im Kopf. Immerhin musste er zwei Morde aufklären. Beziehungsweise dabei helfen. Da konnte man schon ein bisschen Verständnis oder Dankbarkeit erwarten.

Mürrisch blieb er neben der Straßenlaterne stehen, während Horst mal wieder Markierungsarbeiten vornahm. Zuerst wollte er einfach ein bisschen spazieren gehen, bis der Nachmittag vollständig in den Abend übergegangen und sein Zorn verraucht wäre. Dann ermahnte er sich, dass er für derartige Mimosereien keine Zeit hatte. Die Mordermittlungen erledigten sich nicht von selbst.

Nach einem kurzen Blättern in seinen Notizen beschloss er, mit Horst noch einmal zum Vereinsheim zu fahren. Sicher herrschte dort gerade helle Aufregung wegen der morgigen Trauerfeier. Unter dem Vorwand, bei den Vorbereitungen dafür zu helfen, konnte er hoffentlich das eine oder andere Mitglied befragen, ob und wer etwas über Richard Lauterbach – bzw. Frank Mann – wusste. Im Idealfall würde er mit Harald Schmalfuß sprechen können, der bei der Vereinsfeier direkt neben Lauterbach gesessen hatte und auch sonst ziemlich vertraut mit ihm gewirkt hatte. Es müsste schon mit dem Teufel zugehen, wenn er nicht irgendwann mal was Brauchbares über den Mann aufgeschnappt hätte.

Entschlossen stieg er in seinen Kombi und ließ Horst auf dem Beifahrersitz Platz nehmen. Als er den Motor anließ, startete auf Radio Donauwelle gerade Queens *Bohemian Rhapsody*. Das hob seine Laune. Einige leidenschaftlich mitgeschmetterte »Mama Mias« und »Galileos« später war sämtlicher Frust verflogen.

Nach der Rockoper folgte ein schnittiger Song von Frank Turner, den Schrödinger ebenfalls gerne mitgeträllert hätte. Den Liedtext kannte er nur rudimentär, doch das war es nicht, was ihn plötzlich so aus dem Konzept brachte. Vielmehr hatte er gerade die halbe Strecke zum Honberg zurückgelegt, da sah er an der Ampel einen schwarzen Audi an sich vorbeifahren. Am Steuer saßen zwei Männer in den Dreißigern mit dunklen Haaren und dunklem Teint.

Moment mal, die kennst du doch irgendwoher, dämmerte es ihm. Instinktiv schaute er ihnen nach. Der Wagen trug ein Münchner Kennzeichen. Das gab den Ausschlag. Mit einem Mal wusste er wieder Bescheid. Diese beiden Kerle waren der Grund gewesen, wieso Hillu und er bei ihrer Autobesichtigung keine Probefahrt mit Henry Schrägles Smart hatten machen können. Was sich letztendlich – zumindest aus Schrödingers Sicht – als Glücksfall erwiesen hatte. Aber das war für den Augenblick nebensächlich.

Schrödingers Neugierde war geweckt. Kaum schaltete die Ampel auf Grün, bog er in dieselbe Richtung wie der Audi ab.

Er hatte eine ungefähre Ahnung, wohin die Fahrt gehen würde und fühlte sich mehr als bestätigt, als sie wenig später Henry Schrägles Wohngegend erreichten. Dessen Smart war nicht zu sehen (vermutlich befand er sich noch in Polizeigewahrsam), und auch Lkws waren in der Straße keine geparkt. Doch selbst wenn der Brummifahrer nicht persönlich anwesend war, könnte der Besuch sehr interessant werden, daran hatte Schrödinger keinen Zweifel.

Deshalb achtete er auch tunlichst auf genügend Sicherheitsabstand. Für alle Fälle parkte er eine Querstraße entfernt und ermahnte Horst auf dem Weg zu Schrägles Adresse, um Himmels willen still zu sein. Sie mussten unbedingt herausfinden, was hier gespielt wurde.

Und sie hatten Glück. Bei ihrer Ankunft öffnete der Hausherr gerade die Tür und ließ die beiden Besucher bereitwillig eintreten. Ob er die Gäste erwartet hatte, ließ sich an seinem Gesichtsausdruck nicht ablesen. Und zum Belauschen der

336

Unterhaltung befand sich Schrödinger noch zu weit entfernt. Vor allem, weil er vorsichtshalber gleich hinter einem geparkten Citroën in Deckung gegangen war.

Als die Luft wieder rein war, schlich Schrödinger mit Horst weiter zum Grundstück. Da weit und breit niemand sonst in Sicht war, nahm er all seinen Mut zusammen, und eilte in geduckter Haltung zum ersten Fenster.

Dem Küchenfenster, um genau zu sein. Nachdem dadurch keiner zu sehen und zu hören war, ging der gebückte Gang weiter. Nächster Stopp: Wohnzimmer. Hier war zwar ebenfalls kein Fenster angekippt, aber zumindest war deutlich erkennbar, dass die zwei Gäste auf dem Sofa saßen und Schrägle vor ihnen am Beistelltisch stand. Der große Hausherr wirkte in Anwesenheit des Besuchs auf einmal ziemlich klein. Was die Sache gleich noch interessanter machte.

Schrödinger bewegte sein Ohr zur Fensterseite links unten und presste seinen Kopf förmlich gegen die Glasscheibe. Das war unangenehm kalt, mehr jedoch nicht. Egal, wie sehr er sich auch bemühte, er verstand lediglich ein dumpfes Gegrummel und Gemurmel.

Mist, verdammter!

Frustriert drehte er den Kopf so weit, dass er zumindest ins Wohnzimmer linsen konnte. Einige Sekunden lang versuchte er sich im Lippenlesen. Aber erstens saßen die Münchner mit dem Rücken zu ihm, und zweitens machte Schrägle irgendwelche bizarren und obendrein ziemlich rasche Lippenbewegungen, die jeden von Schrödingers laienhaften Ableseversuchen von vornherein zum Scheitern verurteilten.

Ganz geschlagen geben wollte er sich trotzdem nicht. Wenn er schon nichts von dem Gespräch verstand, konnte er mit seinem Handy wenigstens Fotos schießen und eine Videoaufzeichnung starten, damit Verenas Spezialisten vielleicht etwas daraus ablesen konnten. Das Bild war schnell geschossen, doch beim Umstellen auf die Filmfunktion gefror auf einmal das gesamte Smartphone-Programm.

»Bitte nicht jetzt!« Er versuchte zu anderen Apps zu wechseln. Als das nicht funktionierte, drückte er verzweifelt auf sämtlichen Außentasten des Handys herum. Keine Reaktion. Ausgerechnet jetzt!

Am liebsten hätte Schrödinger das blöde Teil mit Schmackes zu Boden gepfeffert. Dass das olle Ding nicht besonders zuverlässig war, wusste er. Aber ihn derart im Stich zu lassen, war einfach unverschämt. Er unterdrückte den Zerstörungsimpuls und probierte weiterhin, den Zustand durch zielloses Herumdrücken zu ändern. Was leider nicht der Fall war.

Schließlich fiel ihm keine andere Möglichkeit mehr ein, als dem Smartphone einen Kaltstart zu verpassen: Sprich: Akku entfernen, wieder einlegen und das blöde Telefon dadurch neu booten. Das tat dem Gerät sicher nicht gut, war jedoch besser als sämtliche Alternativen.

Während das Handy seine Programme neu lud, wechselte Schrödingers Blick ständig zwischen dem Bildschirm und dem Wohnzimmerfenster hin und her. Zu gern hätte er gewusst, was die Männer da drinnen beredeten. Auf jeden Fall schien es nichts Bedrohliches, Akutes oder Gefährliches zu sein, so entspannt, wie die zwei Münchner auf dem Sofa lungerten. Man hätte fast meinen können, sie wären bei Schrägle zu Kaffee und Kuchen eingeladen. Dagegen sprach, dass bislang weder Tassen noch Teller zu sehen waren und der Haus-

338

herr nach wie vor wirkte, als hätte ihn jemand ein paar Eiswürfel in die Hosentasche gesteckt.

Mit Sicherheit war dies kein reiner Höflichkeitsbesuch. Es schien vielmehr, als würden die Männer auf jemanden oder etwas warten. Darauf deutete auch hin, dass einer der Münchner immer wieder mal auf seine Armbanduhr schaute. Ein von draußen ziemlich teuer aussehendes Modell aus funkelndem Gold. Wenn es sich dabei um eine Rolex oder dergleichen handelte, kostete die mehr, als Schrödinger im Monat verdiente.

Dann endlich war der Neustart vom Handy abgeschlossen. Schrödinger tippte hastig die Kamera-App an und ging in Position, um zumindest den Rest des Gesprächs zu filmen. Doch sowie er die Aufnahme-Taste betätigte, wurde der Bildschirm schwarz. Eine Sekunde lang erschien die Meldung *Akku schwach*, dann schaltete sich das Telefon von allein aus.

»Echt jetzt?«, fragte Schrödinger ungläubig. Er schaute zu Horst, der genauso ratlos wirkte.

Das konnte doch alles nicht wahr sein!

Die kommende Stunde verbrachten sie mit Däumchendrehen. Buchstäblich. Mehr als Beobachten und Abwarten war nicht drin. Allein das nervte Schrödinger. Noch mehr setzte ihm zu, dass ihn jederzeit jemand vor dem Fenster bemerken könnte. Es bräuchte nur einen neugierigen Nachbarn, und schon wäre die Misere perfekt. Davon abgesehen, war das lange geduckte Stehen für Schrödingers malträtierte Bandscheibe und seine ohnehin nur spärliche Kondition alles andere als prickelnd.

Schließlich hatte er genug und verließ das Grundstück. Einige Runden führte er Horst die Straße rauf und wieder runter Gassi, nach einer Weile wurde jedoch auch das zu nervig, und sie kehrten zum Auto zurück. So würden sie wenigstens bereit sein, falls einer oder beide Besucher von Schrägle aufbrachen. Dass noch jemand zu ihnen stoßen würde, hielt Schrödinger mittlerweile für ausgeschlossen. Außer ein paar desinteressierten Spaziergängern hatte sich absolut niemand blicken lassen.

Je mehr Zeit verstrich, desto mehr langweilte sich Schrödinger. Immer wieder seufzte er laut und theatralisch – ohne dass es jemanden interessierte. Als die Sonne unterging, wurde er müde und hungrig. Was keine schöne Kombination darstellte; darüber konnte auch die Musik auf Radio Donauwelle nur schwer hinwegtrösten. Horst knurrte ebenfalls von Minute zu Minute missmutiger.

Wie Polizisten und Privatdetektive manchmal ganze Tage oder Wochen tatenlos in ihren Fahrzeugen ausharren konnten, war Schrödinger ein Rätsel. Da war ja selbst die strunzdoofe Arbeit im Getränkemarkt anspruchsvoller! Nee, für so etwas war er einfach nicht geschaffen. Schrödinger brauchte etwas zu tun.

So als hätten die drei Männer seine Sorgen vernommen, verließen sie kurz nach acht einer nach dem anderen das Haus. Ziel war für alle der dunkle Audi. Die Münchner stiegen vorne ein, Schrägle durfte sich auf die Rückbank zwängen.

»Endlich kommt Bewegung in die Sache«, freute sich Schrödinger und folgte dem Auto, bevor es an der nächsten Kreuzung nach rechts abbiegen konnte. Die Fahrt ging zurück in Richtung Stadtzentrum und von da aus gen Norden. Eine Strecke, die Schrödinger sehr bekannt vorkam. Seiner Meinung nach kamen dadurch bloß zwei mögliche Ziele infrage: die Spedition Schwaighöfer oder Tuttlingen verlassen und raus zum Steg 85.

Schrödinger tippte auf Letzteres – und lag mal wieder falsch. Die Reise endete direkt vor dem inzwischen komplett verwaisten Speditionsgelände. Die Lastwagen und das Gebäude schlummerten brav im Halbdunkel. Niemand außer ihnen schien sich dafür zu interessieren.

Was den Männern vermutlich ganz recht war. Von der gegenüberliegenden Straßenseite und mit ausgeschalteten Scheinwerfern beobachtete Schrödinger, wie der Audi mit laufendem Motor vor dem verschlossenen Eingang hielt. Schrägle stieg aus und sperrte das Schloss auf.

Danach zögerte er eine Sekunde, ehe er das Tor weit genug beiseiteschob, damit der Wagen auf das Grundstück und dort zur Lagerhalle rollen konnte. Die ganze Aktion geschah nahezu lautlos. Die Münchner parkten rückwärts vor der Zugangstür. Gleich darauf öffneten sie die Kofferraumklappe.

Was das bedeutete, lag auf der Hand. Dazu passte auch, dass alle drei Männer in der Halle verschwanden.

Das brachte Schrödinger in die Bredouille. Sollte er mit Horst weiterhin im Wagen warten oder den Leuten hinterherschleichen, um mehr zu erfahren? Anfangs tendierte er zum erneuten Abwarten, doch nach zwei Minuten hatte er die Nase voll davon. Da drinnen konnte im Moment alles Mögliche passieren.

Mit einem Fluchen auf den Lippen öffnete und schloss er leise die Autotür. Beim Anleinen ermahnte er Horst nochmals, unbedingt still zu sein. Jetzt sogar mehr denn je. Der Hund knurrte genervt.

341

Schrödinger bedauerte es, nicht über sein Handy Verena anrufen zu können. Gerade jetzt wäre ihm deutlich wohler gewesen, wenn die Kommissarin erstens gewusst hätte, wo er steckte, und sie ihm zweitens Rückendeckung geben könnte. Unter Umständen wäre es auch nicht verkehrt, ein oder zwei Streifenwagen herzuschicken.

Aber hätte der Hund nicht geschissen, hätte er den Hasen erwischt. Es brachte nichts, sich über derartige Sachen den Kopf zu zerbrechen. Wichtiger war, was im Inneren der Lagerhalle vor sich ging. Auf dem Weg dorthin vernahm Schrödinger ein dumpfes Poltern und Schleifen. Das verhieß nichts Gutes.

Er beeilte sich, mit Horst in die Halle zu kommen. Drinnen schaute er unweigerlich zuerst zur Glasscheibe, hinter der sich zu dieser Zeit aber niemand mehr aufhielt. Schrödinger eilte weiter zu einer Palette mit eingeschweißten Metallfässern und spähte von dort aus in die Finsternis. Am anderen Ende des Raums strahlten grellgelbe Lichter immer wieder unruhig in alle möglichen Richtungen. Höchstwahrscheinlich Taschenlampen, die sich die Besucher extra dafür mitgebracht hatten. Diese sporadische Helligkeit beleuchtete gelegentlich auch die vielen Metallregale, der Rest lag in einem trügerischen Schwarz. Zu hören war ebenfalls nicht viel, bloß die gelegentlichen dumpfen Geräusche, die was auch immer zu bedeuten hatten.

Plötzlich vernahm er ein leises Keuchen aus Richtung der Taschenlampen. Zusammen mit den hektischen Bewegungen und dem Poltern hätte man hier glatt eine schnelle Nummer vermuten können. Sofort fiel Schrödinger wieder das schwule Pärchen ein, das er am Sonntag gesehen hatte.

342

Möglicherweise wurde er hier gerade Zeuge eines flotten Dreiers.

Sehr wahrscheinlich war das allerdings nicht. Dafür hätten Schrägle und die Münchner nicht extra hierherfahren müssen, wo sie in Schrägles Wohnzimmer doch völlig ungestört gewesen waren. Davon abgesehen hatte Schrödingers Meinung nach in dem Haus am Waldrand keinerlei Romantik in der Luft gelegen. Ganz im Gegenteil sogar.

Das Stöhnen wurde lauter und schien obendrein in seine Richtung zu wandern. Auch das sprach eindeutig gegen die Sextheorie. Merkwürdig war zudem, dass die Taschenlampenlichter auf einmal still an einem Ort verharrten.

Deshalb sah Schrödinger die Einzelheiten erst, als sich das Stöhnen dem Eingang näherte und von draußen der letzte spärliche Rest Tageslicht hineinfiel. Leider genügte es nicht, genaue Details auszumachen. Er sah lediglich, dass zwei Männer etwas Klobiges und offensichtlich sehr Schweres zu ihrem Audi zogen. Das könnten Kartons oder Säcke sein. Aber durchaus auch Schrägles lebloser Körper.

Schrödingers Gedärme verkrampften sich. Eventuell hatten die dumpfen Laute und das Lichtgeflacker ja von einem Kampf in der Lagerhalle gestammt. Eventuell hatten die Münchner Henry Schrägle unter einem Vorwand in die Halle gelockt und hier niedergeschlagen. Möglicherweise Schlimmeres.

Mit dieser Überlegung im Kopf gab es für Schrödinger kein Halten mehr. Er zog Horst mit sich in den hinteren Teil des Raums und war froh, dass der Boxer ohne Zögern und ohne Knurren mit ihm ging. Jetzt hier Geräusche zu verursachen, könnte gewaltige Probleme nach sich ziehen. Tödliche Probleme, unter Umständen.

343

Aus dem Grund achtete er auch trotz aller Dringlichkeit auf jeden einzelnen Schritt. Vor Anspannung hielt er die Luft an, weil ihm selbst Ein- und Ausatmen zu laut erschien. Er tastete sich an den Regalwänden entlang und war froh, dass die Helligkeit zumindest geringfügig zunahm, je näher er den Taschenlampen kam. Parallel dazu lauschte er immer noch mit einem Ohr in Richtung Ausgang, um nicht plötzlich die Münchner im Nacken sitzen zu haben.

Auf einmal zerriss ein lautes Ratschen die Stille. Es klang so, als würde jemand ein gewaltiges Stück Pappe abreißen. Wie um alles in der Welt passte das in diese Situation? Und wieso erklang es gerade jetzt?

Schrödinger ging auf Tauchstation und presste sich und den Hund fest an die nächste Regalwand. Horsts Herz wummerte wie ein Smartphone im Vibrationsalarm. Noch während Herrchen dabei war, das fremde Geräusch genauer zuzuordnen, hustete jemand hinter vorgehaltener Hand. Das klang eindeutig nach Henry und senkte Schrödingers Sorgenpegel erheblich. Offenbar war der Brummifahrer wohlauf.

Einen Augenblick lang war er sogar wütend, dass der Kerl erst jetzt hustete und nicht schon vor einer Minute, als sich ein gewisser Hundebesitzer mit seinem Vierbeiner noch in seinem Palettenversteck befunden hatte.

Aber ihm blieb nicht die Zeit, sich darüber zu beschweren. Vom hinteren Teil der Lagerhalle trat Schrägle einige Schritte nach vorn, vom Vordereingang näherten sich die zwei Münchner, die ihre schwere Last inzwischen offenbar abgeladen hatten.

Schrödinger fühlte sich überrumpelt. War er hier geradewegs in eine gut konstruierte Falle getappt? Horst schien ähn-

344

liche Gedanken zu hegen und stellte sich auf die Hinterbeine, vermutlich bereit, sich gleich auf jeden Angreifer zu stürzen.

Doch niemand kam, um sich mit ihnen anzulegen. Die Münchner gingen achtlos an Schrödingers Regal vorbei und halfen Schrägle dabei, eine wuchtige Box aus einer Pappverpackung zu heben. Das alles geschah, ohne dass jemand ein Wort sprach. Jeder schien genau zu wissen, was er zu tun hatte. Anschließend wiederholten sie das gleiche Spiel wie vorhin: Die Audifahrer schleppen den schweren Gegenstand zu ihrem Auto, während Henry hinten in der Halle herumfriemelte.

Schrödinger schwankte zwischen der Idee, näher heranzugehen, um mehr zu sehen, und der sicheren Variante, zu seinem ursprünglichen Versteck zurückzukehren. Letztendlich verstrichen die dafür geeigneten Momente tatenlos, und er blieb mit Horst an Ort und Stelle.

Was gleich darauf zu einem weiteren Problem führte. Inzwischen hatte Schrägle nämlich seine woraus auch immer bestehende Arbeit beendet, und auch die Münchner gaben sich mit einer letzten Box zufrieden. Gemeinsam verließen sie die Halle und sperrten hinter sich ab. Als Schrödinger hörte, wie der Audi draußen davonfuhr, dämmerte ihm, dass Horst und er in der Falle saßen.

Horst

Es gibt Chaoten und Schwachmaten. Und es gibt Schrödinger, der in einer ganz eigenen Liga spielt. Lässt er es doch allen Ernstes zu, dass uns die Flachpfeifen in der Halle einsperren! Wie kann man so blöd sein? Ich meine, was hatte er erwartet, was die Typen tun würden, nachdem sie mit ihrer komischen Arbeit fertig waren? Dass sie darauf warten würden, bis König Schrödinger gemächlich nach draußen geschlendert war?

Da wird doch der Hund in der Pfanne verrückt!

Lustig war auch, wie Schrödinger danach zur Tür gerannt ist und tausend Mal die Klinke auf und ab gedrückt hat. Als würde sich dadurch was ändern. Für ein paar Sekunden hat er sogar hemmungslos gegen die Tür gehämmert, bis er eingesehen hat, dass das auch nicht so die cleverste Idee ist.

Ich hab dann mal versucht, ihn vom komplett Offensichtlichen weg zu den weniger direkten Sachen im hinteren Teil der Halle zu lotsen. Wo es wieder so komisch riecht wie beim letzten Mal.

Aber was soll ich sagen, auch diesmal hat er es nicht geschnallt, als ich an den Kartonresten auf dem Abfallstapel geschnuppert und gekratzt habe. Ich hab echt überlegt, Schrödinger diesmal in die Wade zu beißen. So begriffsstutzig kann doch kein Mensch sein! O Mann, dieses Herrchen raubt mir noch den letzten Nerv.

Jetzt hat er wieder diesen seltsamen Gesichtsausdruck, der nichts Gutes verheißt. Wer weiß, was der jetzt ausheckt. Was immer es ist, es bereitet mir schwere Sorgen!

Schrödinger

In den ersten Augenblicken war die Panik schier übermächtig: Sie waren eingesperrt. Würden die ganze Nacht hier verbringen! Würden hungern und halb verdursten müssen. Während gleichzeitig Schrägle und die Münchner weiß der Geier was anstellen konnten. Das durfte doch alles nicht wahr sein!

Dann atmete Schrödinger tief durch und machte sich klar, dass ihre Lage gar nicht so schlimm war. Eingesperrt in irgendeinem dreckigen Verlies in Südamerika oder bei einem ostasiatischen Kannibalenstamm wäre übel gewesen. Aber doch nicht in einer Lagerhalle in Tuttlingen! Spätestens morgen früh würde ihn jemand finden. Auch wenn es dann vielleicht schon zu spät sein könnte. Zumindest, was den Fall und die aktuellen Entwicklungen betraf.

Außer natürlich, er fand vorher einen Weg hinaus. Einige Sekunden lang war er drauf und dran, sämtliche Licht in der Halle anzuknipsen. Danach bräuchten sie bloß darauf zu warten, dass es einem Anwohner und/oder der Polizei auffiel. Allerdings würde das stundenlange Diskussionen nach sich ziehen. Im besten Fall. Wenn Verena nicht erreichbar war, müssten Horst und er die Nacht eventuell sogar hinter Gitter verbringen. Dann hätten sie bloß ein Gefängnis gegen das andere eingetauscht.

Nein, da beschränkte er sich lieber auf ein vereinzeltes Licht, um nicht völlig im Dunkeln zu tappen, und überlegte sich einen anderen Weg. Immerhin befand er sich hier in einer Halle voller Krimskrams und Werkzeugen. Da wäre es doch gelacht, wenn sich nicht etwas Brauchbares finden würde. Sein Vorbild MacGyver hätte bei einem solchen Angebot sicherlich ebenfalls nicht klein beigegeben.

Von diesem Gedanken beseelt, fing Schrödinger an, den Raum abzusuchen. Unweit des Eingangs parkte ein Gabelstapler. Leider ohne Zündschlüssel. Der brachte ihn ebenso wenig weiter wie der Hubwagen daneben. In den ersten Regalen sah es kaum besser aus: Darin lagerten Kartons, die laut Beschriftungen Papierservietten und Plastikgabeln enthielten. Dahinter kamen Reinigungsmittel, Streusalz und Schmieröle. Alles in riesigen Mengen, als ob sich jemand jetzt schon für den nächsten Winter eindecken wollte.

Vielleicht sah es weiter hinten ja besser aus. Horst zog ihn ohnehin beharrlich zurück zu der Stelle, an der Schrägle vorhin gearbeitet hatte. Wo es allerdings absolut nichts von Bedeutung gab. Nur die gleichen leeren Kartonabfälle und sonstigen Verpackungsmüll wie beim letzten Mal. Gut möglich, dass der Hund daran irgendetwas Obskures erschnuppert hatte, aber weil nichts davon mehr zu sehen war und es sie obendrein nicht aus ihrer misslichen Lage befreien konnte, interessierte es Schrödinger derzeit herzlich wenig.

Wobei ... stopp ... so ganz unnütz war es trotzdem nicht, dass Horst ihn zum hinteren Teil der Halle gezogen hatte. In etwa drei Metern Höhe und halb im Dämmerlicht verborgen, erspähte Schrödinger ein längliche Lüftungsfenster. Wenn er das aufbekäme, könnten Horst und er hinausklettern. Wie es draußen weitergehen würde, stand zwar buchstäblich in den Sternen, aber das war erst Punkt zwei auf seiner Prioritätenliste. Erst einmal musste er es bis rauf zum Fenster schaffen.

Was nicht besonders schwierig sein sollte, immerhin gab es hier zuhauf Gegenstände, die er dafür übereinanderstapeln konnte. Die Idee war so gut, dass sie ihm ein Lächeln ins Gesicht zauberte. Gut gelaunt begann er damit, Europaletten zur Fensterwand zu schieben. Dass Horst mit ziemlich skeptischer Miene neben ihm herlief, ignorierte er. Der Hund würde schon noch einsehen, wie genial dieser Plan war.

Schrödinger fühlte sich voll und ganz in seinem Element. Er kam sich jetzt wirklich wie MacGyver vor, der mal wieder mit simpelsten Zutaten eine grandiose Sache fabriziert hatte. Seine Euphorie riss auch nicht ab, als er in der Nähe keine Paletten mehr fand und stattdessen auf Metallfässer und Holzkisten zurückgreifen musste. Manche der Sachen aus den Regalen waren verflucht schwer und brachten ihn ordentlich ins Schwitzen. Egal. Sein Turm wuchs kontinuierlich, und nur darauf kam es an.

Nach ein paar Minuten hatte Horst offenbar genug davon, seinem Herrchen hinterherlaufen, und machte es sich mit gebührendem Abstand zu der Konstruktion bequem. Inzwischen schien der Hund begriffen zu haben, worauf Schrödinger hinauswollte. Sehr schwer zu begreifen war das auch nicht.

Eine Viertelstunde und ein komplett schweißnasses Hemd später war er mit der Arbeit fertig. Der Turm reichte bis einen halben Meter unter das Fenster. Um da hinaufzukommen, hatte er aus einigen besonders schweren Kisten eine behelfs-

349

mäßige Treppe gebaut, damit Horst und er ganz bequem nach oben gelangten.

Nach getaner Arbeit betrachtete er stolz sein Werk. Er wünschte sich, sein Handy würde noch funktionieren, damit er ein Foto davon knipsen konnte. Marion wäre sicher beeindruckt.

Doch so ansehnlich die Treppe und der Turm auch waren, Horst weigerte sich vehement, mit raufzuklettern. Er rollte sich zusammen, versteifte sich und knurrte widerwillig, als Schrödinger ihn mitzuziehen versuchte.

»Komm schon. Das ist unsere einzige Chance. Wir schaffen das.«

Vergeblich. Der Vierbeiner rührte sich nicht vom Fleck.

Schrödinger redete ihm weiter gut zu. Als das alles nichts nützte, klemmte er sich den Boxer kurzerhand unter den Arm und machte sich an den Aufstieg. Zugegeben, je höher er kam, desto wackeliger wurde die Angelegenheit. Ein Grund zum Aufgeben war das nicht. Immerhin mussten sie diesen Weg bloß einmal zurücklegen.

Oder eben auch nicht.

Auf der Turmspitze angekommen, wurde er mit einem neuen Problem konfrontiert: Das Fenster besaß keinerlei Griffe oder Hebel, über das man es öffnen konnte. Und es wurde noch schlimmer: Auf der anderen Seite ging es drei Meter abwärts, ohne irgendeiner Möglichkeit zum Draufklettern oder dergleichen.

Verdammt.

Was nun? Fenster einschlagen und sich etwas zum Abseilen suchen? Und selbst wenn er etwas fand, das lang genug war, wo sollte er das Seil oder was auch immer befestigen?

Sein vorhin noch so toller Plan erschien ihm mit einem Mal gar nicht mehr so grandios. Jetzt kam sich Schrödinger nicht mehr wie der amerikanische Hobbytüftler, sondern eher wie die Erbauer des neuen Berliner Flughafens vor, die jahrelang gescheitert waren.

Wieso passierte ihm immer so was? Und was konnte er tun, um verdammt noch mal endlich hier rauszukommen? Verzweifelt schaute er über die fast genauso hohen Regalreihen hinweg … und erstarrte.

Auf der linken Seite, zwischen der vorletzten und der vorvorletzten Regalreihe schimmerte Licht. Nicht genug für eine Lampe oder einen Scheinwerfer, aber zumindest reichte es für ein weiteres Fenster.

Ernsthaft?

Schrödinger nahm die Treppenstufen im Sprung. Um ein Haar wäre er dabei mitsamt den Kisten und Fässern umgekippt. Horst unter seinem Arm zuckte erschrocken zusammen und verkrampfte sich zu einem regungslosen Bündel mit dermaßen wummerndem Herzschlag, das sein Herrchen das Pochen an seinem Unterarm spürte. Zum Glück blieb das Unglück aus, und sie erreichten heil den Hallenboden. Hinter ihnen wackelte und knirschte es, aber die Treppe hielt weiterhin.

Was Schrödinger kaum bemerkte. Mit wenigen Schritten erreichte er die gesuchte Regalreihe. Der Anblick dort irritierte ihn dermaßen, dass er Horst absetzen musste.

Nur wenige Meter vor ihm befand sich tatsächlich ein Fenster. Ein Kippfenster, wohlgemerkt.

O Mann.

Die ganze Arbeit umsonst.

Fassungslos ging er darauf zu. Schon aus einem Meter Entfernung streckte er die Hand danach aus. So als könnte dies alles ein Traum sein und der nahe Ausgang sich direkt vor ihm in Luft auflösen. Aber der viereckige Rahmen mit der Glasscheibe darin blieb real und verschwand auch dann nicht, als Schrödinger die Hand fest um den metallenen Riegel schloss.

Eine Sekunde später stand das Fenster sperrangelweit offen und die kühle Nachtluft wehte ihm entgegen. Ohne weiter darüber nachzudenken, schob er das erste Bein hinaus. Auf der anderen Seite berührte sein Fuß den Grundstücksboden. Er war noch nie so froh gewesen, einen geteerten Platz zu betreten.

Sie waren frei und konnten gehen. Sofort.

Dennoch hielt er inne.

Wenn sie jetzt einfach mir nichts, dir nichts verschwanden, würde morgen früh jeder mitkriegen, dass in der Nacht jemand hier gewesen war. Außerdem war Schrödinger entgegen landläufiger Meinung durchaus ein ordentlicher Mensch. Er verfolgte lediglich ein anderes Ordnungssystem als andere. Seinen Saustall räumte er nach getaner Arbeit immer auf. Na gut, meistens.

Hier jedoch stand es völlig außer Frage: Er musste den Turm und die Behelfstreppe wieder abbauen. Und das aus verschiedenen Gründen. Obwohl sich der Elan dafür in Grenzen hielt und er Horsts hämisch grinsendes Hundegesicht auch jetzt ausblenden musste.

Es dauerte nicht ganz eine Viertelstunde, dann befanden sich alle Paletten, Kisten und Fässer wieder an ihrem ursprünglichen Platz. Absolut nichts wies mehr darauf hin, dass der Boxer und er jemals hier gewesen waren.

Herrlich.

Zufrieden mit sich selbst und erneut mit dem Hund unter dem Arm kletterte er durch das Fenster. In Gedanken sah er sich bereits in seinem Kombi sitzen und zu Marion brausen. Die Vorstellung hielt sich einen Atemzug lang. Dann leuchtete direkt neben dem Speditionsgelände das blaue Warnlicht eines Streifenwagens auf.

Horst

Hilfe! Polizei! Feuerwehr! Mein Herrchen ist komplett übergeschnappt. Er bringt sich und mich in Lebensgefahr! Baut eine windige Konstruktion zusammen, die nur durch ein pures Wunder gehalten hat. Ich habe echt gedacht, gleich ist es aus mit uns.

Das Schlimmste daran ist, dass sich Schrödinger von solchen verrückten Ideen nicht abbringen lässt, nicht mal von mir. Dabei hätte doch ein Blinder gesehen, wie wackelig diese aufgestapelten Sachen waren.

Gott sei Dank hat er wenigstens oben auf seinem Turm begriffen, wie bescheuert dieser Plan war. Dass uns der Abstieg dann gleich noch mal den Hals gekostet hätte, lasse ich an dieser Stelle mal lieber unerwähnt. Mein Herzschlag wird wahrscheinlich Tage brauchen, um sich zu beruhigen.

Da geschieht ihm die ganze Plackerei mit dem Zurückräumen der Sachen recht. Strafe muss schließlich sein. Kann er vergessen, dass ich da auch nur eine Pfote rühre. Nee, nee, mein Lieber, das kannst du schön alleine machen.

So spannend ist es allerdings nicht, Schrödinger beim Arbeiten zu beobachten. Sieht sogar ziemlich anstrengend aus. Mich auf jeden Fall macht es ziemlich schläfrig. Ich bin schon fast weggedöst (mit knurrendem Magen übrigens!), da ist er endlich fertig und schleppt mich nach draußen.

Vor der Halle kommt die Polente wie gerufen. Als wäre es Gedankenübertragung. Allerdings kriege ich jetzt auf einmal wieder Zweifel, ob mein Wunsch so das Richtige gewesen ist. Diese Menschen sehen alles andere als erfreut aus.

Oh-Oh.

Schrödinger

Es waren zwei uniformierte Beamte, die auf sie zukamen, ein Mann, eine Frau. Beide um die fünfzig, beide ziemlich grimmig dreinschauend. Während sie per Funkgerät ihre Meldung durchgab, drehte er bereits entschlossen den Schlagstock hin und her. Ganz automatisch gingen beide offenbar davon aus, dass sie hier einen Einbrecher auf frischer Tat ertappt hatten.

Nur weil sie beobachtet hatten, wie Schrödinger durch das Fenster einer Lagerhalle geklettert war? Aber mal ehrlich: Wie viele Diebe gab es, die mit ihrem Hund zusammen auf Beutezug gingen? Außerdem hatte Schrödinger das Gebäude ja durch das Fenster verlassen – und nicht betreten.

Genau das sagte er ihnen und überlegte sogar kurz, sich als Mitarbeiter der Spedition auszugeben. Immerhin kannte er zwei der dort arbeitenden Leute mit Namen. Doch so skeptisch, wie die Straßensheriffs ihn nach wie vor anschauten, hätten sie ihm wohl kein Wort geglaubt. Schrödinger war schon froh, ihnen auszureden, dass sie Horst vom Tierheim abholen ließen. Nur unter wiederholten Versicherungen, dass er freiwillig und ohne jedwede Sperenzchen mit zum Revier mitfahren würde, willigten sie ein.

Während der Fahrt versuchte Schrödinger mehrmals, das Gespräch auf Verena Hälble zu lenken. Mit Sicherheit kannten die zwei die Kommissarin. Aber auch diese Rechnung ging nicht auf. Das Einzige, was er rausbekam, war der Grund, wieso die Streifenpolizisten bei der Spedition aufgetaucht waren. Sie waren nämlich nicht selbst darauf gekommen, sondern von einem besorgten Anwohner gerufen worden, der zu nachtschlafender Zeit verdächtige Geräusche gehört hatte.

Schrödinger schüttelte den Kopf und schwieg den Rest der Fahrt. Er konnte es noch immer nicht glauben: All die Mühe, die er sich gemacht hatte, damit es in der Halle keine Hinweise mehr auf ihre Anwesenheit gab. Alles vergebens und umsonst.

Einen ersten Silberstreif am Horizont sah Schrödinger, als ihm in der Polizeistation ein Kripo-Beamter mit vertrautem Gesicht entgegenkam. Es war derjenige, der am Sonntag versucht hatte, Horst während der Erstellung des Phantombildes ein Stück von seinem Schokoriegel unterzujubeln. Was der Hund aus reinem Selbstschutz heraus abgelehnt hatte.

Die Erinnerung an den Vierbeiner sorgte dafür, dass der Beamte auch ihn sofort erkannte und grüßend die Hand hob. Das brachte sogar die Streifenpolizisten ins Grübeln.

Komplett löste sich das Missverständnis auf, als wenig später Verena Hälble höchstpersönlich aus ihrem Büro kam und die Kollegen aufklärte. Gott sei Dank war sie so spät noch im Büro. Am Ende entschuldigten sich die zwei Uniformierten sogar und verdünnisierten sich, bevor die Kommissarin ihrer sichtlichen Verärgerung Luft machen konnte. Kopfschüttelnd führte sie Schrödinger und Horst in ihr Büro.

»Euch kann man auch keine fünf Minuten ohne Aufsicht lassen.« Der Satzanfang klang noch tadelnd, zum Ende hin wirkte Verena hingegen ziemlich amüsiert. Ihr breites Grinsen sprach Bände – verschwand jedoch schnell, als er schilderte, wie es überhaupt erst zu der Festnahme gekommen war. Besonders die Details über die zwei Münchner schienen die Kommissarin brennend zu interessieren. Immer wieder machte sie sich Notizen dazu.

Kaum war Schrödinger mit seinem Bericht am Ende, griff Verena nach dem Telefon auf ihrem Schreibtisch und ließ den schwarzen Audi zur Fahndung ausschreiben. »Denen können wir mindestens Hausfriedensbruch anhängen«, erklärte sie anschließend. »Und ich hab so ne Ahnung, dass die Liste noch um einiges länger wird, wenn wir ihren Kofferraum öffnen.«

»Glaubst du echt, dass ihr die noch aufspürt? Die sind doch längst über alle Berge.«

»Deswegen habe ich auch den Kollegen aus München Bescheid gegeben. Mit etwas Glück sind sie gerade auf dem Heimweg. Von hier aus bis nach Südbayern sind es rund zweihundertfünfzig Kilometer. Nachts ist auf der A sechsundneunzig zwar nicht so viel los, aber gute zwei Stunden brauchen die bis da rüber bestimmt. Vielleicht haben wir Glück.«

Schrödinger hoffte es inständig. Beim Thema Glück wurde er allerdings unweigerlich skeptisch. Wenn es um derartige Sachen ging, stand er in der Regel ganz hinten in der Schlange.

»Was ist mit Henry Schrägle?«

»Ich bezweifle, dass der mit nach München gefahren ist. Falls ja, wissen wir es bald. Falls nein, holen wir ihn zu Hause für ein Gespräch ab. Na, mal sehen.«

Das klang plausibel.

Ein Knurren vom Boden her riss Schrödinger aus den Gedanken. Horst warf ihm ziemlich auffordernde Blicke zu. Unmissverständliche Blicke.

Der Hund hatte Hunger.

Was nicht weiter verwunderlich war. Auch in Schrödingers Magen klaffte ein ordentliches Loch.

»Entschuldige uns kurz«, sagte er daher zu Verena. Als er sich auf den Weg zur Tür machte, war sein tierischer Begleiter sofort auf den Beinen. Sie beide wussten haargenau, wo sie hingehen mussten: In den Wartebereich, wo ihnen bereits bei ihrem ersten Besuch der Snackautomat aufgefallen war. Genutzt hatten sie ihn da noch nicht, sondern erst während der ausufernden Phantombildsession. Auf jeden Fall wussten sie genau, was das gute Stück zu bieten hatte: ein halbes Dutzend Minisalamis für Horst und ein bisschen Süßkram sowie Cracker für Schrödinger. Anschließend waren die entsprechenden Stellen im Automaten leer, aber das war ihnen egal.

Gierig stopften sie die gekaufte Notnahrung in sich hinein und teilten sich anschließend eine Flasche stilles Mineralwasser. Das half, den gröbsten Hunger zu tilgen und eine gewisse Grundruhe zurückzuholen.

Die gleich darauf sofort wieder verflog.

Schnelle Schritte näherten sich dem Aufenthaltsraum. Gleich darauf streckte Verena den Kopf zur Tür hinein. »Ach, da seid ihr. Wir haben sie gefunden.«

»Wen?« Dann fiel der Groschen. »Die Typen mit dem Audi? Wo denn?«

»Fast direkt vor ihrer Haustür. Der Wagen ist auf die Mutter von einem der Typen zugelassen. Wir haben eine Streife zu ihrer Adresse geschickt. Zwei Kilometer entfernt gibt es ne Autobahnabfahrt. Genau da haben die Kollegen sie abgepasst.«

»Sehr gut. Was war mit Schrägle.«

Sie schüttelte den Kopf, ohne sonderlich betrübt zu wirken.

Auch Schrödingers Verblüffung hielt sich in Grenzen. »War der Kofferraum noch voll?«

»War er.« Verena entblößte ein breites Lächeln. »Du errätst nie, was wir darin gefunden haben.« Sie ließ ihn einen Moment lang schmoren. Als er nicht darauf einging, fuhr sie fort: »Drei Kisten á fünfzig Kilo, randvoll mit synthetischen Amphetaminen. Offenbar eine neue Variante von Speed. Die genaue Zusammensetzung wird das Labor herausfinden. So oder so: Wir nennen das einen Jackpot.«

Schrödinger fiel die Kinnlade runter. Er war erst einmal baff. Speed! Damit hatte er beim besten Willen nicht gerechnet. »Aber wie? Woher?«

Verena zuckte ratlos mit den Schultern. »Das wissen wir noch nicht. Die Jungs wurden jetzt erst mal zur Wache gebracht. Dort werden sie einem ausgiebigen Verhör unterzogen. Bin mal gespannt, was dabei herauskommt. Gute Arbeit auf jeden Fall, Sherlock. Ich soll dir auch von den Kollegen aus München den besten Dank ausrichten.«

»Woher stammt das Zeug denn? Und wie ist es in die Lagerhalle gekommen?«, fragte Schrödinger ungläubig.

»Das sind alles Fragen, die uns hoffentlich Henry Schrägle beantworten kann. Er hat die Münchner ja ganz gezielt zu dem Versteck geführt. Mit Sicherheit weiß er mehr darüber, steckt höchstwahrscheinlich sogar bis über beide Ohren in der Sache drin.«

»Welche Sache denn?«

»Auch diese Frage würden wir ihm gern stellen.«

»Glaubst du, dass er Mina ermordet hat? Weil sie was rausgekriegt hat?«

»Schon möglich. Die Kollegen von der Streife müssten inzwischen bei Schrägles Adresse eingetroffen sein. Sobald sie ihn hergebracht haben, finden wir es heraus.«

Verena funkelte ihn mit einer Entschlossenheit an, die Schrödinger einerseits beeindruckte, andererseits fast ein bisschen ängstigte. Diese Frau lief gerade zu Hochtouren auf. Er spürte deutlich, dass sie sich voll und ganz in ihrem Element befand und sich sogar auf das freute, was die kommenden Stunden und Tage passieren würde.

Als sie zu ihrem Büro zurückkehrte, tat sie es mit entschlossenen und so schnellen Schritten, dass er kaum hinterherkam.

»Wie kann ich dir helfen?«, fragte er, als sie angekommen waren.

Verena setzte sich an ihren Schreibtisch und begann damit, einen Aktenstapel durchzusuchen. »Im Moment gerade nicht viel. Am besten schauen wir uns noch mal die bisherigen Unterlagen über Henry Schrägle durch, damit ich nachher genau weiß, an welchen Punkten ich den Hebel ansetzen kann.« Sie klang beinahe euphorisch dabei.

Ihr Lächeln hielt sich auch noch, als wenig später das schwarze Funkgerät auf ihrem Tisch knackte. Mit einer fließenden Bewegung ließ die Kommissarin die Dokumente aus der Hand fallen und griff nach dem Gerät.

»Ich habe leider schlechte Nachrichten«, meldete eine verrauschte Männerstimme. »Schrägle ist nicht da. Das ganze Haus ist zappenduster, und auf das Klingeln reagiert keiner. Auf Gefahr im Verzug deutet nichts hin.«

»Kacke!«, rief Verena. »Wo zur Hölle steckt der Kerl?«

Kacke, fand auch Schrödinger und knetete nachdenklich seine Unterlippe. Es war schon ein erstaunlicher Zufall, dass der Brummifahrer gerade jetzt verschwunden war. Hatte er möglicherweise spitzgekriegt, dass Ärger in der Luft lag? Von der Festnahme der Münchner dürfte er allerdings nichts wissen.

Schließlich war das erst vor wenigen Minuten passiert, und selbst die Angehörigen der zwei Männer hatten wahrscheinlich noch nichts darüber gehört. Von der Warte her betrachtet, war es vielleicht doch gar nicht so ungewöhnlich, dass Schrägle nicht zu Hause war.

Was sollte er auch alleine daheim? Mehr als ein Buch lesen, die Glotze anschalten oder schlafen war da kaum drin. Aus dem Grund war es sehr gut möglich, dass er sich nach dem einsamen Wochenende in der Ferne irgendwo mit Freunden traf. Zumindest könnte sich das Schrödinger gut vorstellen.

Plötzlich ging ihm ein Licht auf, und parallel zu Verenas schrumpfender guter Laune begann er zu lächeln: »Ich glaube, ich weiß, wo Schrägle sein könnte.«

Sein könnte war eine relativ vage Aussage. Nichts, woraufhin man ein Sondereinsatzkommando oder eine Hundertschaft losschicken könnte. Sinnvoller war es da, sich erst mal zu vergewissern, dass sich der Verdächtige tatsächlich am vermuteten Ort aufhielt.

Aber selbstverständlich hätte Verena nicht zugestimmt, Schrödinger dort alleine nachschauen zu lassen. Also saßen sie zwei und Horst nur kurze Zeit später in Verenas Dienstgolf und düsten mit ein bisschen mehr als der zulässigen Höchstgeschwindigkeit auf die nordöstliche Stadtgrenze zu. Von da aus ging es weiter in die waldreiche Gegend nahe Fridingen. Zu einem ganz bestimmten Bootssteg, um genau zu sein.

Um keine ungewollte Aufmerksamkeit zu erregen, parkten sie mehrere Hundert Meter entfernt und legten den letzten Teil der Strecke zu Fuß zurück. Der angeleinte Horst bildete die Vorhut und schnüffelte sie zielsicher in die korrekte Richtung.

Das war auch gut so, denn in der bleiernen Dunkelheit hatte Schrödinger so seine Schwierigkeiten mit der Orientierung. Er wusste zwar ungefähr, wo sie sich befanden, aber nachts sahen die vielen Bäume, Sträucher und Wurzeln um sie herum alle gleich aus. Sterne und Mondlicht reichten da definitiv nicht aus. Und da sie auch keine Taschenlampen verwenden wollten, musste jeder Schritt gut überlegt sein. Bei jedem Rascheln und Knacken im Unterholz zuckte er zusammen und hatte Angst, dass sie ihre Ankunft vorzeitig ankündigten.

Wie sich herausstellte, waren all ihre Vorsichtsmaßnahmen völlig übertrieben. Aus einiger Entfernung nahmen sie das gelbe Funzellicht wahr. Dazu hörten sie ein ausgelassenes Johlen und Grölen, bei dem Schrödinger unweigerlich an übermäßigen Alkoholgenuss und/oder ein Konzert der Toten Hosen denken musste.

Die Wahrheit lag irgendwo dazwischen. Schrägle und eine weitere Person saßen am Anlegesteg, um sie herum zahlreiche Dosen Bier. Und ein altes Kofferradio, auf dem irgendeine Neunzigerjahre-Rocknummer dudelte. Daneben flackerte eine bestimmt dreißig Jahre alte tragbare Laterne.

Eine unmittelbare Gefahr schien von den Männern nicht einmal auszugehen, als Horst, Verena und Schrödinger den Steg 85 erreichten. Die zwei Männer – bei dem zweiten handelte es sich um Karlo, den Vereinsvorsitzenden der *Honberger Hasen* – waren offenbar hackevoll und viel zu sehr mit sich selbst beschäftigt, als dass sie sich über irgendwelche Störenfriede aufregen konnten.

»Steigt hier irgendwo eine Party und ich hab nichts davon mitbekommen?«, fragte Verena und baute sich vor den Trunkenbolden auf. Ihre Hände schob sie unauffällig in

Richtung Dienstwaffe und Funkgerät. Nur für alle Fälle, vermutete Schrödinger.

»Na guckemol, die Kommissarin«, stellte Schrägle mit belegter Stimme fest. »Was führt Sie denn hierher?«

»Ich war auf der Suche nach Bier.«

»Da sindse hier genau richtich«, bestätigte Karlo mit halb geschlossenen Augen. »Woher wissense überhaupt von dem Ort hier?«

»Ich hab so eine Art Alkoholkompass. Der zeigt mit der Nadel immer genau in die Richtung, wo gefeiert wird.«

»Cooool«, fand Karlo. »So was hättich auch gern.«

»Die verarscht dich doch bloß«, widersprach Schrägle und wandte sich dann an die Kommissarin. »Warum sind Sie wirklich hier?«

»Das könnte ich Sie auch fragen.«

»Wieso? Karlo und ich kommen hier schon seit Jahren her. Er hat mir den Platz vor Urzeiten gezeigt. Angeblich war das früher auch der Stammplatz der Jugendlichen, wenn jemand was picheln wollte. Jetzt fahren wir ab und zu her, wenn uns danach ist. So wie heute.« Erst in der Sekunde schien ihm aufzufallen, dass Verena nicht allein hergekommen war. »Hey, du bist doch der Typ, der mir mit der alten Schachtel meinen Smart abkaufen wollte. Wegen der bin ich im Krankenhaus gelandet!«

»Ich dachte, es wäre ein Unfall gewesen«, entgegnete Schrödinger. »Die alte Schachtel meinte, sie hätte damit absolut nichts zu tun.«

»Trotzdem. Ihr wart dort und jetzt biste hier. Biste n St... Stalker?«

»Nicht direkt. Ich war neulich am Abend schon mal hier.

Da gab es einen handfesten Streit. Zwei Männer, einer hat den anderen mit den Füßen traktiert.«

»Ach, du warst das, der dann plötzlich stiften gegangen ist! Ich dachte schon, ich hätte ein Reh aufgescheucht oder so.«

»Worum ging es bei der Schlägerei?«, hakte Verena nach.

»Privatangelegenheit.«

»Hier geht es um schwere Körperverletzung.«

»Unsinn. Da wurde einer frech und hat dafür ein paar Schellen kassiert.«

»Und der *Eine* hieß nicht zufällig Lauterbach?«

Schrägle hob überrascht die Brauen. »Doch. Aber woher wissen Sie das? Der Kerl hat doch nicht etwa Anzeige erstattet?«

»Lauterbach, so wie der Schauspieler?«, mischte sich Karlo ein.

»Ja, nur mit einem anderen Vornamen: Richard«, bestätigte Schrödinger.

Karlo runzelte die Stirn. »Moment mal, ham wir nich einen im Verein, der so heißt?«

»Genau um den geht es.« Schrägle nahm einen tiefen Schluck von seinem Bier und warf die Dose dann achtlos zu Boden. »Der Typ ist ein echter Spinner. Hat mir aufgelauert und mich verfolgt. Dann hat er mir gesagt, ich soll herkommen, weil er über mich und den Richter Bescheid weiß. Er meinte, hier gäbe es keine Zeugen.«

»Richter Winnie Frick?«, fragte Verena und warf einen unauffälligen Blick zu Schrödinger. Sie beide spürten wahrscheinlich gleichermaßen dieses erwartungsvolle Kribbeln im Magen.

»Genau. Ich hatte zwar keinen Plan, was Laubertach oder wie der heißt damit meinte – ich hab mit dem Frick-Klugscheißer nix am Hut –, aber ich war gespannt und hab mich deswegen auf das Treffen eingelassen. Nach einer Weile fing der Kerl auf einmal an, irgendwelchen seltsamen Scheiß zu labern. Der hat mich beschuldigt, ich würde den Richter ›decken‹. Das wurde mir dann zu bunt.«

»Was denn für'n seltsamen Scheiß? Und bei was decken?«

Schrägle zögerte kurz und schüttelte dann den Kopf. »So ganz hab ich das auch nicht geschnallt. Er hat angedeutet, dass der Richter in Wirklichkeit gar kein Richter ist oder so. Und dass Mina und ich darüber Bescheid wissen. Völlig plemplem, das Ganze.«

»Und deshalb haben Sie ihn verprügelt?«

»Nein, weil er sie eine geldgierige Schlampe genannt hat, die sich ständig von einem neuen Blödmann aushalten lässt. Angeblich hat sie mit dem Richter irgendein krummes Ding am Laufen gehabt. Was Genaues weiß ich nicht. Ist mir auch egal. Dieser Lauterbach hat dann aber noch was Komisches gesagt, als er da am Boden lag. Hat gewimmert wie ein räudiger Straßenköter.«

»Was hat er denn gesagt?«, fragte Verena.

»Na ja, er hat behauptet, dass er Mina umgelegt hat, weil sie ihm auf die Schliche gekommen ist. Als ich das gehört hab, bin ich völlig ausgerastet und hab nur noch auf ihn eingetreten. Ich weiß nicht, ob er in Echt Minas Mörder ist, aber allein die Vorstellung …«

Schrägle schüttelte den Kopf und versuchte ziemlich schwerfällig, aufzustehen. Sofort stellte sich Horst schützend vor sein Herrchen und knurrte bedrohlich.

»Ganz ruhig«, flüsterte Schrödinger, der sich insgeheim geehrt fühlte.

»Keine Sorge, ich tu keinem was. Bin viel zu blau dafür«, sagte Schrägle. Die unbeholfene Art, mit der er sich an einem der Pfosten abstützte, unterstrich seine Worte. Dennoch blieben Hund und Herrchen auf der Hut.

Verena vermutlich ebenso. »Bei was soll Mina diesem Lauterbach denn auf die Schliche gekommen sein?«

»Keine Ahnung, Mann. Äh … Frau, meine ich. Irgendwas mit dem Richter oder seinem Job und irgendwelchen Geldern. Ich hab da nur Bahnhof verstanden. Und ich hab den Kerl seither auch nicht wiedergesehen. Fragt ihn doch selbst, wenn ihr ihn findet.«

»Das werden wir tun«, versicherte die Kommissarin. »Ihre Aussage würde ich trotzdem gern zu Protokoll nehmen. Und dann hätten wir noch ein, zwei weitere Fragen. Die können Sie sicher im Handumdrehen beantworten.«

Der Brummifahrer stöhnte. »Muss das sein?«

»Ja, muss. Ich bestell Ihnen sogar ein ganz besonderes Taxi dafür. Sie wissen ja: die Polizei, dein Freund und Helfer.«

»Gute Idee«, stimmte Karlo mit mattem Blick zu. »Selber fahren können wir eh nimmer. Ich find meine Autoschlüssel auch gar nicht. Vielleicht sind sie ins Wasser gefallen.« Den letzten Satz fand er offenbar urkomisch und brach in schallendes Gelächter aus. Das anhielt und anhielt und überhaupt kein Ende zu finden schien. Die anderen Anwesenden starrten Karlo fragend an. Selbst Horst wirkte irritiert.

Horst

Okay. Von mir aus. Sind wir also mal wieder in der Amts-
stube der Kommissarin. Da gehöre ich nicht hin. Und sie
selbst wohl auch nicht, wenn man den Aushängen am schwarzen Brett glauben darf. Ständig reformiert da wer die Zustän-
digkeiten, mal ist Konstanz dran, dann wieder Reutlingen.
Zweibeiner. Streiten sich um eine Polizeistation, und unsere
Verena weiß gar nicht mehr, wo sie nun hingehört. Immerhin
hat man ihr das Büro noch nicht gestrichen.

Leider sieht der Polizei-Etat auch kein orthopädisches Hunde-
kissen für unterm Schreibtisch vor. So langsam fühle ich mich genau dort nämlich heimisch, so oft, wie Herrchen und ich in den
letzten Stunden und Tagen schon in dieser Butze gehockt sind.

Wie es wohl Knülle geht? Kann er ohne mich schlafen?
Kommt er klar?

Ach, na ja, wahrscheinlich geht es ihm bedeutend besser als
mir. Ich hab noch immer Hunger. Was sind so ein paar furz-
trockene, mit Chemie versetzte Salamis aus dem Automaten
schon gegen ein saftiges Steak oder ein halbes Kilo Hühnerher-
zen, von Schrödinger liebevoll in Brühe gekocht und mit Reis
abgeschmeckt? Nichts. Gar nichts. Erstens. Zweitens habe ich
noch immer den Geruch aus der Lagerhalle in der Schnauze.
Und drittens stinkt das ganze Büro nach Schnaps und Bier, seit
Schrägle hier Platz genommen hat. Platz genommen wurde.
Platz nehmen musste. Geschieht dem Kerl ganz recht, dass er
wie Schippe sieben auf dem Stuhl hängt und sich die Band-
scheiben reibt. Ich hab es auch nicht bequemer.

Schrödinger

Wieder einmal staunte Schrödinger. Woher hatte Verena in dieser Sekundenschnelle drei Pappbecher mit dampfendem, nachtschwarzem Espresso hergezaubert? Die Kommissarin pustete in den ihrigen. Schrägle kniff die Augen zusammen, fixierte das Gebräu und führte den heißen Kaffee unsicher an die Lippen. Schrödinger selbst verzog angewidert das Gesicht. Wer konnte so etwas Bitteres trinken?

Offenbar nur eine abgebrühte und völlig übermüdete Kommissarin und ein bis zur Halskrause beschickerter Tatverdächtiger. So müde er war und so leid es ihm tat – er stellte den Koffeintrunk auf den Schreibtisch.

»Leckomio!« Schrägle verzog das Gesicht und kippte dennoch den zweiten und damit letzten Schluck hinunter. Es dauerte nur wenige Augenblicke, und das Heißgetränk tat, was es tun sollte: Der Nebel in Schrägles Augen lichtete sich. Zwar nicht gänzlich, aber immerhin so weit, dass er wieder gerade auf dem Stuhl sitzen und seine Augäpfel einigermaßen steuern konnte.

»Gut, gell?« Verena stellte ihren nun ebenfalls leeren Becher in den von Schrägle und setzte sich an den Schreibtisch. Aufmunternd nickte sie Schrödinger zu, doch der konnte sich beim besten Willen nicht überwinden, die bittere Plörre runterzukippen. Da riskierte er lieber, während der Vernehmung einzupennen. So wie Horst, der unter dem Schreibtisch schnaubende, grunzende und schnorchelnde Geräusche von sich gab und sich offenbar schon im angenehmen Land der Hundeträume befand.

»Lustig.« Schrägle kicherte. Warum, das erschloss sich Schrödinger nicht. Ob es noch immer um die in der Donau auf ewig versenkten Autoschlüssel ging? Um dem Wandkalender hinter der Kommissarin, dem Aufdruck nach verschenkt von einer örtlichen Apotheke?

»Sehr lustig.« Verena nickte Schrödinger zu, und er verstand. Ab sofort war er nur noch Statist, eine Dekofigur, jemand, der keine eigene Stimme mehr hatte.

»Das sind Tulpen.« Schrägle kniff die Augen zusammen und fixierte das Foto auf dem Kalender. Schrödinger tat es ihm gleich. Auf seiner Netzhaut erschien ein scheinbar endloses Feld knallroter Tulpen, an dessen Ende am flachen Horizont eine Mühle stand.

»Tulpen aus Amsterdam«, summte Schrägle. Schrödinger mochte Schlager nicht. Die stupiden Tonfolgen und debilen Textzeilen verursachten ihm Ohrkrätze. Doch dieses Mal ertrug er den Singsang und hätte beinahe mit eingestimmt, wenn Verena ihm nicht erneut einen eindeutigen Blick zugeworfen hätte. Bevor sie selbst, sehr zum Entsetzen von Schrödingers Trommelfellen, einen bayerischen Marsch anstimmte. Horst unter dem Tisch brummte ungehalten und drehte sich auf die andere Seite.

»Wo ist Karlo?« Schrägle sah sich um.

»Im Café Gitterle«, kam es knochentrocken von Verena.

»Café Gitterle?« Schrägle verstand nicht.

»Er ist in der Ausnüchterungszelle. Wir haben vier davon. Er hat die Präsidentensuite bekommen. Eigenes Edelstahl-Urinal und so.«

»Wow.« Schrägle nickte anerkennend. Offensichtlich war der Kaffee nicht stark genug gewesen. Vermutlich, dachte

Schrödinger, stellte er sich vor, dass sein Saufkumpan in einem mit zentimeterdickem Teppich ausgelegten Appartement schlummerte, den alkoholgeschwängerten Körper auf einem Boxspringbett gebettet und die güldene Spuckschüssel im Fall der Fälle neben sich.

»Mögen Sie Tulpen?« Verena lehnte sich über den Schreibtisch nach vorne und fixierte Schrägle.

»Hä?« Der Suffkopf kniff die Augen zusammen. »Ob ich Tulpen mag?«

»Tulpen. Die Blumen aus Zwiebeln. Das niederländische Gold«, schob die Kommissarin nach. Schrägle rülpste leise und hickste drei Mal.

»Holland!«, rief Verena.

Jetzt kam Bewegung in Schrägles Mimik. Seine Versuche, ein Pokerface aufzusetzen, scheiterten allerdings gänzlich an den noch immer in seiner Blutbahn zirkulierenden Promille. Er sah aus wie ein Kleinkind, das beim heimlichen Naschen erwischt worden war. Schrägles Ohren, aus denen vereinzelt Haare wucherten, wurden knallrot.

»Sie wissen schon, das flache Land. Käse. Tulpen. Holzschuhe.«

»Ja, und?« Schrägle reckte trotzig das Kinn vor.

»Frau Antje«, zählte Verena weiter auf.

»Schön.« Schrägle verschränkte die Arme vor der Brust. Schrödinger bemerkte einen Fleck auf dem Shirt, der vermutlich von einer nicht sachgemäß an den Mund geführten Bierdose herrührte.

»Tja, und dann das schöne Bayern. Berge. Weißwurst. Bier.«

»Sind Sie nebenher als Reiseführerin tätig?«, versuchte Schrägle einen schlechten, vernuschelten Witz. Entweder fand

Verena das tatsächlich lustig, oder sie lachte so künstlich, wie die Neonröhre über ihren Köpfen flackerte. Schrödinger fand das alles sehr spannend und passte haargenau auf. Wer wusste schon, ob er die professionelle Verhörtaktik nicht einmal anwenden konnte, wenn eines der Kinder wieder was angestellt hatte, es aber weder Max noch Marlene gewesen sein wollten.

»*Sie* kommen auch ohne Reisebüro ganz schön weit herum.« Die Kommissarin schnappte sich den Kaffeebecher, den Schrödinger verschmäht hatte, und hielt ihn mit einem jovialen Zwinkern Schrägle hin. Der trank das nur noch lauwarme Gebräu in einem Zug. Ob es ihn nüchterner machen würde, bezweifelte Schrödinger. Eher, dass die überdosierte Koffeininfusion zusätzlich zu all dem Bier dem Mann heftiges Sodbrennen bescheren würde.

»Ist ja mein Job.« Schrägle zuckte mit den Schultern. »Mit Urlaub hat das nichts zu tun.«

»Das kann ich mir vorstellen.« Verena gab sich weiterhin als verständnisvolle Gesprächspartnerin. »Ständig auf Achse, den Termindruck im Nacken, die Übernachtungen auf dem Bock, irgendwo im Nirgendwo an einem unpersönlichen Rasthof.«

Schrägle nickte heftig.

»Und dann diese immense Verantwortung, die man hinter dem Steuer eines tonnenschweren Lasters hat.« Die Kommissarin legte den Kopf schief. »Die Bezahlung ist sicher auch nicht gerade fürstlich.«

»Pah!« Schrägle schnaubte.

»Wussten Sie eigentlich, dass Journalisten statistisch gesehen die höchste Scheidungsquote haben?«, sagte Verena.

»Hä?«, dachte Schrödinger.

»Hä?«, sagte Schrägle.

»Das hat mich auch gewundert, als ich das gelesen hab. Tja, auf Platz zwei sind die Ärzte. Und gleich auf Platz vier die Fernfahrer. Übrigens gefolgt von Polizisten.«

Schrödinger kapierte. Schrägle brauchte ein paar Momente länger, ehe er leise und langgezogen ein einziges, kurzes Wort sagte: »Mina.«

Die Erwähnung des Namens seiner Exfrau schien den Brummifahrer enorm viel Kraft zu kosten. Seine Schultern sanken nach unten, und er legte die Hände, die auf einmal ganz kraftlos wirkten, wie zwei überflüssig gewordene Gegenstände auf den wuchtigen Oberschenkeln ab. Verena leckte sich über die Lippen. Schrödingers Anspannung wuchs. Bislang war Henry mit Minas Ableben scheinbar ganz gut zurechtgekommen. Oder hatte er ihren Tod verdrängt? Schließlich, das wusste Schrödinger, ließ sich Trauer zwar in verschiedene Phasen einteilen – wovon eine die Verleugnung und Verdrängung des Ereignisses war –, doch jeder Mensch trauerte innerhalb dieses psychologisch festgelegten Musters anders. Das wusste er und stellte sich die Frage, ob auch Mörder Trauer empfinden konnten. Schrägle jedenfalls sah in diesem Moment sehr traurig aus. Aber ob an seinen Händen, die nun leicht zitterten, auch Blut klebte?

Verena nahm eine Mappe aus braunem Karton vom Stapel rechts neben sich. Von seiner Warte aus konnte Schrödinger sehen, dass die Akte leer war. Henry Schrägle aber sah nur den abgegriffenen Deckel mit den Eselsohren. Die Kommissarin starrte auf die Innenseiten und tat so, als würde sie etwas nachlesen. Auf Schrägles Stirn bildeten sich Schweißtropfen. Was entweder am starken Kaffee oder an seiner steigenden Nervosität liegen konnte. Mit einem Ruck klappte Verena die Akte zu und legte sie zurück zu den anderen. Dann stand sie auf und trat ans Fenster. Außer der Straßenbeleuchtung war dort vermutlich nichts zu sehen, dachte Schrödinger. Trotzdem starrte die Kommissarin ziemlich lange auf die Scheibe. Und dann begann sie zu summen. Ganz leise erst, dann formte sich aus den Tönen eine Melodie, die Schrödinger vage bekannt vorkam. Zuordnen konnte er die trägen Molltöne aber nicht. Plötzlich fuhr die Kommissarin herum.

»Take the guitar player for a ride«, sang sie nun, immer genau einen halben Ton neben der richtigen Spur. Eine Karriere als Sängerin war ihr wohl nicht in die Wiege gelegt worden, dachte Schrödinger amüsiert. Irgendwie war er froh, als sie nach einer weiteren Textzeile (»Maybe you can help 'em get over it«) schwieg und den ratlosen Henry Schrägle fixierte.

»Das ist der Klingelton eines Kollegen«, gab die Kommissarin bekannt. »Ein Song von Peter Laughner.«

»Kenne ich nicht«, sagte Schrägle. Auch Schrödinger sagte der Name kaum etwas. Jetzt in seinem Musikgedächtnis zu recherchieren machte aber keinen Sinn, denn Verena sprach weiter.

»Der Kollege arbeitet bei der Drogenfahndung.«

Henry Schrägle wurde einen Tick blasser.

Verena ging zwei Schritte auf Schrägle zu und beugte sich zu ihm herunter. »Der Song heißt *Amphetamine.*«

Eins.

Zwei.

Drei.

So lange dauerte es, bis der Groschen fiel. Dann begann Schrägle endgültig zu zittern wie Espenlaub. Da er, von einigen Schluchzern unterbrochen, klar und deutlich sprach ging Schrödinger davon aus, dass Verenas Gedankengänge die letzten Alkoholtropfen in seinem Blut zum Verdunsten gebracht hatten. Schrödinger zollte der Kommissarin höchsten Respekt und konnte kaum glauben, was Schrägle zu Protokoll gab, nachdem Verena ihn darauf hingewiesen hatte, dass das Gespräch aufgezeichnet wurde (er stimmte zu) und er einen Anwalt hinzuziehen könnte (er lehnte ab).

Henry wollte nicht einmal wissen, wie die Ermittler ihm auf die Schliche gekommen waren. Blendete scheinbar alles und jeden im Raum aus und wirkte zu Schrödingers Erstaunen fast erleichtert.

Anfangs klangen Schrägles Einlassungen etwas wirr, dann lichtete sich das Bild. Nachdem der Fernfahrer erkannt hatte, dass seine Gattin offenbar einen Liebhaber hatte, war nach einem veritablen Wutanfall seinerseits, bei dem die Schrankwand, der Fernseher und der Couchtisch dran glauben mussten, die pure Ernüchterung gefolgt. Denn trotz aller nachfolgenden Liebesschwüre hatte Mina das eheliche Haus verlassen. Zu Henrys Überraschung ohne den von ihr angeblich so heiß geliebten Smart, den er dann zum Verkauf anbot. Und ja, er hatte sehr wohl das Blatt Papier im Handschuhfach gesehen und darauf irgendwelches juristische Zeugs erkannt. Sich aber nicht weiter gewundert, schließlich hatte Mina ja als Stenografin bei Gericht gearbeitet und dann und wann schon mal Akten mit nach Hause gebracht, die sie noch abtippen musste.

Klar war er seiner Ex ziemlich schnell auf die Schliche gekommen. Mina und Werner Frick hatten sich nicht nur in der Mittagspause getroffen. Ob ihn das verletzt habe? Nicht wirklich, wie Henry zugeben musste. Mehrere seiner Touren nämlich hatten den gebürtigen Sachsen-Anhaltiner in seine Heimatstadt Dessau und damit zu seiner nie erloschenen Jugendflamme Jacqueline geführt. Die war selbst mittlerweile drei Mal geschieden, kinderlos und träumte davon, ein Nagelstudio einzurichten. Was Schrödinger zunächst für ein Rotlicht-Etablissement hielt, war in Wahrheit ein Kosmetikstudio zur Pflege der Hände. Und der Grund, warum Henry Geld brauchte. Viel Geld. Für die Mietkaution, die Einrichtung und die beiden Tische samt Ausstattung, die Jacqueline ins Auge gefasst hatte. Viel Geld. Zu viel für einen Fernfahrer, der gerade mal so mit Ach und viel Krach über die Runden kam. Aber ganz bestimmt kein Grund, seine eigentlich mittellose Ex oder den Richter um die Ecke zu bringen.

So gesehen war Schrägle raus. Weder Verena noch Schrödinger trauten dem Brummifahrer ein solches Gewaltverbrechen zu. Die Drogen hatte er aus dem eigentlich schönsten Grund der Welt geschmuggelt: aus Liebe.

Denn es war ihm und seiner *Schnecke*, wie er die Nageltante nannte, gerade recht gekommen, dass diese im Urlaub auf Malle zwei Kerle aus München kennengelernt hatte. Die beiden Münchner schlugen dem Paar einen Deal vor, den Henry und Jacqueline nicht ausschlagen konnten oder wollten. Der deutsche Markt schrie förmlich nach Amphetaminen, Koks, Cannabis und sonstigen Drogen aus Holland. Das Schrägle im Auftrag mehrerer Blumengroßhändler alle paar Tage ansteuerte. Also lud er dort weiterhin Farne, Geranien oder Tulpen ein und garnierte die Ladung fortan mit synthetischen Drogen. Eine sichere Sache, wie Jacqueline behauptet hatte.

»Eine sichere Gasse in den Knast«, wie Verena beschloss. Und damit schloss die Kommissarin auch das Verhör. Schrägle wurde von einem sichtlich übermüdeten Polizeianwärter abgeführt, vermutlich in die Nachbarsuite seines Vereinskollegen.

Verenas Angebot, noch einen Espresso gemeinsam zu trinken, lehnte Schrödinger ab. Er hörte noch kurz zu, wie die Ermittlerin den bayerischen Kollegen die Geständnisse des Fernfahrers mitteilte, damit diese sich des Nächtens um die Audi-Fahrer kümmern konnten. Dann nickte er der Kommissarin zu, weckte den schlafenden Hund und trottete mit einem übermüdeten Boxer an der Leine quer durch Tuttlingen nach Hause. Sein Auto stand ja immer noch bei der Spedition.

Horst

Papperlapapp! Pappe. Die Pappe! Das hab ich Herrchen ja gleich gesagt. Aber wieder mal wollte er nicht hören. Nicht sehen. Nicht riechen. Menschen sind echt merkwürdig.

Da ist mein Freund Knülle doch ein ganz anderes Kaliber. Der Hase hat auf mich gewartet, bis ich nach Hause kam. Nach solch einem stressigen Tag sehne ich mich zwar eher nach einem blutigen Steak, aber dass er extra für mich eine Möhre samt Grünzeugs im Körbchen deponiert hatte, das hat mich schon gerührt.

Angerührt hab ich das Gemüse natürlich nicht. So was kommt einem Boxer von Welt auf keinen Fall zwischen die Lefzen.

Knülle und ich haben einigermaßen gut geschlafen. Er wohl besser als ich, denn mittlerweile hat mein Kumpel ordentlich an Umfang dazugewonnen. Und das, obwohl er erst seit einigen Tagen mit mir das Körbchen teilt. Wenn das so weitergeht, dann muss Herrchen uns ein veritables Bett bauen. Mit Lattenrost, übergroßer Matratze und, wenn möglich, einem Leckerli-Spender auf meiner Seite.

Aber daraus wird wohl erst mal nichts. Schrödinger ist völlig verpennt und mit dem Handy am Ohr eben in die Küche gewankt. Seither probiert er verzweifelt, der Kaffeemaschine ein Heißgetränk abzuringen. Die will jedoch nicht, der Vollautomat schreit nach Wasser. Das kann Herrchen mit seinen verquollenen Augen aber nicht lesen.

Zwölfter Tag: Dienstag

Schrödinger

»Ja.« Viel mehr brachte Schrödinger nicht heraus, als er den
Anruf der Kommissarin entgegennahm. Eigentlich hatte er
gehofft, dass der polizeilich verordnete Krankenstand ihm
wenigstens mal ein gediegenes Ausschlafen ermöglichen
würde. Im Dämmerzustand hatte er gehört, wie Marion sich
nach dem unbarmherzigen Klingeln des Weckers stöhnend
aus den Daunen geschält hatte. Wie Marlene anfangs ge-
motzt hatte, als sie geweckt wurde, sich dann aber doch gefreut hatte. Schließlich war heute ihr Geburtstag, den sie
nach dem Unterricht hier ausgiebig mit acht Freundinnen
feiern würden. Und wie Max sofort nach dem Wachwerden
einen Kakao verlangt hatte. Dankbar, dass seine Liebste ihn
schlafen ließ, hatte er sich nochmals auf die Seite gerollt, die
Decke über die Ohren gezogen und sich nur allzu gern ins
Land der Träume zurückbegeben.

Bis er erstens hörte, wie Hillu bei offener Klotür ihr mor-
gendliches Geschäft erledigte. Und wie zweitens sein Handy,
das er zwischen Kopfkissen und Matratze geparkt hatte, zuerst vibrierte und dann zu singen begann.

»Hab ich dich geweckt?« Verena Hälble klang, als sei sie
eben aus dem Wellnessurlaub zurückgekommen, und nicht,
als hätte sie eine stundenlange Befragung und eine kurze
Nacht hinter sich.

»Nö. Muss nachher eh arbeiten«, behauptete Schrödinger

und versuchte, lautlos zu gähnen. Es gelang ihm offenbar nicht.

»Oh, sorry, anscheinend doch.« Die Kommissarin hielt sich aber nicht weiter mit Plattitüden auf, sondern erklärte, dass sie selbst von einem Anruf geweckt worden war. Einem Gespräch aus Tübingen. »Frau Kächele hat noch mal den Computer durchforstet. Und was denkste?«

»Ja.« Schrödinger tapste die Treppe hinunter, sehr bemüht, keinen Blick durch die halb geöffnete Badezimmertür zu werfen, hinter der seine Schwiegermutter mit intimen Dingen beschäftigt war.

»Ja, was? Mach dir mal einen Kaffee!« Verena lachte. Wie ferngesteuert erreichte Schrödinger die Küche und drückte auf den Einschaltknopf des Vollautomaten. Dieser ratterte und zeigte in grünlicher Schrift etwas auf dem Display an, was er mit seinen vom Schlaf verklebten Augen aber nicht klar erkennen konnte.

»Halt dich fest!«, sagte die Polizistin, während der Vollautomat von ihm verlangte, den Satzbehälter zu leeren. Schrödinger klemmte sich das Handy unters Ohr und folgte den Anweisungen der Maschine. Wo waren nur die Zeiten geblieben, in denen man vor dem Zubettgehen eine simple Kaffeemaschine mit Wasser, Filter und Pulver bestückte, nach dem Aufstehen auf einen einzelnen Knopf drückte und nach dem Pieseln den ersten Kaffee genießen konnte?

»Der Werner Frick hat nie, never ever, gar niemals nicht ein Examen abgelegt.«

»Hä?« Schrödinger schob den geleerten Behälter in die Maschine zurück und ging zum Wasserhahn, um in einem Krug Wasser für das gefräßige Kaffeemonster abzufüllen.

Das Mahlwerk ratterte. Die Düse presste Wasser durch das Pulver.

»In den Annalen der ehrwürdigen Eberhard-Karls-Universität zu Tübingen ist kein einziger Absolvent mit dem Namen Werner Frick verzeichnet«, ließ Hälble hören. Schrödinger stieg der Geruch von Kaffee in die Nase. Das belebte ihn ein wenig.

»Das heißt …?«, setzte er an. Wollte nach der fast vollen Tasse greifen, aber jemand war schneller. Hillu schnappte sich das Heißgetränk, streckte ihm die Zunge raus und hoppelte Richtung Wohnzimmer.

»Blöde Kuh«, rutschte es Schrödinger raus.

»Wie redest du denn mit mir?«

»Nein. Nein!«, beeilte Schrödinger sich zu sagen. »Hillu …«

»Ah, alles klar.« Verena lachte. Wurde aber sofort wieder ernst.

»Das heißt«, sagte die Kommissarin, »dass unser Richter vermutlich sein Zeugnis gefälscht hat. Und das heißt auch, dass es Mitwisser gegeben haben muss. Denn wer in einer Burschenschaft organisiert ist, der weiß ganz genau, welcher Kommilitone wann welche Klausur schreibt …«

»… und mit Karacho versemmelt«, ergänzte Schrödinger und parkte eine neue Tasse unter der Kaffeemaschine.

»Ich nehme an, dass wir denjenigen welchen schon kennen.«

Schrödinger drückte auf »Kaffee, extra stark« und spürte ein Kribbeln in den Eingeweiden. Wahrscheinlich das, was die Ermittler in drittklassigen Romanen und Filmen als Bauchgefühl betitelt hätten. Bei ihm allerdings handelte es sich um ein dringendes Bedürfnis. Und kurz nachdem er *der falsche Lauterbach* gesagt, weitere Instruktionen entgegengenommen hatte und der Kaffee fertig war, saß er auch schon auf dem stillen Örtchen.

Dort fiel ihm noch einmal auf, dass heute Dienstag war. Was schon mal schlecht war. Nachdem seine Krankschreibung nämlich nur bis einschließlich Montag galt, musste er heute technisch gesehen wieder arbeiten. Noch dazu in der Spätschicht. Seine Lust darauf hielt sich stark in Grenzen. Gelinde ausgedrückt. Allein bei dem Gedanken daran verdrehten sich seine Gedärme. Zum Glück saß er bereits auf dem Lokus.

Sollte er wirklich zur Arbeit gehen oder lieber eine neue Ausrede erfinden? Zumal ja heute die Trauerfeier im Vereinsheim und Marlenes Geburtstagsparty anstanden. Außerdem widerstrebte es ihm, zu so was Profanem wie das Aufstapeln von Getränkekästen zurückzukehren, nachdem er in den vergangenen Tagen so viele bedeutendere Dinge getan hatte. Er hatte verdeckt ermittelt, hatte sich an verbotene Orte geschlichen und zusammen mit einer Kommissarin echte Polizeibefragungen durchgeführt. Und jetzt sollte er wieder in sein langweiliges, alltägliches Leben zurückkehren? Das war ja so, als würde man all die Ereignisse der vergangenen Tage für unwichtig erklären. Oder als würde man dazu verdonnert, wieder Wurstbrötchen zu essen, nachdem man sich tagelang von Vier-Gänge-Menüs ernährt hatte.

Allerdings war es nun mal so, dass er *kein* Polizist war und auch niemals werden würde. Er hatte der Kripo lediglich ein bisschen unter die Arme gegriffen. Allein dafür sollte er als Krimi-Fan sehr dankbar sein. Viele andere Zeitgenossen, die gerne mal *Tatort* oder einen Sherlock-Holmes-Fall anschauten, bekamen keine solche Chance.

Das stimmte zwar alles, tröstete ihn aber nicht über die Misere hinweg. Mürrisch beendete er sein Geschäft, wusch sich die Hände und schlüpfte in seine Alltagsklamotten. Auf dem Weg in den Flur kam ihm Horst entgegen und bedachte ihn mit einem fordernden Blick. Was nur zweierlei bedeuten konnte: Hunger oder ein dringendes Bedürfnis. Sein Herrchen erinnerte sich daran, während des Telefonats mit Verena einen Blick auf Horsts noch halb gefüllte Futterschüssel geworden zu haben. Blieb folglich nur der Ausflug zum nächsten Baum.

Damit konnte Schrödinger gut leben. Er musste eh an die frische Luft, um über das Getränkemarkt-Dilemma nachzu-grübeln. Draußen wurde er sich allerdings eines ganz anderen Problems bewusst: Egal, was er heute Nachmittag auch tat, er würde dafür einen fahrbaren Untersatz brauchen. Und seiner stand dank gewisser übereifriger Streifenpolizisten noch im-mer in der Straße vor der Spedition Schwaighöfer.

Na toll.

Auf einen langen Spaziergang bis zum anderen Ende der Stadt verspürte er wenig Lust. Bis nach Nordtuttlingen würde er mindestens eine Stunde unterwegs sein. Wenn Horst an je-dem zweiten Baum seine Markierung setzen wollte, höchst-wahrscheinlich deutlich länger.

Um jetzt Geld für ein Taxi auszugeben, war er zu geizig. Vermutlich setzte sich die schwäbische Mentalität langsam bei ihm durch. Vielleicht sollte er Verena anrufen und sie bit-ten, einen Streifenwagen zu schicken. Im Idealfall die beiden Sheriffs von gestern Abend. Immerhin waren die für sein Pro-blem verantwortlich. Eine schöne Vorstellung. Und eine Se-kunde war er tatsächlich versucht, nach seinem Smartphone zu greifen.

In dem Moment vernahm er Schritte hinter sich. Bevor er sich danach umdrehen konnte, spürte er allerdings den kalten Stahl eines Pistolenlaufs in seinem Nacken. Das Metall fühlte sich dermaßen charakteristisch an, dass Schrödinger gar keinen anderen Gegenstand in Betracht zog.

»Alles schön geschmeidig, mein Freund«, sagte eine Männerstimme hinter ihm. »Keine hastigen Bewegungen.«

Einen Atemzug lang war er zu verdutzt, dann wusste er, wer sich da angeschlichen hatte.

»Richard Lauterbach. Oder sollte ich eher *Frank Mann* sagen?«

Als er sich nach dem Verbrecher umdrehen wollte, nahm der Druck in seinem Nacken zu, und er verwarf die Idee schnell wieder. Dafür fing Horst bedrohlich an zu knurren.

»Das kannst du halten wie einen Buslenker. Sorg mal lieber dafür, dass dein Fiffi keine hektischen Bewegungen macht. Ansonsten jag ich ihm ein paar Kugeln in den Pelz.«

Diese Drohung saß. Schrödinger hob beschwichtigend die Arme und bat Horst, an seinem Platz am Bordstein sitzen zu bleiben. Wenn es um den Vierbeiner ging, wollte er kein Risiko eingehen.

»Na also, geht doch. Bist ein fixes Bürschchen. Sonst wärst du mir auch nicht so schnell auf die Schliche gekommen. Ich hatte echt gedacht, ich hätte mehr Zeit.«

»Was willst du?«

»Na, was wohl! Meine Kohle!«

»Ich dachte, die hast du dir vom Richter geholt! Als Schweigegeld, damit du nicht rumposaunst, dass er gar kein Richter ist.«

»Wollte ich ja, bis du mir in die Quere gekommen bist.«

»Du meinst, so wie Mina? Die hast du doch auch auf dem Gewissen, oder?«

»Sie hätte sich eben nicht einmischen sollen. Ich hatte ja echt gehofft, dass es ihr zu denken geben würde, wenn einer an ihrem Smart rumschraubt. Wer ahnt denn, dass die das blöde Ding ihrem Ex überlassen wollte?«

»So was überprüft man vorher! Ein schöner Erpresser bist du!«

Zur Strafe für diese Bemerkung bohrte sich der Pistolenlauf gleich noch tiefer in sein Genick, bis er schmerzhaft auf einen Wirbel drückte.

»Du riskierst ne ganz schön dicke Lippe. So was kann schnell mal schiefgehen.«

»So wie beim Richter?«

»Das war ein Unfall. Aber genug gequatscht. Wie ich die Sache sehe, hab ich durch dein Einmischen meine Kohle nicht gekriegt. Und jetzt kommst du mir für den Schaden auf.«

»Aber ich hab doch nichts!«

»Ist nicht mein Problem. Du verschaffst mir die Knete und ich tauch unter. Wenn nicht, bin ich ziemlich wütend. Und du weißt, was passiert, wenn ich wütend bin. Frag mal Werner und sein Liebchen. Ach, nee, geht ja nicht. Die sind ja schon tot.«

Ein eisiger Schauer jagte Schrödingers Rücken hinab. In seinem Hals bildete sich ein gewaltiger Kloß. Er saß richtig tief in der Klemme. Was sollte er tun? Auf die Hilfe seiner Nachbarn brauchte er nicht zu hoffen; weit und breit war niemand in Sicht. Außerdem sah es aus der Ferne bestimmt nicht so aus, als würde ihn hier jemand mit einer Waffe bedrohen. Wer dachte schließlich auch an so was, wenn er zwei Leute mit einem Hund auf dem Gehsteig stehen sah?

In den Filmen konnten die Helden die Verbrecher immer überwältigen oder austricksen. In der Wirklichkeit war das nicht so leicht. Vor allem wenn einem dermaßen die Muffe ging wie ihm jetzt. Deshalb versuchte er auch gar nicht erst, heimlich nach dem Smartphone in seiner Tasche zu greifen. Er würde es ohnehin nicht schaffen, darüber unbemerkt Hilfe anzurufen. Blieb nur die Möglichkeit, den Geiselnehmer irgendwie bei Laune zu halten.

»Also gut. Wir können zur Bank fahren. Ich kann Geld abheben. Zwar nicht viel, aber wenn ich meinen Dispo voll ausschöpfe …«

»Das sind doch Peanuts!«, unterbrach ihn der Mann mit der Pistole. »Ich brauche mehr. Viel mehr.«

»Woher soll … Augenblick, ich weiß, wo es Geld gibt.«

»So? Ich bin ganz Ohr.«

»Mina war Schatzmeisterin im Verein. Sie hat mehrere Tausend Euro abgezweigt und auf ein geheimes Bankkonto eingezahlt. Ich hab die Unterlagen gesehen!«

Lauterbach klang interessiert, aber noch immer nicht ganz überzeugt. »Erzähl mir was Neues! Außerdem läuft da ohne die richtigen Papiere gar nix.«

»Die liegen in ihrem Büro im Vereinsheim.«

»Ja, das würde dir so passen. Zufälligerweise ausgerechnet dort, wo heute die Hölle los ist. So leicht lass ich mir keinen Bären aufbinden.«

»Doch, die Sachen sind dort. In einem Geheimfach in der Schreibtischschublade.« Das stimmte zwar nicht mal ansatzweise, aber eine bessere Ausrede fiel Schrödinger auf die Schnelle nicht ein. Einmal in Schwung gekommen, spann er die Räuberpistole sogar mühelos weiter: »Und wenn wir uns ranhalten, können wir die Unterlagen holen, bevor das ganze Tamtam dort losgeht. Die Trauerfeier ist doch erst am Nachmittag. Wir sind beide Vereinsmitglieder. Keinem wird auffallen, wenn wir uns da ebenfalls rumtreiben.«

»Was ist mit den Bullen?«

»Was soll mit denen sein? Die ahnen nichts von den Unterlagen. Keiner weiß das. Ich wollte mir das Geld selbst holen, wenn sich der Staub etwas gelegt hat.«

»Und das ist die Wahrheit?«

»N-natürlich. Ich schwöre.«

Danach herrschte einige Sekunden lang Schweigen. Schrödinger kam es wie eine Ewigkeit vor.

»Du alter Halunke«, sagte Lauterbach schließlich. »Ich glaub, von dir kann ich noch was lernen. Also gut, dann lass uns zum Vereinsheim fahren.«

»Da gibt es bloß ein Problem: Mein Auto ist weg.«

»Das ist kein Problem. Ich hab selber eins.«

Mit diesen Worten schob er Schrödinger den Fußweg hinauf. Horst trottete leise neben ihnen her.

Horst

O Mann, Schrödinger, in was für einen Schlamassel hast du uns jetzt wieder gebracht? Da will man bloß in aller Seelenruhe seinen Morgenschiss erledigen, und auf einmal taucht da so ein Halunke mit Waffe auf. Hätte mich Herrchen mal so machen lassen, wie ich wollte, dann wäre das Thema längst erledigt.

Ein herzhafter Biss in die Wade, und schon hätte dieser Lauterbach die Wumme sinken lassen. Und wenn das nicht genügt hätte, hätte ich die Sache mit einem kleinen Schnapper in andere Weichteile abschließen können.

Aber nein, stattdessen diskutiert Schrödinger mit dem Typen herum und überredet ihn sogar zu einer gemeinsamen Spritztour. Echt jetzt? Ich dachte, es geht darum, die Ganoven zu überführen und nicht, mit ihnen zu verreisen.

Was Schrödinger da oben auf dem Honberg will, habe ich auch noch nicht so ganz raus. Doch ich bleibe auf der Hut. Und wenn sich eine günstige Gelegenheit ergibt, wird er Kerl mit der Waffe schon merken, wie ihm geschieht.

Mich und Schrödinger hier als Geisel zu nehmen. Also wirklich! So was gehört bestraft. Und zwar mehr als einmal.

Schrödinger

Zunächst schwiegen sie. Schrödinger saß am Steuer von Lauterbachs rotem Daihatsu, der Geiselnehmer direkt neben ihm. Im Moment war die Pistole nicht zu sehen, aber Schrödinger bezweifelte nicht, dass der Mistkerl sie mindestens in Griffweite hatte. Deshalb unternahm er auch keinen Fluchtversuch oder provozierte mutwillig einen Unfall. Mit Horst im Kofferraum konnte er sich das eh nicht erlauben.

Um die Situation noch absurder zu machen, hatte der Ganove in seinem Autoradio ebenfalls die Donauwelle als Sender eingestellt. Im Augenblick lief der Oldie *Cats In The Cradle* in der Version der Band Ugly Kid Joe, und Lauterbachs Kopf nickte im Takt mit. Schrödinger mochte das Lied ebenfalls. Unter anderen Umständen hätte er den Song sogar lauter aufgedreht. Aber allein die Tatsache, dass der Geiselnehmer seinen Musikgeschmack teilte, war äußerst verstörend. Wahrscheinlich würde er das Lied nie wieder ohne diesen Bezug anhören können. Das hieß: Sofern er diese heikle Situation überlebte und in Zukunft überhaupt noch seine Lieblingsmusik anhören konnte. Auch das war sehr ungewiss.

In den Krimis zögerten die Bösewichte nicht, die Geiseln nach getaner Arbeit umzubringen. Damit sie nicht zu unliebsamen Zeugen wurden. Irgendwie musste er also dafür sorgen, dass es nicht so weit kam. Bloß wie?

Um den Mann ein wenig abzulenken, begann Schrödinger

mit Smalltalk. Über *Cats in the Cradle*, über die vielen Coverversionen des Stücks und welche davon am besten war. Leider schien Lauterbach nicht der Sinn nach Reden zu stehen. Er antwortete bloß kurzangebunden, und irgendwann würgte er das Gespräch komplett ab, indem er drohend die Pistole anhob.

So viel dazu.

Danach schwiegen sie wieder. Was ohnehin das Beste war, so angespannt, wie der Beifahrer wirkte. Bleich und mit schweißglänzender Stirn. Sein linkes Bein wippte nervös. Wahrscheinlich fehlte nicht viel und er brachte Horst und ihn noch hier im Auto um. Auch das galt es tunlichst zu verhindern. Also konzentrierte sich Schrödinger aufs Fahren und nagte unruhig an seiner Unterlippe.

Zehn Minuten später erreichten sie den Honberg und hielten auf dem bereits recht prall gefüllten Parkplatz. Eine Handvoll Leute war vor dem Vereinsheim unterwegs. Manche, um zu rauchen, andere, um was auch immer zu erledigen.

»Na toll. Von wegen, hier ist nichts los!«, maulte Lauterbach. »Das Ganze war eine Scheißidee. Los, wir verschwinden wieder.«

»Warum denn? Ist doch gut, wenn viele Menschen da sind. Umso weniger fallen wir auf.«

Das Argument war schlüssig, und nach zwei Sekunden Abwägen der Möglichkeiten erfüllte es seinen Zweck. Lauterbach winkte Schrödinger mit der Pistole auf den Parkplatz und ermahnte ihn noch einmal, ja keine Dummheit zu machen.

»Ich doch nicht«, versicherte Schrödinger beim Aussteigen. Auf dem Weg zum Kofferraum fuhren seine Finger in die Hosentasche, und er schaltete das Smartphone an. Mit der Handfläche zog er das Telefon ein Stück weit heraus und gab mit dem Daumen den PIN-Code ein. Was sich als bemerkenswert leicht herausstellte. Dachte er zumindest.

»Was hast du vor?«, fragte der Geiselnehmer auf einmal im schneidenden Tonfall.

Schrödinger zuckte zusammen und fühlte sich ertappt. Sein Kopf schwoll an wie eine Tomate. Dennoch hielt er es fürs Beste, sich dummzustellen und ließ die Hand in der Hosentasche.

»Na, den Hund aus dem Kofferraum holen.«

»Das hättest du wohl gerne. Auf keinen Fall!«

»Häh? Wieso? Ihn da drin zu lassen, ist viel zu auffällig. Jeder im Vereinsheim kennt Horst. Wenn die ihn in der roten Reisschüssel hocken sehen, wissen sie doch sofort, dass was faul ist.«

Das Argument zog ebenfalls. Lauterbach stöhnte genervt und fuchtelte abermals mit der Pistole in Schrödingers Richtung.

»Na gut, aber behalt den Köter unter Kontrolle. Ansonsten tun das meine sechs kleinen Freunde.«

Die Drohung fruchtete ebenso wie das Argument zuvor. Mit zitternden Händen öffnete Schrödinger den Kofferraumdeckel. Parallel trat der Geiselnehmer zwei Schritte zurück. Vermutlich, um nicht überraschend von einem hervorspringenden Hund angefallen zu werden oder irgendwo von der Autoklappe erfasst zu werden. Zumindest wären das Schrödingers Überlegungen gewesen.

Eine Schrecksekunde lang befürchtete er tatsächlich, Horst könnte einen Angriff starten. Aber der Boxer wirkte tiefen-

391

entspannt und ließ sich beim Verlassen des Wagens viel Zeit. Was ein weiteres genervtes Stöhnen aus Lauterbachs Richtung zur Folge hatte.

»Na, komm.« Schrödinger ging in die Hocke, um Horst die Leine anzulegen. Beim anschließenden Aufstehen schob er die Hand in die Hosentasche zurück und betätigte aus dem Gedächtnis heraus die Tasten auf dem Display, um die Anrufliste auszuwählen. Als der Geiselnehmer einen Moment nicht hinschaute, überprüfte er vorsichtig das Ergebnis.

Yesss!

Er hatte es tatsächlich geschafft. Der richtige Menüpunkt war offen. Rasch schob Schrödinger das Telefon zurück in die Hosentasche und tippte blind dorthin, wo er Verenas Mobilfunknummer vermutete. Anschließend zählte er innerlich bis fünf. So lange dürfte es ungefähr dauern, bis sie den Anruf angenommen haben würde.

»Okay, jetzt sind wir beim Vereinsheim. Wohin als nächstes, Lauterbach?«, fragte er bewusst eine Spur lauter.

Der Geiselnehmer zuckte zusammen und riss erschrocken die Augen auf. »Bist du irgendwie bescheuert?«

»Nein … also … ich dachte …«

»Lass den Scheiß. Sag mir, wo die Unterlagen sind. Ich will meine Kohle.«

»Dafür müssen wir ins Vereinshaus«, sagte Schrödinger, erneut eine Spur zu laut.

Was Lauterbach noch mehr aus der Fassung hatte. Gleichermaßen grimmig wie entschlossen richtete er die Pistole auf ihn.

»Ich weiß nicht, was für einen Trick du hier versuchst oder ob du einfach einen an der Klatsche hast. Aber noch so ein

Ding und du ziehst die Luft durch ein Loch in der Lunge. Los jetzt.«

Widerwillig setzte sich Schrödinger in Bewegung. Er hoffte inständig, dass Verena ihn verstanden hatte und schnellstens herkam. Am besten mit einem Sondereinsatzkommando.

Kaum hatte er die Tür zum Vereinsheim geöffnet, kam ihm Anette entgegen. Sie trug einen Stapel Papiere mit beiden Händen und strahlte Schrödinger förmlich an.

»Ach, schön, dass ihr das seid. Das hätte Winnie sicher gefreut.«

Das bezweifelte Schrödinger ernsthaft, er nickte aber trotzdem.

»Ist doch selbstverständlich, Netti. Du, ist Karlo schon da? Ich muss ihn was wegen der Schatzmeisterei fragen. Wir haben uns da über einige Belege unterhalten.«

Weiter hinten auf dem Flur stand die Tür zum Gemeinschaftszimmer offen. Schrödinger nahm gedämpftes Stimmengemurmel wahr und sah einige Mitglieder umherwuseln. Manche sogar mit ihren Haustieren. Einen Augenblick lang glaubte er, Sylvia im Getümmel entdeckt zu haben, doch schon eine Sekunde darauf war sie wieder verschwunden. Wen er auf jeden Fall nicht entdeckte, war der erste Vorsitzende. Der würde mit etwas Glück immer noch auf der Polizeiwache seinen Rausch ausschlafen.

»Den hab ich heute noch gar nicht gesehen«, bestätigte Netti prompt. »Aber so viel, wie hier gerade los ist, ist es gut möglich, dass er trotzdem irgendwo steckt.«

»Wenn er hier ist, werde ich ihn finden. Ich muss vorher nur mal kurz ins Büro. Wegen der Unterlagen.«

Während er auf ihre Antwort wartete, hielt er vor Anspannung die Luft an. Hinter sich spürte er, wie sich ein harter Gegenstand in seinen Rücken bohrte. Schrödinger hatte eine sehr genaue Ahnung, worum es sich dabei handelte.

Kurz befürchtete er, die Pressesprecherin könnte etwas ahnen oder hinterfragen. Stattdessen zuckte sie bloß mit den Schultern. »Mach nur. Du weißt ja, wo alles ist. Ich muss eh weiter. Jeden Moment kann RTL hier sein und ich hab noch so viel zu tun.«

»Grüß Nazan Eckes von mir«, rief Schrödinger und schaute hinterher, wie sie über den Korridor wieder zurücklief.

»Werd ich machen«, versprach sie, bevor sie in einem der Zimmer auf der rechten Seite verschwand. Horst brummte ihr etwas wehmütig hinterher. Was Schrödinger ihm nicht verdenken konnte. Insgeheim hatte er gehofft, Netti hätte irgendwie gemerkt, dass etwas nicht ganz astrein war. Andererseits war er froh, dass sie gegangen war, damit sie sich nicht auch noch in Gefahr brachte. Die Lage war ohnehin brisant genug.

»Also, wo ist jetzt das komische Finanzzimmer?«

»Das weißt du nicht? Du bist doch länger im Verein als ich.«

»Na und? Für mich war das ja bloß Tarnung. Die einzigen Tiere, die ich mag, sind die Mäuse in meiner Brieftasche.« Mann alias Lauterbach lachte dreckig und drückte Schrödinger den Pistolenlauf noch fester gegen das Rückgrat. Was dieser als unmissverständlichen Hinweis verstand, sich besser in Bewegung zu setzen.

Also ging er – wenn auch nicht übermäßig schnell – auf den Raum auf der linken Korridorseite zu, an dem das Holzbrett mit der eingeritzten Aufschrift *Schatzkammer* hing. Wie Lauterbach das bisher übersehen haben konnte, war ihm ein Rätsel. Man musste schon ziemlich blind sein, um das nicht irgendwann mal zu bemerken.

Trotz des vielversprechenden Titels auf dem Schild war die Tür zum Büro nicht mal abgesperrt. Was vermutlich an den zahlreichen Regalen mit dicken Aktenordnern lag, die dem Raum den Charme eines Beamtenzimmers bescherten. Sogleich bedauerte Schrödinger es, vorschnell das mit der angeblich Geheimschublade ausgeplappert zu haben. Hätte er auf die Ordner verwiesen, hätten sie hier tagelang nach den Unterlagen suchen können, ohne fündig zu werden. So musste sich Schrödinger etwas anderes einfallen lassen, um Zeit zu schinden. Selbst wenn sich Verena ranhielt, würde sie mindestens noch zehn Minuten brauchen, um es hierher zu schaffen. Und das war schon äußerst optimistisch gerechnet.

»Iepure Ajutor«, ließ er deshalb aus heiterem Himmel fallen.

Der Geiselnehmer wirkte irritiert, aber nicht unwissend. »Was ist damit?«

»Genau darum dreht es sich, oder?«

»Na und?«

»Weißt du, was es bedeutet?«, zockte Schrödinger weiter.

»Das ist rumänisch ist und heißt *Kaninchen–Hilfe*, warum?«

»Echt? Woher weißt du das?«

»Tja, mein Lieber, ich hab meine Hausaufgaben gemacht. So haben Werner und Mina das Scheinkonto genannt, auf das sie sich heimlich die Vereinsgelder abgezweigt haben. Er wollte mich damit bezahlen, und sie wollte es für irgendeine

Wohnungsanzahlung nehmen. Der Fehler war nur, dass Mina hinter das mit der Erpressung gekommen ist und gleich noch ein weiteres Stück vom Kuchen wollte. Und was wurde dem gierigen Luder dann zum Verhängnis.«

»Wenn du das eh schon alles weißt, dann brauchst du mich doch gar nicht.«

»Wissen heißt nicht haben. Ich weiß, wofür Mina ihren Anteil verwenden wollte, aber ob sie ihn tatsächlich dafür genommen hat? Ich hoffe es nicht. Für dich und deine Gesundheit.«

Die letzte Drohung überhörte Schrödinger absichtlich. Das war besser für seine Nerven, das Herz schlug ihm ohnehin schon bis zum Hals. »Ich verstehe nur eins nicht: Warum hast du Winnie überhaupt mit der Sache erpresst? Ich dachte, ihr seid in derselben Burschenschaft. Also einer für alle und alle für einen.«

»Unsinn. Bei *Niceria* hilft man sich zwar gegenseitig, aber das bedeutet nicht, dass wir alles füreinander tun würden. So was gibt's bloß im Film. Und dem Richter ist eh schon mehr als genug geholfen worden. Bei all den Prüfungen, die er sich von Bundesbrüdern hat schreiben lassen, weil er selbst keine große Leuchte in solchen Sachen war. Es war also mehr als fair, dass sich der Spieß irgendwann umgedreht hat und er in der Geberposition war. Ich hab da auch keinerlei Mitleid mit ihm. Als Richter hat er Schotter ohne Ende verdient. Da wären so ein paar Tausender nicht weiter ins Gewicht gefallen. Dass er seine Kohle schon anderweitig durchgebracht hat, ist nicht mein Problem. Spare in der Zeit, dann hast du in der Not, wie es so schön heißt. Also, was ist jetzt mit meinen Unterlagen?«

»Machen wir gleich. Verrate mir noch das mit dem Zahn.«

»Was für ein Zahn?«

»Als wir uns bei der Vereinsfeier getroffen haben, hattest du mir erzählt, dass dir am Morgen ne Krone rausgefallen war. Das war ne faule Ausrede, oder?«

»Wie kommst du darauf?«

»Weil mir Henry Schrägle was von einer Schlägerei am Flussufer erzählt hat. Und wie er dir dort angeblich ordentlich eine verpasst hat.«

»Ja, und? Das war ne Meinungsverschiedenheit. Mehr nicht. Nachdem ich an seinem Smart rumgefummelt hab, war das wahrscheinlich ausgleichende Gerechtigkeit. So wie jetzt bei uns beiden. Du bist mir in die Quere gekommen und jetzt kriegst du den Lohn dafür. Los jetzt, ich hab nicht ewig Zeit.«

Schrödinger sah seine Felle davonschwimmen. Er öffnete den Mund für einen letzten Versuch, schloss ihn aber, ohne ein Wort zu sagen, als sein Gegenüber den Lauf der Waffe direkt auf Schrödingers Kopf richtete.

»Ich mach ja schon. Ich hab nur versucht, das große Ganze zu verstehen. Ist so ne Marotte von mir«

»Marotte, Karotte. Das ist mir Bumpel. Mach hin, sonst knallt's.«

Widerwillig wich Schrödinger rückwärts, bis sein Hintern gegen den Schreibtisch prallte. Dann drehte er sich wie in Zeitlupe um und hätte dabei um ein Haar den EC-Chipkartenleser vom Tisch gestoßen, der ihn bei seinem ersten Besuch im Verein eine ordentliche Stange Geld gekostet hatte. Höchstwahrscheinlich wären alle nachfolgenden Sachen ohne die Benutzung des Lesegeräts nicht passiert. Weder Knülle noch sonst irgendwas.

Hinter dem Tisch verharrte er kurz, um die Lage zu prüfen. Horst stand einen reichlichen Meter von Lauterbach entfernt und tat komplett uninteressiert. Doch Schrödinger kannte seinen Vierbeiner gut genug, um zu wissen, dass der Schein trog. Der Boxer zuckte mit den Ohren und hob kaum merklich die Lefzen. Er wartete bloß auf eine günstige Gelegenheit.

Auf die sein Herrchen ebenfalls wartete. Entweder das, oder dass Verena endlich mit ihren Leuten auftauchte. Am besten mit Scharfschützen, die den Mistkerl gleich durchs Bürofenster abknallten, bevor er ihnen noch gefährlicher werden konnte.

Um weitere Zeit zu schinden, tat Schrödinger so, als hätte sich die oberste Schreibtischschublade verhakt. Dafür rüttelte er sie einige Male äußerst geräuschvoll hin und her – und schaffte es, dass sich danach tatsächlich irgendwas querstellte.

Ein Heftlocher, wie sich gleich darauf herausstellte. Hier kam Schrödinger sein nicht existierendes handwerkliches Talent zugute. Er brauchte fast eine Minute, um das halb aufrecht stehende Ding aus seiner Verankerung zu lösen. Mit einem beruhigenden »Ich hab's gleich« versuchte er, Lauterbach bei Laune zu halten. Was gar nicht so einfach war. Immer wieder fuchtelte der Geiselnehmer mit der Pistole durch die Luft und wies ihn an, »hinne zu machen«.

»Ich mach ja schon«, versprach Schrödinger, der Panik nahe.

Er tat, was er konnte. Auf seine Weise. Mit seinem tiefen Seufzer zog er schließlich den Locher hervor und stellte ihn wuchtig auf der Tischplatte ab. Danach beugte er sich weit über die Schublade, um den Inhalt noch einmal genauer zu inspizieren.

In manchen Krimis hatten die Leute eine Waffe oder eine Schnapspulle in ihren Schreibtischen versteckt. Im Vereinshaus gab es bloß übergroße Radiergummis (mit der Aufschrift *For Big Mistakes*), eine Dose voller Büroklammern sowie gefühlt eine Million Kugelschreiber. Nichts davon war für ihn brauchbar.

Entsprechend missmutig knallte er einen Gegenstand nach dem anderen auf die Tischplatte. Bis er ganz hinten im Schubfach einen klobigen alten Heftklammerer entdeckte.

Schrödinger spürte, wie ihm ein kleines Lächeln übers Gesicht huschte. Das auch Lauterbach nicht verborgen blieb.

»Wie sieht's aus?«, fragte er und trat ungeduldig von einem Bein aufs andere.

»Einen Moment.«

Schrödingers Hand schloss sich um den Tacker. Noch einmal tief durchatmen. Dann zog er den Gegenstand unauffällig nach vorne. Seine Muskeln spannten sich. Er holte aus. Und schleuderte den Hefter mit voller Wucht in Lauterbachs Richtung.

Parallel dazu sah Horst offenbar den richtigen Moment für einen Frontalangriff gekommen. Er stieß sich, so fest es seine Hinterläufe zuließen, vom Boden ab und sprang direkt auf den Geiselnehmer zu.

Danach ging alles furchtbar schnell.

Irgendwie schien der Mistkerl den Braten zu riechen und wusste, wie er damit umzugehen hatte. In einer gekonnten Seitwärtsbewegung wich er dem Fluggeschoss aus. Parallel dazu riss er die Pistolenhand in die Höhe, sodass Horsts Maul ins Leere schnappte.

Als wäre das nicht übel genug, nutzte Lauterbach den Schwung seiner Hand, um den Pistolengriff wuchtig auf den Boxerschädel niedersausen zu lassen. Der Hund gab ein gluckendes Geräusch von sich und klatschte dann regungslos auf den Boden zurück.

Schrödinger gefror das Blut in den Adern. Einen Augenblick lang war er vollkommen unfähig, sich zu bewegen. Er starrte auf den am Boden liegenden Horst und konnte nicht fassen, was er da sah. Dass Lauterbach zähnefletschend seine Waffe wieder hochriss, registrierte er gar nicht.

»Dafür wirst du büßen«, spie ihm der Verbrecher förmlich entgegen.

Als Schrödinger aufschaute, blickte er direkt in den Pistolenlauf.

Scheiße.

Seine Muskeln verkrampften sich weiter. *Jetzt ist es aus,* schoss es ihm durch den Kopf. *Gleich drückt er ab und du reist zu den Engeln.* Angst und Panik explodierten in seinem Inneren. Er schwitzte und fror gleichzeitig. Er wollte zurückweichen. In Deckung gehen. Verzweifelt aufschreien. Und tat nichts dergleichen.

Schrödinger stand einfach nur da. Unfähig, irgendetwas zu tun.

»Du hast mich reingelegt. Es gibt gar keine Unterlagen!«

»Doch, die gibt es!«

»Verarsch mich nicht. Ich glaub dir kein Wort.«

Lauterbach spannte den Abzugshahn. Verengte die Augen zu Schlitzen. Zielte. Wollte abdrücken. Kam nicht dazu.

Plötzlich bewegte sich etwas hinter Lauterbach. Das leise Rascheln von Stoff war zu hören. Der Geiselnehmer versuchte noch, sich umzudrehen. Im gleichen Moment sauste etwas mit voller Wucht auf ihn nieder. Er schepperte und krachte und knirschte.

Einen Moment lang stand Lauterbach regungslos da, bis seine Beine die Meldung bekamen, dass oben die Lichter ausgegangen waren. Dann sackte er kraftlos zusammen.

Über ihn gebeugt stand Marion. Fest umklammert hielt sie den Wagenheber aus ihrem Auto in den Händen.

Schrödinger starrte sie entgeistert an. Er verstand überhaupt nichts mehr. »Marion? Du? Wie denn? Was denn? Häh?«

»Na, du hast mich doch auf dem Handy angerufen. Ich hab in der Arbeit sofort alles stehen und liegen lassen. Unterwegs hab ich Verena angerufen. Sie müsste gleich da sein.«

»Ich hab *dich* angerufen?« Stirnrunzelnd zog er sein Smartphone aus der Tasche. Auf dem kleinen Bildschirm stand, dass das Telefon noch immer mit einem anderen Teilnehmer verbunden war. Nicht mit Verena, sondern Marion. Genauso, wie sie es gesagt hatte. Offenbar hatte er bei seinem Blindflug die falsche Nummer angetippt. Oder besser gesagt, genau die richtige.

Er war noch nie so glücklich gewesen, seine Liebste zu sehen. Mit wenigen Schritten war er bei ihr, schloss sie fest in die Arme und küsste sie, bis ihm und ihr die Luft ausging.

»Vielen, vielen Dank«, japste er. »Das war buchstäblich Rettung in letzter Sekunde.«

»Hab ich gemerkt. Dich kann man einfach nichts alleine machen lassen. Immer brauchst du jemanden, der dir aus der Patsche hilft.« Sie begann zu lachen. Gleichzeitig quollen Tränen in ihren Augen auf. »Gott, ich bin so froh, dass dir nichts passiert ist.« Marion strich ihm aufgelöst über die Wange, und er nahm sie abermals in die Arme. Er spürte, wie ihre Tränen sein Hemd durchnässten. Es tat ihm so leid, sie in Angst versetzt zu haben! Erst jetzt merkte er, wie sehr ihm die Knie zitterten. Und dass sein Herz raste.

Nachdem Marion sich beruhigt hatte, ging Schrödinger in die Knie, um nach Horst zu sehen. Dem Boxer schien es gut zu gehen. Seine Atmung ging regelmäßig, sein Kopf wies weder eine Platzwunde noch eine andere Verletzung, sondern bloß eine dicke Beule auf. Trotzdem strich Schrödinger ihm besorgt über das Fell.

»Ach, Kumpel, du machst Sachen. Das hätte auch bei dir gewaltig schiefgehen können.«

Wütend drehte er den Kopf in Lauterbachs Richtung. Der Geiselnehmer lag noch immer reglos am Boden. Speichel tropfte ihm aus dem Mund. Blut sickerte aus einer länglichen Wunde. Schrödingers Mitleid hielt sich in Grenzen.

»Geht es Horst gut?« Marion hockte sich neben ihn und streichelte ebenfalls den Rücken des Vierbeiners.

»Ich glaube, es ist alles im grünen Bereich. Wahrscheinlich wird er beim Aufwachen ziemliche Kopfschmerzen haben.«

»Hoffentlich ist das alles. Wie seid ihr überhaupt schon wieder in diesen Schlamassel geraten?«

»Diesmal war es echt nicht unsere Schuld. Der Mistkerl hat uns direkt vor der Haustür aufgelauert.«

Marion wich erschrocken zurück. »Er war bei uns daheim?«

»Draußen auf der Straße. Aber jetzt geht's ins Kittchen, vor dem sind wir die nächsten Jahrzehnte sicher.«

Wie auf Stichwort hörte Schrödinger, dass auf dem Hof

mehrere Wagen mit quietschenden Reifen hielten. Türen wurden aufgerissen und jede Menge schwere Schritte rannten zuerst auf das Haus und gleich darauf auf das Schatzmeisterzimmer zu. Allen voran Verena Hälble, die mit gezogener Waffe als Erste den Kopf zur Tür hineinstreckte.

»Ach Menno, wir sind zu spät. Die ganze Action ist schon vorüber.« Sie klang echt enttäuscht. Jedenfalls eine Sekunde lang. Dann machte sich Erleichterung in ihrem Gesicht breit. Hinter der Kommissarin drängten sich weitere Polizisten in den Raum. Zwar kein Sondereinsatzkommando, aber Beamte in Zivil waren Schrödinger ebenfalls recht. Alles war ihm recht.

Selig sank er zu Boden und fühlte sich wie von einer Zentnerlast befreit. Noch besser ging es ihm, als Lauterbach Handschellen verpasst bekam. Das Einrasten der Verschlüsse war eines der schönsten Geräusche, die Schrödinger kannte. Zufrieden schloss er die Augen und atmete tief durch. Der Fall war abgeschlossen. Diesmal endgültig.

Epilog

Was danach geschah …

… war nicht weniger erstaunlich, als die Ereignisse in den jüngst vergangenen Tagen in Schrödingers Leben.

Henry Schrägles Prozess steht noch in der Schwebe. Die baden-württembergische und die sächsische Justiz, die für seine Jacqueline zuständig ist, kämpfen derzeit mit einer Kommunikationspanne in den E-Mails. Sein Fall soll in den kommenden sechs bis acht Monaten verhandelt werden. Bis dahin wird Jacqueline erstens ihr zweites Zertifikat als Nageldesignerin am Thüringer Beauty-Institut erworben und zweitens das erste gemeinsame Kind zur Welt gebracht haben. Letzteres dürfte sich strafmildernd auch für Henry Schrägle auswirken. Die Anklage jedenfalls lautet auf Körperverletzung und Drogenschmuggel. Seine Elternzeit wird er nie antreten können, sich aber über regelmäßige Besuche der kleinen Familie in der JVA Rottweil freuen.

Die Münchner Justiz ist noch mit den beiden Schmugglern beschäftigt. Sie warten derzeit in Stadelheim auf ihren Prozess. Der zu platzen droht, da einer der beiden einem rumänischen Clan angehört und von seinen Verwandten entführt werden soll, sobald sich dazu eine Gelegenheit ergibt. Sollte der Prozess aber wie von Justitia geplant stattfinden, drohen den beiden Männern Haftstrafen zwischen sechs und acht Jahren.

»Lauterbachs« Akte ist dick. Bei der Eröffnung des Prozesses dauerte die Verlesung der Anklagepunkte durch den

Staatsanwalt geschlagene zwei Stunden. Was die Kollegen der Lokalpresse nervös machte und in die Bredouille brachte, schließlich werden sie erstens nach Zeilenhonorar bezahlt und hatten zweitens einen fixen Redaktionsschluss einzuhalten. Im Wesentlichen warfen die Strafbehörden dem Mann zweifachen Mord aus Habgier, Erpressung, Urkundenfälschung, Geiselnahme, Betrug und Freiheitsberaubung vor.

Sein Strafverteidiger, ein aus dem Privatfernsehen bekannter Anwalt, gehörte nie einer Burschenschaft an und legte sein Examen in den neuen Bundesländern ab. Über das zu erwartende Strafmaß kann nur spekuliert werden, über die Höhe der Honorare für Interviews, eine Netflix-Serie und ein Buch allerdings nicht. Käme der Angeklagte vor Erreichen des Rentenalters frei – was unwahrscheinlich ist –, hätte er ein ziemlich sorgenfreies Leben vor sich. Von seinen Albträumen, dem im Vollzug in Hohenasperg bei Ludwigsburg eingefangenen Lebervirus und einer daraus resultierenden Auto-Immun-Erkrankung einmal abgesehen.

Einen Großteil des abgezweigten Geldes hatte Mina Schrägle bereits als Anzahlung für ihre Eigentumswohnung verwendet. Ob dieser Betrag zurückgefordert werden kann, klären aktuell die Rechtsanwälte. Ein bisschen was von dem veruntreuten Geld hatte Mina allerdings zurückgehalten, um sich davon Luxusgüter zuzulegen. Von wegen Kondo-Jüngerin. Das hatte sie ihrem Ex bloß erzählt, damit der sich nicht wunderte, dass sie von den in der Ehe angehäuften Möbeln nichts haben wollte. Weil der Krempel für eine vermögende Frau von Welt schlichtweg nicht mehr gut genug war.

Das Vereinsheim der *Honberger Hasen* konnte mit dem nicht verpulverten Geld zwar nicht ins Adlon, dafür aber in eine passable Haussanierung umgewandelt werden. Die Gelder reichten locker für neue Gartenmöbel. Zwar nicht aus Teakholz, aber immerhin aus recyceltem Kunststoff und klimaneutral hergestellten Sonnenschirmen. Das Porträt des Gönners Hans-Jörg Butenschön wurde neu gerahmt und prangt seitdem über dem Tresen der frisch renovierten Theke. Dort werden mittlerweile 42 Cocktails, Biere und alkoholfreie Getränke ausgeschenkt. *Donauradler* und *Klosterbräu* sind natürlich weiterhin im Angebot.

Die Spedition Schwaighöfer meldete Insolvenz an. Nicht, weil die Geschäfte tatsächlich so schlecht liefen, aber der Inhaber hatte sich von seinem Steuerberater zu diesem Schritt drängen lassen. Denn nur so konnte er der gesetzlichen Rentenversicherung doch noch beitreten und mittels Hartz IV ein solides Leben in einem der Hochhäuser Richtung Neuhausen leben. Die Spedition wurde von einem bis dahin konkurrierenden Unternehmen aus Friedrichshafen aufgekauft. Geschäftsführer Schwaighöfer saß nun Stütze-ergänzend selbst auf dem Bock, worauf er keinen Bock hatte. Der zweitürige Firmensmart rostet übrigens bis heute auf dem Gelände vor sich hin.

Knülle hat zugelegt. Mächtig. An Länge und Gewicht. Noch ist ein Ende laut Tierarzt nicht ganz abzusehen, aber der Rammler macht seiner Rasse *Deutscher Riese* mehr als alle Ehre. Horst jedenfalls hat kaum noch Platz im gemeinsamen Körbchen. Und verweigert bis heute standhaft jedweden Biss in eine Möhre. Bei allem, was auch nur ansatzweise orange ist, rümpft der Boxer theatralisch die Plattschnauze. Im Gegensatz dazu schleckt er hingebungsvoll stundenlang den Bauch des Kaninchens. Seine Menschen haben eine Erklärung längst aufgegeben und nennen die beiden nur noch das Dream-Team.

Dass Schrödinger neulich geblitzt worden war, fiel ihm erst wieder ein, als das für den verlangten Preis unterirdisch schlechte Foto per Post bei ihm eintraf. Nebst einer saftigen Zahlungsaufforderung, der er aber mehr als gerne Folge leistete, nachdem er dank Verenas Beziehungen gleich noch ein paar weitere Blitzlichtschnappschüsse erhalten hat. Darunter ein Foto einer sich hingebungsvoll in der Nase popelnden Hillu. Das landete – vorerst – in Schrödingers privater Schublade.

Hillu ist übrigens verreist. Nicht weil sie wollte, sondern weil sie quasi musste. Sie hat beim Preisrätsel des *Donauboten* eine Fahrt mit der MS Quadratica gewonnen. Das Lösungswort lautete *Eierlikör*. Das Schiff unter rumänischer Flagge schippert die Seniorin in einer Balkonsuite von Passau bis Wien und wieder zurück. In zehn Tagen, gemächliches Tempo, all inclusive. Die vielen Rentner an Bord ignoriert sie bis auf einen pensionierten Arzt aus Nürnberg, von dem sie sich hin und wieder zu einem Gläschen einladen lässt. Wenn sich ein Gespräch mit den anderen Reisenden nicht vermeiden lässt, erzählt Hillu von ihrem Schwiegersohn, der als Undercoveragent Pistole ziehend und Bomben werfend der Mafia den Kampf angesagt hat. Selbst Granaten und Nahkampfeinsätze kommen in ihren Schilderungen vor und bescheren ihr jeden Abend von den Mitreisenden spendierten Gratis-Sekt an der Bar. Quasi Ehrensache für die Schwiegermutter von Bond 008, dass sie sämtliche Promille auch verzehrt. Geschüttelt oder gerührt.

Und dann kam er. Jener Tag. *Der* Tag für Schrödinger. Max und Marlene kränkelten. Nicht schlimm, doch arg genug, um die beiden kurz nach sieben ins Reich der Träume zu schicken. Wahrscheinlich steckte ihnen noch der Kindergeburtstag in den Knochen. Marlene kuschelte mit ihrem neuen Einhorn, und Max hatte sich ein paar der übrig gebliebenen Luftschlangen um den Bettpfosten geschlungen. Selbst das Wetter spielte Schrödinger in die Hände. Es war ein lauer Frühsommerabend in der Donaustadt. Fluffige Wolken zogen dann und wann am Vollmond vorbei, der den kleinen Garten in ein diffuses, beinahe magisches Licht tauchte.

Während Marion die Kinder ins Bett brachte, traf Schrödinger die seit Langem geplanten letzten Vorbereitungen. Und als seine Liebste nach einer guten halben Stunde leise die Kinderzimmertür hinter sich schloss, erwartete er sie mit zwei mit prickelndem Sekt gefüllten Gläsern am Treppenabsatz.

»Huch!« Marion lächelte. »Gibt's was zu feiern?«

Er hielt ihr eines der Gläser hin und stieß mit ihr an. Das Klirren des Kristalls klang wie Musik in seinen Ohren.

»Wer weiß«, sagte er kryptisch. »Brauchen wir dafür einen speziellen Anlass?«

»Nein. Champagner geht immer.« Verena nahm einen großen Schluck von der *Puffbrause*, wie Schrödinger solche Getränke heimlich nannte. Er selbst nippte nur am Glas. Sodbrennen wollte er auf jeden Fall vermeiden, denn er konnte nicht verifizieren, ob der durchaus edle und teure Tropfen magenschonend war. Außerdem mochte Perlwein nicht mal dann, wenn er ihn wegen des Mitarbeiterrabatts zum Spottpreis bekam.

»Es soll ein paar Sternschnuppen geben heute Nacht«, flunkerte er und leerte sein Glas unauffällig in den auf einem potthässlichen Ständer stehenden Farn. Insgeheim entschuldigte er sich bei der Pflanze, hatte aber für lange esoterische Gespräche keine Zeit, denn Marions Augen leuchteten wie die schönsten Sterne am Tuttlinger Firmament. »Das stand jedenfalls im *Donauboten*«, legte er nach.

»Na, endlich mal gute Nachrichten.« Bereitwillig ließ Marion sich von Schrödinger in die Küche führen, wo dieser in weiser Voraussicht zwei kuschelige Decken bereitgelegt hatte. Eine davon legte er seiner Angebeteten um die Schultern. Die zweite schnappte er selbst sich.

»Augen zu«, bat er Marion, nahm ihr das Glas ab und grinste, als seine Liebste tatsächlich gehorchte. Langsam führte er sie zur Terrassentür. »Füße heben«, sagte er. Marion stakste blind hinaus und ließ sich von Schrödinger zur mit allen verfügbaren und vom Sofa zusammengeklaubten Kissen ausgelegten Gartenbank führen. Er drückte sie sanft hinab. Die rote Kerze in der weißen Laterne flackerte. Im Sektkühler stand die Schampusflasche, der Tisch war übersät mit jenen kleinen Schokoladentäfelchen, die Marion liebte und sich nur selten gönnte.

»Du darfst die Augen jetzt aufmachen«, sagte er und schluckte gegen seine Nervosität an.

»Oh. Wow.« Marion sah vom Gartentisch zu Schrödinger und zurück. Der zwinkerte ihr zu und setzte sich neben sie. Eine Weile sagten beide kein Wort. Marion starrte angestrengt in den Himmel. Aber natürlich war keine einzige Sternschnuppe zu sehen. Wie auch, Schrödinger hatte sich den Perseidenregen für diese Nacht schließlich nur ausgedacht. Aber auch ohne Himmelsfeuerwerk war der Moment für ihn irgendwie … magisch.

Er legte den Arm um Marions Schulter, und diese lehnte den Kopf an. Mit der freien Hand angelte Schrödinger ein Schokotäfelchen vom Tisch und schaffte es tatsächlich, die Verpackung abzufriemeln. Er steckte Marion die süße Köstlichkeit in den Mund. Sie seufzte wohlig und schmatzte leise, als die Schokolade in ihrem Mund schmolz. Am liebsten hätte Schrödinger sie geküsst. Aber das musste noch warten. Er hatte schließlich einen Plan.

Nach den Ereignissen der letzten Tage und Wochen spürte er, wie gut ihm diese Ruhe tat. Einfach nur in den Nachthimmel starren. Nichts denken. Nichts tun. Atmen. Sein. Horst und Knülle, dachte Schrödinger, waren für derlei die besten Vorbilder. Fressen, saufen, pofen und dann und wann spielen. Mehr erwarteten die beiden nicht vom Leben.

Schrödinger rieb sich innerlich die Augen. Seit wann hatte er eine derart philosophische Ader? Seit sein Weg mit Leichen gepflastert war? Eine fette Motte erschien im Lichtkegel der Kerze und tat, was Motten nun einmal tun: Sie flog ins Licht. Das Zischen des verbrennenden Körpers erschien Marion und ihm in der stillen Nacht viel zu laut. Beide zuckten zusammen.

»Hach«, sagte Marion und gähnte. »Herrlich.«

Schrödinger entließ sie aus seiner Umarmung.

»Krieg ich noch eins?« Sie sandte einen sehnsuchtsvollen Blick auf die Schokolade.

»So viele du willst«, erwiderte er generös und wickelte eine weitere Praline aus. Wie gut, dass es in Tuttlingen noch immer eine Schokoladenfabrik gab. Mit einem Fabrikverkauf, der Schokolade verkaufte, die zum Dahinschmelzen war.

Auch preislich. Dass die leckeren Teilchen meist in falschen Verpackungen steckten, war Wurst. Wen kümmerte es schon, dass *Nougat* draufstand und stattdessen *Marzipan* drin war?

Während Marion mampfte, schenkte Schrödinger nach und reichte Marion ihr Glas. Er selbst stieß nur noch einmal mit ihr an und nippte am Schampus. Sie allerdings trank zwei große Schlucke und sah ihm danach lange und – wie er meinte und hoffte – liebevoll in die Augen.

Schrödinger räusperte sich. Im Nachbarhaus wurde das Licht im Dachfenster gelöscht. Obwohl er nun schon lange genug in der Donaustadt lebte, hatte er noch immer keine Ahnung, wie seine Nachbarn hießen. Was sie machten. Wie sie lebten. Aber war das wichtig?

Im Moment nicht. Im Augenblick zählte nur Marion, die ihr Glas leerte und zurück auf den Tisch stellte.

»Auch nicht schlecht, mal so ohne Hillu«, grinste sie.

»Das kannst du laut sagen. Sehr laut.« Schrödinger lachte. Marion schlang sich die Decke fester um die Schultern.

»Ist dir kalt?«, wollte er wissen und tastete unauffällig unter das Kissen neben ihm. Seine Fingerspitzen berührten das kleine Kästchen. Ihm wurde heiß.

»Nicht wirklich.« Marion rückte ein Stück näher zu ihm. Schrödinger hauchte ihr ein Küsschen auf die Stirn. Dann noch eins auf die Nase und eins auf den Mund. Und dann griff er nach Marions Hand. Sein Herz raste. Was auch daran lag, dass er in diesem Moment an seine Ex denken musste. Sein persönliches Waterloo. Der tiefste Griff ins Klo, den er hatte machen können. Doch was hatten die beiden Frauen miteinander zu tun? Nichts, wie er sich selbst versicherte. Seine Ex war eine oberflächliche Tussi gewesen, ein Modepüppchen, eine Zicke, wie man sie nicht mal erfinden konnte. Und Marion – war Marion. *Seine* Marion.

Schrödinger räusperte sich. Marion sah ihn mit einer Mischung aus Neugier und Belustigung an. Sollte er sich auf ein Knie niederlassen?

»Für so was bin ich zu alt«, sagte er zu sich selbst und nestelte das kleine Kästchen unter dem Kissen hervor. Ohne ein Wort reichte er es seiner Angebeteten.

»Für mich?«, fragte diese belustigt und starrte auf die kleine blaue Box, die mit einer roten Schleife verziert war.

Schrödingers Herz klopfte so stark, dass es ihm die Sprache verschlug. Seine Kehle war staubtrocken, und er hätte beim besten Willen nichts als ein heiseres Husten hervorgebracht. Also nickte er nur stumm.

Marion legte den Kopf schief, sah vom Päckchen zu Schrödinger und wieder zurück. Dann seufzte sie und schlug die Decke zurück.

»Ach, Schrödinger.« Sie streichelte ihm über die Wange. Stand auf und – ging vor ihm in die Knie.

»Ich. Äh.« Noch immer gehorchte ihm seine Stimme nicht. Marion nahm seine Hand, die mit einem Mal eiskalt war. Behutsam streichelte sie über die kleinen Härchen auf seinem Handrücken. Schrödinger bekam eine Gänsehaut. Gerne wäre er aufgesprungen. Hätte die Regie wieder an sich gerissen. Aber da saß er nun auf der Gartenbank und konnte nicht anders, als in Marions wunderschönen Augen zu versinken. In beiden standen kleine Tränen. Bei diesem Anblick schniefte er ungewollt.

»Ich wollte dich fragen …«, setzte er an. Und schrie auf. Denn im selben Moment gab es im Haus einen infernalischen Knall. Marion und Schrödinger sprangen auf. Hasteten zur Terrassentür und sahen gerade noch, wie Knülle sich mit einer halben Möhre zwischen den Zähnen quer über den vom heruntergefallenen Fernseher samt geborstenem Flachbildschirm vor Horst rettete, der hinter dem Hasen herhechtete, über das Sofa sprang und die Stehlampe umriss. Aus dem oberen Stockwerk drang das Kreischen zweier aufgeschreckter Kinder bis in den Garten.

Im Sprung schaffte Horst es, mit den Pfoten auf den Tasten der Fernbedienung der Stereoanlage zu landen. Kaum hatte der Hund einen weiteren Satz gemacht, wummerte *Highway to hell* auf Anschlagslautstärke durch das Viertel. Im Nachbarhaus ging das Licht wieder an. Maxens und Marlenes Geheul wurde von Brian Johnson niedergebrüllt. Der eingehende Anruf von Hillu ging ebenso im Tohuwabohu unter wie die Antworten von Marion und Schrödinger.

Was wir noch sagen wollten ...

… aber nie dazu kommen, weil Horst die ganze Zeit quatscht und wir uns um Schrödinger kümmern müssen, damit der nicht allzu viele Dusseleien anstellt:

Immer wieder werden wir gefragt, warum Schrödinger nur Schrödinger heißt.

Die Wahrheit ist: Den Vornamen hat er uns noch nicht verraten. Angeblich ist der Name so blöd, dass er ihn verdrängt und vergessen hat. Womöglich, aber das ist reine Spekulation, heißt er wie der berühmte Physiker Erwin Rudolph Josef Alexander. Richtig, der mit der Katze. Der hat nicht im Getränkemarkt gearbeitet und auch keine Kriminalfälle gelöst, sondern war Quantenphysiker. Und hat übrigens nie im Leben eine Katze besessen, auch wenn sein berühmtestes Experiment *Schrödingers Katze* heißt.

Dabei ging es um Körper und Wellen. Die Katze ist dabei ein winziges Teilchen. Die Mieze wird aber gar nicht beobachtet und kann deswegen ebenso gut mausetot wie Werner Frick oder quicklebendig wie Knülle sein. Versteht kein Horst.

Seien Sie also froh, dass Horst ein Hund ist. Der seinen Vornamen dem Tatort-Kommissar Horst Schimanski verdankt. In seiner Rolle als Ermittler war Götz George in den Achtzigern der erste Mensch, der im öffentlich-rechtlichen Fernsehen zur besten Sendezeit »Scheiße« sagen durfte. Mehrfach hintereinander. Damals ein Skandal. Für uns ein Segen: Kein anderer Name hätte besser zu Schrödingers vierbeinigem Freund gepasst.

Ein Segen sind auch Sie, liebe Leserinnen und Leser, ohne die es diesen dritten Band nicht gegeben hätte. Nummer eins und zwei übrigens auch nicht. Danke, dass Sie Schrödinger und damit uns die Treue halten. Sie machen uns zu Serienkillern. Dankeschön!

Wir hoffen, Sie hatten beim Lesen wenigstens halb so viel Spaß wie wir beim Schreiben. Wenn Ihnen etwas nicht gefallen hat, Sie eine Frage haben oder ganz einfach nur mal »Hallo« sagen wollen: Schrödinger hat jetzt eine eigene Mailadresse. Er freut sich auf Post von Ihnen in seinem virtuellen Briefkasten horstundherrchen@web.de.

Wie es sich für ein ordentliches Buch gehört, braucht das natürlich auch eine Danksagung. Unser gemeinsames Merci geht an den Weltbild Verlag. Ohne das unglaubliche Team wäre Horst nie zur Welt gekommen. Denn eigentlich hätte Schrödinger ganz alleine ermitteln sollen, irgendwo in Südfrankreich. Aber die lieben Menschen in Augsburg haben sich einen Hund gewünscht und einen Schauplatz im Ländle. Zum Glück!

Wie ein Glückspilz fühlen wir uns mit Ulrike Strerath-Bolz, deren Lektoren-Auge nichts entgeht und die jeden Horst mit viel Elan gebürstet hat. Danke Dir!

Dankeschön von mir – Silke – an meinen Monsieur François. Er erträgt es klaglos, dass ich in den Schreibphasen Haus und Herd vernachlässige, um Morde zu begehen. Genauso wie meine Kinder. Dass sie mit einer Killerin unter einem Dach leben, haben sie zum Glück noch nicht der Polizei verraten. Ich bin stolz auf euch!

Sören möchte ebenfalls seiner Familie danken: Vor allem meiner Frau Tanja. Danke, dass du die Nerven behältst, wenn ich mal wieder nicht genau zugehört habe, weil ich mit den Gedanken ganz woanders war. Und danke, dass du mich machen lässt, wann immer ich der Meinung bin, unbedingt noch was Wichtiges aufschreiben zu müssen. Selbst wenn das Essen dadurch kalt wird oder die Kinder drängeln.

Apropos Kinder: Vielen Dank dafür, dass ihr da seid und mich durch unsere gemeinsamen Ausflüge und durch eure Dialoge ständig zu neuen Kapiteln und Anekdoten inspiriert. Schrödingers Erlebnisse in dem griechischen Lokal zum Beispiel basieren größtenteils auf einer Weihnachtsfeier beim Fußballverein meines jüngsten Sohns. Das mit dem Mord in den Büschen ist natürlich frei erfunden. Meines Wissens ist an dem Abend dort niemand zu Schaden gekommen.

Dankeschön ganz heftig an den Verein der 42erAutoren. Ohne diese hätten sich Frau Porath und Herr Prescher niemals kennengelernt und gemeinsam in die Tasten gehauen. Kleiner Tipp: Schauen Sie mal auf die Homepage www.42er-Autoren.de Aber sagen Sie uns hinterher nicht, dass Sie viele, viele Bücher unserer genialen Kollegen kaufen mussten. Weil die einfach zu gut sind. Wir kennen das aus eigener Erfahrung.

Herzhafte Grüße

Silke Porath & Sören Prescher
Januar 2020